やわらかアカデミズム
〈わかる〉シリーズ

よくわかる
社 会 学
第3版

宇都宮京子/西澤晃彦

[編著]

ミネルヴァ書房

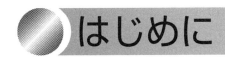
　社会学という言葉に含まれる「学」という字は，それが1つの「ものの見方」であることを意味しています。このテキストは，この本を手にする人がそのような「ものの見方」におそらくまだなじんでいないであろうと想定して編まれています。

　このテキストは，このシリーズの他のテキストと同様に，1つの項目の内容が見開き2ページまたは4ページで説明されています。これは，新しく出会う「ものの見方」に慣れ親しんでいただけるように読みやすく見やすくする工夫だと考えてください。しかし，社会学は，多くの人々の日常的思考とはちょっと違った仕方で物事を考えますし（その考え方を「科学的」という言葉で表現することがあります），また，人間が関わることであればどんな領域をも飲み込んでどん欲に対象にしていきますのでたいへんといえばたいへんです。そのようなたいへんさを踏まえてこのテキストを作るにあたって，次の点に留意しました。

1．社会学の偏った紹介にならないようにさまざまな領域を取りあげる。重要な基本的知識とともになるべく最先端の知見や事例も紹介し，大学の新入生をはじめとして社会学に興味をもつ人々が，社会学の広さや深さに楽しく触れられるようにする。
2．理論的側面と実証的側面とをバランスよく配置し，また両視点がなるべく乖離しないような構成にする。その構成を通して，読者が日常生活や現代社会を新たな眼で捉えなおしつつ分析していく能力を培い，自らが築き上げていくものとして日常と社会を見つめる姿勢を養うことを目指す。
3．本書は大学等の教科書としても用いることももちろんできるが，教科書として使用しない場合も，読者が手元にもっていると便利な参考書としても使用できる内容にする。

　完成したこのテキストを見直してみると，幅広い知識がぜいたくに並べられているなとあらためて思わされます。しかし，それらはまだ入り口の知識に過ぎません。読者の皆さんが，このテキストの中に自分向けの入り口を見つけて，さらに知の奥行きを体験されることを望んでいます。

　　2019年9月

　　　　　　　　　　　　　　　　　　　　　　　　　　編　者

もくじ

はじめに

Ⅰ　社会学とは何か

1　社会学の理念……………………………2

2　社会学の全体構造…………………………4

3　社会学理論とは何か……………………6

4　他の科学領域と社会学……………10

5　シンボリック相互行為論…………12
　　さまざまな社会学理論1

6　アルフレッド・シュッツと異文化理解
　　さまざまな社会学理論2 ………………14

7　物語論……………………………………16
　　さまざまな社会学理論3

8　ドラマトゥルギー・儀礼・スティグマ…18
　　さまざまな社会学理論4

9　リスク社会について………………20
　　さまざまな社会学理論5

10　信頼………………………………………22
　　さまざまな社会学理論6

11　エスノメソドロジーと会話分析…24
　　さまざまな社会学理論7

12　社会学と社会調査………………26

Ⅱ　〈私〉をめぐる社会学

1　自己について……………………28

2　自我と他者とのコミュニケーション
　　………………………………………32

3　第二の近代における自己…………36

4　記憶と忘却……………………………38

Ⅲ　ジェンダーとセクシュアリティを
　　めぐる社会学

1　〈女らしさ〉〈男らしさ〉を問い直す
　　………………………………………42

2　ジェンダーの社会化………………44

3　ワーク・ライフ・バランス………46

4　政治参画と公共圏……………………48

5　セクシュアリティとは何か………50

6　セクシュアリティと
　　アイデンティティ…………………52

7　セクシュアリティと
　　結婚・家族・国家…………………54

Ⅳ　若者と子どもをめぐる社会学

1　若者たちの「やさしい関係」………56

2　児童・生徒におけるいじめ………58

3　インセンティブ・ディバイド……60

4　子どもの貧困…………………………62

5　青年期の長期化と友人関係………64

Ⅴ　家族をめぐる社会学

1　家族の絆とは何か……………………66

2 結婚の個人化……………………… 68

3 夫婦の関係……………………… 70

4 親子の関係……………………… 72

5 「家」制度から夫婦家族制度，核家族化へ
家族変動を捉える枠組み ……………… 74

6 閉じた家族，開く家族………… 76
脱近代家族

Ⅵ 地域をめぐる社会学

1 人間にとって都市とは何か……… 78
アーバニズム論の系譜

2 シカゴ学派……………………… 80
都市社会学の「発生」

3 コミュニティはどこにあるのか… 82

4 都市の死？ …………………… 84
ディズニーランド化・ジェントリフィケーション・郊外

Ⅶ 労働・職場をめぐる社会学

1 就業形態の多様化……………… 86

2 フォーディズムと労使関係……… 88

3 ポストフォーディズム………… 90

4 感情労働………………………… 92

Ⅷ メディアと情報化をめぐる社会学

1 メディアとは何か……………… 94

2 活字メディアと近代社会……… 96

3 情報化社会とその実現………… 98

4 スマートフォン時代のインターネット
……………………………………100

5 情報化社会を捉える理論と方法‥102

6 情報化社会の公共性…………104

Ⅸ 階級・階層をめぐる社会学

1 階級と階層……………………106

2 日本の階級・階層構造とその変動
……………………………………110

3 階級再生産とメリトクラシー……114

4 社会的排除と貧困……………116

Ⅹ グローバル社会とエスニシティをめぐる社会学

1 「エスニシティ」とは何か………120

2 国民国家とその課題……………122

3 難民・移民をめぐる諸問題………124

4 多文化社会とその課題…………126

5 日本の現状……………………128

Ⅺ 社会運動・NPO・ボランティアをめぐる社会学

1 デモと民主主義………………130
社会運動は社会を変える

2 社会運動………………………134
新しい社会運動とユニオン運動

3 NPO/NGO と市民社会…………136

4 後期近代におけるボランティア活動
……………………………………138

5 東日本大震災とNPO・ボランティア
……………………………………140

XII　いろいろな社会学

1 環境をめぐる社会学················*142*

2 教育をめぐる社会学················*146*

3 政治をめぐる社会学················*150*

4 組織をめぐる社会学················*154*

5 犯罪をめぐる社会学················*158*

6 宗教をめぐる社会学················*162*

7 医療をめぐる社会学················*166*

8 差別問題をめぐる社会学··········*170*

XIII　社会学の歴史：西欧世界の社会学史

1 「社会という謎」の発見···········*174*
社会学のはじまり

2 「理性」からはみ出る社会·········*176*
ヴェーバーとデュルケム

3 「アメリカ社会」はいかに可能か···*178*
シカゴ学派とパーソンズ

4 「わからなさ」の再発見···········*180*
パーソンズ以後のアメリカ

5 神なき時代の社会学···············*182*
ヨーロッパの現代へ

研究者紹介

1 カール・マルクス····················*184*

2 エミール・デュルケム··············*186*

3 ゲオルク・ジンメル················*188*

4 マックス・ヴェーバー··············*190*

5 アルフレッド・シュッツ··········*192*

6 タルコット・パーソンズ··········*194*

7 ニクラス・ルーマン················*196*

8 ユルゲン・ハーバーマス··········*198*

9 ピエール・ブルデュー··············*200*

さくいん

やわらかアカデミズム・〈わかる〉シリーズ

よくわかる
社　会　学
第 3 版

社会学の理念

 社会学とは何か

　私の知人に,「大学で社会学を教えています」と言いますとたいてい決まったように,「社会学って何ですか」と質問されます。実は,この「社会学とは何か」という問いは,社会学者自身も長い間頭を悩ませてきた大問題なのです。

　数学,天文学,物理学,生物学,哲学,法学,政治学などは,かなり長い歴史をもつ学問です。それに比べて「社会学」は,19世紀前半にフランスのコント（Comte, A.）という人がはじめてその名前を創作し用いるようになった若い学問です。当時,自然科学はすでに「科学」としての方法を確立し,その学問上の価値も地位も確かなものとして取り扱われていました。それに対して「社会学」は,コントによる命名後もその独立した科学としての方法や地位を獲得するまでかなり長い時間とさまざまな努力を必要としたのです。

 未知なものとしての「社会」

　ここであらためて「社会」のもつ不思議さについて考えてみましょう。

　選挙結果や経済状況が予想していたものとかなり違ったものになることが多々あるのは何故なのでしょうか。それは,現代日本社会は誰かがその命令のもとに支配された封建的な社会でも絶対王政の支配下にある社会でもないからです。

　ドイツの社会学者ジンメル（Simmel, G.）は,社会学は,19世紀に大衆が獲得した自分たちの勢力を理論的に「継承し反映する」ことを目指しているのだと述べています。[1] 啓蒙思想が広まり,一般大衆が力をもったときにはじめて,その大衆社会を説明する言葉が必要になったのです。

　しかし,その言葉の獲得は簡単なことではありませんでした。まず社会は,その一人ひとりの人間の人生よりもずっと長く存在し,また,その一人ひとりの意思を超えたかたちで動くことも多い摩訶不思議で複雑な存在なのです。デュルケム（Durkheim, É.）はその著書の中で,個人の心理を研究しても社会について知ることにはならないと述べています。[2] 人と人とが長い歴史の中で培ってきた集合体は,その独自の特性や機能をもっていると考えたからです。そのように考えると「社会」は,ただ自分の周りの出来事を眺めればそれが何であるかがわかるような存在ではなく,特別な方法を考案しなければ理解することの

▷1　ジンメル, G., 居安正訳, 1994,『社会学』（上）白水社.

▷2　デュルケム, É., 宮島喬訳, 1978,『社会学的方法の規準』岩波書店.

できない未知の面をもつ存在だということになります。

③ 知りうるものとしての「社会」

しかし私たちにとって将来や未来に起こりうることは全く予測不可能とはかぎりません。実は社会の人々の行動や思考にはパターンやルールがあることも多いのです。ヴェーバー（Weber, M.）は，「単数あるいは複数の行為者の考えている意味が他の人々の行動と関係をもち，その過程がこれに左右されるような行為を指す」と述べて，社会的行為を，それを引き起こす動機（行為の意味）と結びつけて考察することの重要性を強調しました。つまり，行為に意味を与えているがゆえにその行為の経過にある種の規則性が生まれるのです。それを把握できれば先に生じることの予想もある程度可能になります。

人は社会の中で有形無形の役割を果たしながら生きています。ここでいう役割とは，単なる社会的地位を指すのではありません。たとえば，母親は「母親役割」，子どもは「子供役割」，病気の人は「病人役割」を社会の中で果たしているとパーソンズ（Parsons, T.）は考えていました。「母親ならこのようにあるべきだ」などという行為の規準がその社会で共有され，母親自身もそのものの見方や感じ方を取り入れて行動しているというのです。ですから，その社会や集団に存在する経済的利害関係や権力関係だけでなく，そこに共有されている行為の「規準」を知ることによって，ある状況下で人々がどのように対応するかについての「予想」を立てることもある程度はできるのです。

④ 客観性の追求と構想力

ただしその際，単なる主観的な思い込みからは，「科学」は生まれません。さまざまな資料や情報をできるだけ集めることが必要です。ですから，アンケートやインタビューも重要な手段です。いくら各人が所属する集団，組織や地域などがその思考や行為のパターンに影響を与えるといっても，人は時と場合によってさまざまな判断や感想をもつというのも事実だからです。

また，他方，本人たちには意識されてはいないにもかかわらず，本当はそれらの人々の社会的行為の原因であるものが存在することもあります。それらを重視した社会学者もいます。与えられた情報やデータはそれだけではほとんど何も意味してはいません。社会学者には，情報収集能力だけでなく，「……について知りたい」という科学的関心や自らの視点を反省的に眺める社会哲学的ともいえる姿勢，情報の分析能力やその分析結果を組み立てていく能力などが必要なのです。

このようにして追求される社会学は，人生を前向きに生きようとする人々に社会生活に密着した生きた知識を提供しようとする科学であるといえます。

（宇都宮京子）

▷3 ヴェーバー, M., 清水幾太郎訳, 1972, 『社会学の根本概念』岩波書店.

▷4 パーソンズ, T., 佐藤勉訳, 1974, 『社会体系論』青木書店.

2 社会学の全体構造

 社会学の対象との関係

まず社会学の対象について考えてみましょう。社会学には，扱う対象に即して，たとえば，「家族社会学」「教育社会学」「村落社会学」「都市社会学」「地域社会学」などがあります。その他，社会におけるさまざまな仕組みや問題や諸関係を対象とする「組織社会学」「政治社会学」「医療社会学」「産業社会学」「環境社会学」「法社会学」「経済社会学」「犯罪社会学」「宗教社会学」「国際社会学」などもあり，これらは「連字符社会学」と呼ばれることがあります。また，「階級・階層論」「ジェンダー論」「社会的行為論」「社会的自我論」「メディア論」「社会移動」「社会運動論」なども社会学の一部として扱われています。このように見ていくと社会に存在するあらゆる領域の事象が，社会学の対象になっているようにも見えます。

ただ，ここで忘れられてはいけない重要な社会学の対象がもう1つあります。それは，「社会学自体」です。社会学は，「社会学を社会学する」特殊な科学なのです。この学問が科学でありうるための方法や根拠を，いつも反省的に追求し続けています¹。そのような自らの方法の探究に焦点を当てて研究を進める社会学は，理論社会学と呼ばれることがあります。

> 1 たとえば，デュルケム，ヴェーバー，パーソンズ，ギデンズ，ブルデューなどの研究にはそのような傾向が強く見られる。

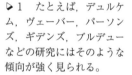 **社会学の方法との関係**

○ **「経験的方法と普遍化的方法」**

社会学では，仮説を立てて，観察やインタビュー，質問紙による社会調査などを通してさまざまな経験的データを収集し，その仮説を検証していくという方法がよくとられます。その際，あくまでも経験的データを重視し，そこから出発しようとしますが，実際には，最初に「何について知りたいのか」という関心に基づいて調査対象は絞られ，仮説が立てられているということが忘れられてはいけません。それは，個別的に観察された事象やデータが単なる収集や羅列を超えた知見となるために必要な手順であるといえます。

これに対して「普遍化的方法」とは，各経験を超えた一般的で普遍的な法則や規則を打ち立てることを目指す立場ですが，社会学では経験的データの整理，分析，仮説の検証を通して，さまざまな一般的法則や規則が発見されています。それゆえ，多くの社会学的研究は，経験的方法と普遍化的方法を組み合わせて

進められているということができます。

❍数量化とデータ処理

　たとえば，現代日本社会における20歳代男女の結婚率や大卒者におけるフリーターの占める割合やその意識など，社会学においてはデータを数量化して社会の現状や動向を読み取るという作業も重要な研究内容になっています。そのために，「社会統計学」や「データ解析」「情報処理」も社会学の方法の重要な要素になっています。これらの操作を最大限に生かしているのが，「計量社会学」です。

❍「歴史（社会変動）的視点と構造的視点」

　社会現象を研究する姿勢は，その時間的変化や歴史的な影響関係を重視する立場と，各時代に特徴的な構造や，時代を越えて看取できる構造を見出すことを重視する立場とに一応区分することができます。社会学成立当初からこの二つの立場は，「社会動学」と「社会静学」という呼び名で区別されてきましたが，現代社会学では，社会構造を論じる際に時間的要素を組み込んで「社会の構造化」過程として統合的に考察を進めている社会学者も多数います。[2]

　また，社会の歴史的変動過程に注目する「歴史社会学」[3]もあります。

❍価値自由と社会改革志向

　ヴェーバーは，社会科学における「価値自由」の問題を論じたことで有名です。[4]科学は，客観的な事実に迫ろうとするものではあっても，その研究を始める時点では，その研究のきっかけとなる「何について知りたい」という「価値関心」を必要としています。しかし，その研究は，研究者自身の理想や信念，倫理の実現を目的として進められてはいけないのです。このようになるべく思い込みや恣意性を排除して研究を進めるのが研究者に課された義務であるとヴェーバーは考えたのです。これが，「価値自由」の立場です。

　しかし，Ⅰ-1「社会学の理念」のところでも書きましたように，社会学は，人間の社会生活に密着した生き生きとした情報や知識を与えられる科学であろうとする側面を強くもっています。それゆえ，社会が抱える現状や問題を人々の目に見えるように浮き彫りにするという作業を行うのですが，そのこと自体が社会改革を導く一つの運動になると考えることもできます。[5]

❍客観的状況分析的方法と動機理解的方法

　たとえば，家族をその研究対象とする場合を例に挙げますと，離婚件数の年ごとの推移に注目して研究を進める場合と離婚の動機に注目して研究を進める場合とがありえます。前者が客観的状況のデータを分析する客観的状況分析的方法で，後者が，動機を考慮して考察を進める動機理解的方法です。

　ここで，これらの社会学の方法をめぐる立場を表にしてみました。社会学の全体を見渡したいときには，多少の助けになるかと思います。　（宇都宮京子）

表Ⅰ-2-1　いろいろな社会学の立場と方法

未来開放的（時間的）	脱（超）時間的
経験的方法	普遍化的方法
歴史（社会変動）的視点	構造的視点
数量化・データ処理	パターン化・法則化
動機理解的方法	客観的状況分析的方法
社会改革的志向	情報分析・情報提供的志向
価値自由的態度（視点の設定と誠実な分析態度の要請）	
構造化過程として社会を捉える	

▷2　ギデンズ，A.，友枝敏雄・今田高俊・森重雄訳，1989，『社会理論の最前線』ハーベスト社参照。

▷3　佐藤健二，2001，『歴史社会学の作法——戦後社会科学批判』岩波書店参照。

▷4　ヴェーバー，M.，間場寿一訳，1982，『職業としての学問』三修社参照。

▷5　ブルデューにはこのような主張が強く見られる。また，差別の問題を強く意識したエスノメソドロジーの立場の著作として，山田富秋・好井裕明，1991，『排除と差別のエスノメソドロジー』新曜社などが挙げられる。

3 社会学理論とは何か

 事実の記述と社会学理論

　社会的事実を捉えるということは生易しいことではありません。私たちは自分が体験したわずかな経験や，今まで出会った人々との交流についてその印象や感想を並べても科学としての社会学を研究したとはいえないでしょう。社会学は，単なる日記でもエッセーでもないのです。では，誰かの記憶の記録でも創作でもないこの社会の「事実」を，何らかのかたちで科学的に捉えるにはどのようにしたらよいのでしょうか。

　単なる各自の体験の記述の羅列を超えた社会の実態の提示には何か「方法」が必要です。その方法をさまざまな社会学者たちが，苦労して探求してきました。それが，社会学の方法論であり，その方法を通して獲得されてきた「社会的事実」の内容こそが社会学理論だといえるでしょう。

▷1　下田直春, 1987,『社会学的思考の基礎──社会学基礎理論の批判的展望』［増補改訂］新泉社.

② 社会学理論の分類

　ここで，下田直春による社会学理論の分類の一例を見ていきましょう。

○包括領域について

　まず，社会学理論は，社会的世界の全体を解明しようとするのか（全体的社会論），それとも，その部分に関心を寄せるのか（部分的社会論）の違いによって二つに区分されています。

　また，部分的社会論は，ただ一つの文化領域に焦点を合わせるのか，それとも，あらゆる機能的・文化的諸領域にまたがっている「集団的特性」や「構造的特性」に着目するのかによって再び区分されています。これらの内容を下田の述べるところに従ってまとめると表のようになります（表Ⅰ-3-1参照）。

表Ⅰ-3-1　全体的社会論と部分的社会論

	説明			例
全体的社会論	社会的世界の全体的構成を原理的・論理的に解明しようとする			パーソンズの社会システム論・ギデンズの構造化理論・ルーマンの社会システム論など
部分的社会論	社会的世界の限られた一定の存在領域についてのみ解明しようとする	社会的世界における個別的な文化諸領域のいずれか一つの存在領域を取りあげ，そこだけに焦点を合わせた特殊理論		政治社会学・法社会学・経済社会学・教育社会学・宗教社会学
		社会のあらゆる機能的・文化的諸領域にまたがっているような特殊領域に焦点をおいた特殊理論	社会的世界の集団的特性に焦点をおいた特殊理論	家族理論・村落共同体論・都市理論・組織論（目的集団）
			社会の構造的特性に着目して理論化を行う社会学理論	マスコミュニケーション論・官僚制論・準拠集団行動論・階級理論等

③　社会認識の方法との関係

　次に，社会的事実へのアプローチの方法との関係で社会学理論をめぐる立場が大きく二つに分かれるという点についてみていきましょう。下田は，それらを，「認識論的客観主義の立場」と「認識論的主観主義の立場」とに分けて考えています。彼の見解を参考にしながらこの二つの立場について考えていくことにしましょう。

　前者の「認識論的客観主義の立場」は，社会を私たちの観点に関係なく外部に実在するものとして考える立場です。もちろん，「外部に実在する」と言いましても，それは，たとえば学校の建物をいくら眺めても組織としての学校のあり方や機能が見えないように，そのまま観察可能であるということを意味しているのではありません。むしろ，社会が私たちの観察の仕方には関係なく独自に存在するというその存在の独立性を前提にする立場なのです。私たちは，その実在のもつ特性について，社会調査などを通して実証的に知ろうと努力をします。

　それに対して，もう一つの「認識論的主観主義の立場」は，研究者と社会的行為者とを同列に置き，すべての人々が相互行為を行ってこの社会に参加しつつ常に形成し続けていると考えます。この社会の人々は，自分が眺める主体であると同時に眺められる客体です。私の語った言葉が相手のある態度を引き起こすだけでなく，そのときの相手の態度が今度は私のある態度を呼び起こします。この場合，社会を研究するということは，社会的行為者たちが行っているまさに進行し続けている（会話を含む）その相互行為に注目することであり，その研究するという作業自体もこの相互行為の一つであるとみなします。

　この立場も社会的意識の調査などをしますが，研究者と社会の構成員の生活意識や態度との間の同質性をはじめから前提することはしません。これらの二つの立場についての下田の説明を基調として，具体的研究方法との関係も考慮して一覧表にしたのが右の表I-3-2です。

　ここで，「②社会学理論の分類」のところで見た分類方

▷2　その問題性を一番感じさせてくれるのは，「参与観察」という調査方法である。たとえば，ある研究者が，ある家族の中で一定の期間一緒に生活をさせてもらってその家族生活について観察，聞き取りなど研究をさせてもらうという場合，その研究者がそこに加わることによってその家族内部の関係が変化してしまうこともありえるわけである。そのような点を考慮しないで，「社会的事実」へ接近できると考えることはできないことになる。

表I-3-2　認識論をめぐる2つの立場

立場（パラダイム）	説明	研究方法	キーワード
認識論的客観主義（規範的パラダイム）	社会を人間の主観性を超越した"客観的実在"とする認識論的視点に立つ（人間の主観性にかかわりなく社会を客観的存在たらしめているものに概念化の焦点がおかれる）	社会統計調査 社会意識調査	社会的地位・社会的役割・社会成層・社会的制度・制度化・文化的パターン・社会的規範・社会的価値（志向）・社会化・社会構造・社会システム
認識論的主観主義（解釈的パラダイム）	現実に行為している人々がその相互作用過程にどのような"意味"を付与し，互いにどのように"解釈"しあいながら相互に作用しあっているかが，研究者の立場からではなく行為者自らの"解釈過程"として考察されなければならないと考える	会話分析 映像分析 インタビュー調査 意識調査 (社会)哲学的考察 言語分析 など	シンボリック相互行為論・エスノメソドロジー・現象学的社会学など

法と「③社会認識の方法との関係」における2区分との関係について注意すべき点を見てみたいと思います。

　まず，認識論的主観主義の立場は，もともと「社会全体」とか「社会的部分」という発想をしません。つまり社会の外部と内部の境界をその形態や組織体制などの客観的条件から引くことはせず，社会に存在する人々の会話や相互行為のやり取りの中で生まれたり，一時期は保持されたり，また変化したり消失するものとして前提します。ですから，あらゆる領域にその立場は関係し，たとえば政治社会学，家族理論，都市理論にも認識論的主観主義の立場に立って得られた知見が含まれるわけです。

　また，認識論的客観主義の立場においても，まったく人間の主観性に関係なく研究が推し進められる場合だけというわけではありません。たとえばパーソンズの「社会的役割」概念などは，人々が自分自身や他者がいかに行為をすべきか，という規範的行為基準や社会的価値基準を内面化していることを視野に入れて考察されています。人々の身につき，そのパーソナリティの一部にまでなった社会的な役割意識が，この社会の客観的あり方を支えていると考えるわけです。たとえば，子どもを育てている女性がゲーム等に興じて夜遅く帰宅して，父親は在宅していたのに，「母親らしくない」と批判されて自己嫌悪に陥るとしましたら，「母親とはこのようにあるべきだ」という「母親役割」がその母親自身や家族に共有されていることになります。このような共有されている役割意識，すなわち，自分や他者の行為の意味や意義について社会的行為者間に共有される解釈や行為のパターンが，客観的な社会構造の存立を支えていると考えられ，その実態を知るために統計調査以外に意識調査も行われます。

④ 理論社会学と社会学理論

　I-2「①社会学の対象との関係」のところで，社会学は，「社会学を社会学する」特殊な科学であるということを書きました。もちろん，どの科学も自らのよってたつ原理をもっているものですが，社会学は，哲学と同じようにその研究対象に人間の意識や行動を含むために，研究者自身も社会生活者の一人としてその研究対象に含まれていることになります。それゆえ，社会学者は，自分たち自身も包み込むような視点をもって社会と個人との関係を考察し，その研究方法も模索していかねばなりません。

　19世紀末に社会学が科学としての地歩を固めようとしていたときに論争の的になっていましたのは，人の心理や考えを含む社会現象を，その主観的な側面を活かしつつ科学の名にふさわしい仕方で取り扱うことがどのようにしたらできるか，ということでした。その際，心理学や単なる歴史的記述と区別された「社会学」を，社会的行為者の「動機」理解を組み込みつつ「理解社会学」の名のもとに樹立したのがヴェーバー（Weber, M.）でした。ヴェーバーは，社会科

学における「客観性」とはどのようでものであるのか，あり得るのかについて自然科学の「客観性」と比較しつつ真剣に考えた社会学者の一人でした。

また社会においては，人々は集団生活のなかでほとんど無自覚のうちにさまざまな行為を実践したり，個人個人が意図的・計画的に行為をしても予想外の結果が生じたりすることが数多くあります。そのような場合には，社会はその集合性によって新しい性質を創造している面があると考えられるのです。それゆえ，単に人々の意識の調査をするだけでは見落とされるものが多々出てきてしまいます。この点を強く指摘していたのはデュルケム（Durkheim, É.）ですが，これらの諸点を考慮に入れますと，社会学には「社会とは何か」，「社会と個人との関係はどのようになっているのか」，「その研究のために適切な方法とは何か」について考えるさまざまな視点が必要なことがわかってもらえると思います。

このように社会的事実を知るための適切な方法を自己の認識能力を反省しつつ探究し，その方法を通して普遍化（一般化）された命題を求めていくのが理論社会学といってよいのではないかと思います。

5 理論社会学にとって重要な社会学者

最後に，何人かの代表的な社会学者名を，その理論社会学的な側面の特徴やキーワードとともに簡単な表（表I-3-3）にしておきたいと思います（これらの研究者の名前や事項は，理論社会学に興味をもった方々には詳しく勉強して欲しいものばかりですが，そのすべてを網羅するものでないことはご了解下さい）。

（宇都宮京子）

表I-3-3　代表的社会学者とその理論的特徴

研究者名	特徴	キーワード
コント	実証主義的	社会的進化論・三段階の法則
デュルケム		集合的意識・もののように社会を研究する・自殺論
ジンメル	形式社会学	相互作用
ヴェーバー	行為論的	理解社会学・理念型・価値自由・正当性・社会科学の客観性
パーソンズ	理論体系的	主意主義的行為理論・構造＝機能主義・パターン変数・AGIL図式
マートン	機能主義的　構造主義的	中範囲の諸理論(自己成就的予言・アノミー・地位セット・役割セット)
ハーバーマス	フランクフルト学派	コミュニケーション的理性・公共性
マンハイム	知識社会学	自由に浮動するインテリゲンチャ
バーガー　ルックマン		日常性の構造
シュッツ	現象学的社会学	生活世界・異文化理解
ガーフィンケル	エスノメソドロジー	多元的リアリティ・人々の方法・経験の政治学
サックス　クルター		会話分析
ミード	シカゴ学派	自我論・意味の三価性
ブルーマー	シンボリック相互行為論	相互行為における意味の創出・探査と精査
ゴフマン		行為と演技・役割距離・スティグマ
ミルズ	プラグマティスト的	社会学的想像力
ルーマン	統合理論的	社会システム論・ダブルコンティンジェンシー・オートポイエシス論
ギデンズ		構造化過程・実践的意識・モダン・ポストモダン・リスク社会
ブルデュー		文化的再生産論・ハビトゥス・文化資本・言語資本
高田　保馬	近代化理論的	結合定量の法則
新明　正道	総合社会学的	行為関連

4 他の科学領域と社会学

▷ 1　コント, A., 霧生和夫訳, 1970, 『世界の名著36　コント・スペンサー』中央公論社.

① 社会学の始まりと諸科学

「社会学の父」と称され,「社会学」という言葉を作ったコント（Comte, A.）[1]は, 人間精神を, 神学的段階, 形而上学的段階, 実証的段階の3つに分けました。はじめの2つの段階は想像力によってものを考える段階ですが, 最後の実証的段階は「法則」, すなわち観察された諸現象間の恒常的関係のみを追求する段階です。コントは, 実証的精神の本質を,「自然法則の不可変性という一般的教理に従って『予見するために見る』こと」と考えています。そのコントは, 6つの基礎科学に序列を付けました。6つとは, 数学, 天文学, 物理学, 化学, 生物学, 社会学ですが, 社会学は他の諸科学の頂点に位置する, 実証的精神に到達した人間にとっての科学として説明されています。

② 法学・経済学と社会学

▷ 2　ヴェーバー, M., 富永祐治・立野保男訳, 折原浩補訳, 1998, 『社会科学と社会政策の認識にかかわる「客観性」』岩波文庫. ヴェーバー, M., 大塚久雄訳, 1989, 「プロテスタンティズムの倫理と資本主義の精神」岩波文庫.

▷ 3　また, ヴェーバーは, リッケルト（Rickert, H.）やジンメル（Simmel, G.）などの哲学, 当時の社会主義思想などにも言及しつつ彼の社会学の方法を展開しています。ジンメル, G., 生松敬三・亀尾利夫訳, 1977, 『ジンメル著作集 歴史哲学の諸問題』白水社.

▷ 4　レヴィ＝ストロース, C., 大橋保夫編・三好郁朗訳, 1979, 『構造・神話・労働』みすず書房.

ヴェーバー（Weber, M.）は, 社会学の多くの教科書でその名前が出てくる有名な社会学者の一人です。しかし, 彼はもともとベルリン大学で法律学の教授資格を取得し, フライブルク大学の経済学教授に就任したという経歴の持ち主で, もし病気になってハイデルベルグ大学の国家科学教授の地位を辞退するということがなければ, 彼が社会学者としてその名前を広く知られるようになることはなかったかもしれないのです。ハイデルベルグ大学の教授職を退いたヴェーバーは, 病気がよくなってくると,「社会科学および社会政策雑誌」という雑誌の編集者になり, また, 自身も論文を投稿し始めました。以上のような背景をもつヴェーバーの社会学には, 法学（特に刑法学）や経済学（特に国民経済学）との関連性が見られます[2][3]。

③ 言語学・民俗学と社会学：構造主義との関係

一時期, 構造主義の考え方が一世を風靡したことがありました。この見地は, 特にレヴィ＝ストロース（Levi-Strauss, C.）などが唱えた民俗学[4]やソシュール（Saussure, F.）がその代表者ともいえる言語学に端を発しています。民俗学における構造主義の立場は, 歴史を超えて全人類を貫く真理を追究するもので, 人間や人間社会には, たとえば親族や神話に見られるような構造があって, それは人間自身の目には見えないけれど, 人がどのように考え, 欲し, その結果

としてどのような人間・社会関係を築くのかを決定していると考えます。

　ソシュールの言語学は，言葉が，意味されるものと意味するもの（音素）の恣意的な組み合わせでできていること，意味の本質は関係（差異）であることを明らかにしました。つまり人間の言語には構造があり，その構造は人のものの考え方に一定の特徴や傾向を与えているのですが，人間自身は日頃，言語のもつ構造に気づいてはいません。

④ マルクス主義と社会学：階級意識とイデオロギー

　マルクス経済学の基礎には，働いて食べて生きているという人々の経済的側面が，その社会に属する人々の（政治，法，宗教，芸術等を含む）精神的活動を規定するという考え方があります。人々が何を善とし，何を望んでいるかもその人々が所属している経済的側面（階級）の影響を受けている観念，すなわちイデオロギーであるとマルクス主義者たちは考えます。その考え方を考慮している社会学者には，マンハイム（Mannheim, K.）やギデンズ，ブルデューなどがいます。マンハイムは，イデオロギー概念とは，それを抱いている人が置かれた社会における具体的な位置の影響のもとで抱かれるようになった「観念」であると述べています。またブルデューは，人々の自由な好みに任されていると思われている来客の接待の仕方や手土産，笑い方や家具の選び方などにも，彼らの職種や資産や学歴，つまり彼らが所属している階級の影響が見られることを，そして，その影響は意識されずに身についており，状況に応じてある行動を引き起こす傾向（ハビトゥス）として身体化されていることを明らかにしています。

⑤ 現象学と社会学：意味と地平

　シュッツ（Schutz, A.）は，マックス・ヴェーバーの社会学と哲学者フッサール（Husserl, E.）の現象学を積極的に取り入れて自らの現象学的社会学を考案した社会学者です。現象学的社会学では，世界は私たちの意識作用と意識内容の総合物として，すなわち「意味」として私たちに現れます。私たちは子ども時代からの体験を蓄積し，ものの見方の地平と言える「解釈図式」を身につけ，新しい体験はいつもその地平を基準にして解釈され，意味づけられていくのです。当たり前化した自分の地平は，確かに重要な判断基準になっているのに見えなくなります。私たちは異文化圏に行くと，その自分の「当たり前」は自分の文化圏だけのものだったことなどを知り，自分が基準にしていたものの見方は決して普遍的なものではないことに気づきます。

　以上に述べたように社会学は，他の科学領域と比較されたり，他の科学領域からの影響を受けたりしつつ，独自の科学として形成されてきたのです。

（宇都宮京子）

▷5　ソシュール，Ｆ.，小林英夫訳，1972，『一般言語学講義』岩波書店.

▷6　イギリスの社会学者ギデンズ（Giddens, A.）は，この構造主義の立場にも深い関心を示しながら，彼の「構造化理論」を形成しました。また，フランスの社会学者ブルデュー（Bourdieu, P.）も構造主義に多大な関心を寄せており，批判的にですが大きな影響を受けています。ギデンズ，Ａ.，友枝敏男・今田高俊・森重雄訳，1989，『社会理論の最前線』ハーベスト社. ブルデュー，Ｐ.，石井洋二郎訳，1990，『ディスタンクシオン』（1・2）藤原書店.

▷7　マルクス，K.・エンゲルス，F.，廣松渉編訳・小林昌人補訳，2002，『ドイツ・イデオロギー　新編輯版』岩波文庫.

▷8　マンハイム，K.，高橋徹・徳永恂訳，2006，『イデオロギーとユートピア』中公クラシックス.

▷9　▷6参照

▷10　シュッツ，A.，佐藤嘉一訳，1982，『社会的世界の意味構成』木鐸社.

シンボリック相互行為論
さまざまな社会学理論1

 シンボリック相互行為論の考えかた

　シンボリック相互行為（作用）論は，シンボルと相互行為という二つの言葉が組み合わさっています。したがって，シンボルと相互行為という二つのキーワードが何を意味しているかを問うことが，シンボリック相互行為論とは何かを考える上で重要です。

　シンボルとは，ジェスチャーや音声を指すこともありますが，基本的には言語シンボルを意味しています。シンボルの働きを虹の色の例で考えてみましょう。虹の色は何色でしょうか。この問いに対して，多くの日本人は7色と答えるでしょう。しかし，英語圏の一部の人たちは虹の色を6色と見ていることが報告されています。虹の色は見る人によって，つまり，虹を何色と見るかという認知の枠組みによって異なっています。このように，一般に対象は，それを見る人と独立にあるのではなく，それを見る枠組みに依存しているのです。

　そのことは自己や社会現象を考えるときにも当てはまります。人も，どのような枠組みで見られるかによって，異なる姿をもっています。男や女という枠組みで見られるか，学生や教師など大学での役割で見られるかによって，人の特徴やその人への接し方は異なってきます。そして，さまざまな社会現象にもそのことは当てはまります。つまり，同じ行為であってもそれをどのような枠組みで見るかによって，その行為のあり方は大きく異なってくるのです。

　一般に，自然的な対象や社会的な対象は，見る人の枠組みと離れてあるのではなく，それをどのようなシンボルで意味づけるかによって異なって解釈されます。そのことが，言語というシンボルの重要な働きです。シンボリック相互行為論は，言語のもつこのような，対象を構築する働きに注目します。一方，シンボリック相互行為論のもう1つのキーワードは，相互行為でした。

　A. ストラウス（Strauss, A.）は，次のような医師と患者の相互行為の例をあげています。それは，医師が女で黒人，患者が男で白人というさまざまな特徴が交差したケースです。このような二人の間の診療場面での相互行為を考えたとき，男の患者は目の前にいる他者を医師としてではなく，女や黒人とみなして横柄な態度を取ろうとするかもしれません。医師は自分を医師として呈示しようとし，他者に対して患者として振る舞うように求めても，患者はそのことを受け入れず，異なる定義を向けてくるかもしれません。

このように，自己をどのような枠組みによって見るかは，他者に依存しています。つまり，言語というシンボルによる自己の構築は他者を前にした相互行為に依存しています。それが，シンボリック相互行為論の視点であり，また一般に，自然的，社会的な対象を見る基本的な視点なのです。[1]

2 シンボリック相互行為論の歴史と研究分野

シンボリック相互行為論の歴史は，戦前の G. H. ミード（Mead, G. H.）などのシカゴ学派の哲学や社会学にさかのぼります。ミードは，H. ブルーマー（Blumer, H.）らのシンボリック相互行為論に大きな影響を与えた，プラグマティズムの立場に立つ哲学者・社会心理学者です。ミードは，『精神・自己（自我）・社会』という主著の中で，人々が具体的な相互行為の中で役割を相互に取得することによって社会が成立することを主張しています。[2]

シンボリック相互行為論の第一世代の代表は，ブルーマーと E. ヒューズ（Hughes, E.）で，この世代は直接ミードと接する中でその影響を受けました。ブルーマーはシンボリック相互行為論の生みの親として有名ですが，ヒューズも民族や職業などの経験的な研究を通してその後のシンボリック相互行為論者に大きな影響を与えた人です。ミードとは直接的な接触がなく，ブルーマーやヒューズに影響を受けた世代が，シンボリック相互行為論の第2世代で，その中には，ストラウス，T. シブタニ（Shibutani, T.），H. ベッカー（Becker, H.），E. ゴフマン（Goffman, E.）など，シンボリック相互行為論を実質的に築きあげてきた人たちがいます。これらのシンボリック相互行為論者が活躍したのは，主に1960年代や70年代であり，シンボリック相互行為論の基本的な研究はこのころ確立されました。

シンボリック相互行為論の研究領域にはさまざまなものがあります。自己とは何か，役割とは何か，相互行為はどのように成り立つかなどといった基礎的な問題から，準拠集団，逸脱行為，医療，ジェンダーやエスニシティなど具体的な問題を扱った研究などさまざまです。

シンボリック相互行為論の基本的な視点は，人々がシンボルを用いて具体的な相互行為を構築していくあり方を問うことにあるので，具体的な研究方法としては，人々がその状況をどのように解釈しているかに注目します。したがって，具体的な現場に入り込んで人の生の声を聞き出す参与観察的な方法をとることもシンボリック相互行為論の特徴です。一方で，参与観察は科学性に欠けるといった批判もあります。このような批判に対して，ストラウスたちはシンボリック相互行為論の研究方法をマニュアル化したり，それに一般性をもたせるための努力をしてきました。[3]

このようにシンボリック相互行為論は，現象学的社会学やエスノメソドロジーと並ぶ現代社会学の重要な理論であり，研究方法なのです。[4]　（片桐雅隆）

▷1　片桐雅隆，2000，『自己と「語り」の社会学』世界思想社．片桐雅隆，2006，『認知社会学の構想』世界思想社．

▷2　ミード，G. H.，河村望訳，1995，『精神・自我・社会』人間の科学社．

▷3　グレイザー，B.・ストラウス，A.，後藤隆・大出春江・水野節夫訳，1996，『データ対話型理論の発見』新曜社．

▷4　伊藤勇・徳川直人編著，2002，『相互行為の社会学』北樹出版．

6 アルフレッド・シュッツと異文化理解
さまざまな社会学理論2

▷1　グローバル化
グローバリゼーション（globalization）ともいわれ，「ヒト・カネ・モノ・情報」の地球規模での活発化を意味する。地球規模の単一市場化という文脈で用いられることが多く，地球の一体化や単一基準化の傾向を意味することもあるが，すでに経済にとどまらず，社会・文化的な深刻な影響もみられる。

グローバル化[*1]が進展する現代社会にあって，異文化理解は達成されるべき「大きな目標」であるだけでなく，むしろ日々の生活場面にあって解決を迫られ，さらに促進されるべき実際的な課題であり問題系の一つです。

文化を本質的にみれば恣意的で相対的です。これが異文化理解を可能とする理論的な根拠でもあります。一つの文化体系内にあって諸事物・諸現象は，むしろ必然的で絶対的なものとして経験されます。この特徴は言語体系と同様で，たとえば［i・nu］という音韻は日本語という言語体系においては動物の「犬」を意味します。しかし，たとえそうだからといって，これら「意味するもの」と「意味されるもの」とに必然的な結合根拠が本質的に存立しているわけではありません。英語では「犬」を意味するのは［dɔ(ː)g］という音韻です。このように言語体系でもっとも重要なのは体系内の関係において現れる差異性です。そのために，意味体系は〈差異の体系〉とも呼ばれるのです。

文化という自明性の世界

▷2　文化という行動様式の体系
文化とは，そこで暮らす人々による〈行動の仕方の全体〉を意味するので，広義には，人々に共有された思考・信念・理解・感情などの様式といえる。

人は誰も，生まれるときに親も母語なども選べません。人間は必ず一定の**文化という行動様式の体系**[*2]の内に生まれ落ち，その自文化の中で成長します。子どもは自文化を「絶対的なもの」として受容し，習得した文化という〈差異の体系〉をもとに世界をさまざまに分節化していきます。こうした諸経験は，社会化，特に言語の習得によって媒介される性質をもちます。この媒介性によって人間の諸経験は，身体によって刻印される「いま・ここ」から時空間的に拡がり，一定の歴史性を帯びたものとして理解可能な地平性を獲得します。

ここで留意すべきは，人々が当然のこととみなす自文化による世界の分節化の仕方が，じつは相対的なものだという視点です。だが，自文化という分節化の様式はまず自明性を特徴とするために，そのままの状態では，それが相対的であることに気づくことはありません。たとえば，わが国でひろくみられる室内スリッパの使用法は，多くの外国人を悩ませます。彼らには，それをどこでは履き，どこでは脱がなければならないのかが判然としないからです。しかし，こうした秩序感覚は，私たちにとってはさほど難しくなく，ともに実践できます。

このように文化の世界は自明性を刻印されていますが，だからといって，それでただちに異文化を理解できないとみる必要はなく，むしろ事態は逆です。

2 異文化理解と自己理解の契機

　異文化を理解することは，じつは自文化を理解することにつながります。つまり，それは自己理解でもあるのです。たとえば，「文化摩擦」という事態を考えてみましょう。そこでは，複数の文化の差異が問題視されます。一方からは自明な作法や行為連関が，他方からは奇怪な出来事にみえるとしましょう。両者は驚き，排他的な感情を抱くかもしれません。それでは異文化理解には至らないのでしょうか。結論はちがいます。なぜならば，〈驚き〉という感情は自分自身が意識していない自明性を捉える契機となりうるからです。実際，異文化理解の過程は，この〈驚き〉からはじまるといってもよいでしょう。この論点を明らかにするために，シュッツ社会学を概観することにしましょう。

3 シュッツ社会学と日常生活の世界

　人々が住まう文化の世界，日常生活の世界を自明性の観点から問題としたのがシュッツ（Schutz, A.）です。彼は〈驚き〉を方法とはしませんが，日常性を支える自明性が人々の日々の相互行為を通じて社会的に構成されることを明らかにしました。彼は「純然たる事実というものは，厳密にいえば存在していない[3]」と語ります。事実の集積から一般法則を把握する「帰納法[4]」が科学であるとすれば，この言明は驚きでしょう。だが，シュッツが問題とするのは〈事実とみなされる機制〉そのものです。日常性が自明的であるということは，その世界がそのままで〈そこに在る〉ということではなく，〈そのようなもの〉として人々が日々にする共‐実践において社会的に構成されていることなのです。

　次の描写を手掛かりにしてみましょう。《体が濡れ暑そうな腰布一枚の男が，泡のでる黄色の液体を飲み，ヌルッとした生魚の切れ端を紫色の液体に浸け，口に運んでいる。》これが何の描写かわかるでしょうか。私たちの自明性に変換すると，《風呂上りの男がバスタオル一枚を腰に巻き，刺身をつまみにビールを飲んでいる》となります。こうした理解が成立するには，いくつもの暗黙の秩序感覚が作動しなければなりません。シュッツが問題としたのは，こうした，すべてを言語化できないにせよ，人々がともに構成し合う秩序感覚や実践意識を含めた日常生活の世界を構成する自明性であり，その存立機制です。

　異文化では自文化の自明性は通用しません。その世界は分節化の仕方が異なるからです。そのために，異文化と触れるときにカルチャー・ショックという〈驚き〉が付随するのです。留意すべきは，それが同時に自らの自明性が顕現化する契機でもある点です。シュッツ社会学は，それを人々が諸事象・諸事物に向ける〈構え[5]〉から明らかにします。グローバル化が進む現代にあって，**文化帝国主義[6]**に陥らずに異文化交流を促進するためには，シュッツの社会学的遺産は今なお知的な光源の機能をはたしているといえるでしょう。　（張江洋直）

▷3　シュッツ, A., 渡部光・那須壽・西原和久訳，1983，『アルフレッド・シュッツ著作集』（第1巻），マルジュ社.

▷4　**帰納法**
さまざまな個別的あるいは特殊的な事例から一般的で普遍的な規則や法則を見出そうとする論理的推論の方法をいうが，その過程には必ず「帰納の飛躍」と呼ばれる理論上の跳躍がある。ちなみに，帰納法と対になる論理的推論が「演繹法」である。

▷5　**構え**
「attitude」の訳語であり「態度」ともいわれる。日常生活の世界での構えは，「実際的（pragmatic）」が特徴的である。また，「科学的態度」であれば，「論理的な一貫性」などが要請される。個々人がその折々に〈何を対象とするのか〉に応じて，そこでの構えは決定的に異なってくる。

▷6　**文化帝国主義**
帝国主義は侵略主義や膨張主義とほぼ同義に用いられる用語。ここでは文化帝国主義を，自文化を異文化圏に，自覚的か否かにかかわらず拡張させようとする傾向と理解しておこう。

7 物語論
さまざまな社会学理論3

1 物語論の社会学への導入

　経験的な研究を方向付ける概念としての「物語」は，心理学において1980年代に注目され始め，1990年代に社会学でも広く使用されるものとなりました。

　特に，個人の経験や人生を聞き取ることを中心とする諸研究などにおいて，聞き取られた語りを分析する際に物語概念がしばしば参照されるようになります。このことは，いわゆる再帰的な社会の到来と対応していると考えられます。このような社会において物語は，研究対象でありまた理論でもあるものとして大きな意義をもちます。

　社会学的な研究に対して物語という概念がもたらした利点には少なくとも以下のようなものがあるでしょう。第一に，ある社会現象を理解・説明する際に，その現象の構成に参与する人々の視点に依拠した出来事の記述（語りの営みそれ自体）に研究者の関心を向けさせたこと。すなわち物語が，語り手の視点に準拠することで諸々の出来事が選択的に構造化されるものであること，これについてはゆるやかな合意があるでしょう。物語概念を参照することで，一方において社会現象についての機械論的な記述とは別の記述のあり方に注意を向けさせると同時に，他方では現象学的社会学が「意味的構成」と呼んだプロセスをより経験的に捉えるよう研究者を動機づけることになるわけです。

　第二に，出来事の記述が埋め込まれた相互行為へとあらためて研究者の関心を向けさせたこと。物語が語り手の語りによって完結するものではなく，聞き手との関係においてその意味や働きを変えること，これもまたある程度合意の取れた認識でしょう。したがって物語という概念を参照することで，研究者はそれがどのような相互行為の中で語られたのか，どのように受け止められたのか，そしてそれを語ることによってその関係の中で何が達成されたのか，といった一連の問題へと向き合わざるを得ません。

　第三に，与えられた出来事の記述があり得るいくつかの版（バージョン）の一つであること，またそれがいつでも書き換えられ，いわば版をあらためられるものであることに研究者の関心を向けさせたこと。すでにみたように，物語が語り手の視点からする出来事の選択的構造化であり，相互行為に埋め込まれたものであるとするなら，その視点の変化や埋め込まれた関係の文脈の変化により異なった語られ方をするようになるはずです。したがってある物語が，別

▷1　ライフヒストリー研究，ライフストーリー研究がある。

▷2　就職活動の自己分析，自分史の執筆やエンディングノートなど，自分自身について語ることを前提にする社会。

▷3　どのような視点からの，どのような選択，どのような構造化なのかということ。

様であり得ることや，にもかかわらず現にあるような語られ方をしているのは
どのような条件によるものなのか，といった問いに研究者は導かれていくこと
になります。

② 物語としての自己

　以上のような物語概念は，特に人が自分自身について語ることを素材とした
研究において用いられるようになりました。[4]

　また，改定に開かれているという点に力点をおくなら，心理療法（家族療法）
を参照しつつ野口裕二が論じたように物語は治療的効果をもつでしょう。なぜ
なら「問題」を抱えた人生という「現実」は，「問題を抱えた人生」という物語
を語ることと相即的に産出され，維持されるものであるからです。この物語の
改定は，その現実を変更し，「問題」は（解決ではなく）解消されていく（「問
題」としての意味を失う）ことになります。[5]

　心理療法は自己物語が語られるための枠組みの代表的なものですが，他にも
自己の物語を可能にする枠組みは無数に存在しています。この点に注目して，
自己を語る物語が一定の制度と相関的に産出される過程に注目したのがグブリ
アム（Gubrium, J. F.）とホルスタイン（Holstein, J. A.）の一連の研究です。現代
社会は，日常生活のさまざまな場面で自分自身について語ることを求められま
す。[6] それらの自己語りはいわば各種の制度に埋め込まれているものとして分析
すべきものだと二人は論じています。[7]

③ 「事実」か相互行為か

　自己の成り立ちを物語論的に分析しようとする場合，語られた内容が事実で
あるかどうかはあまり問題にはなりません。なぜなら，仮にそれが事実ではな
いとしても，それを事実として物語ることが彼の自己を構成しているというこ
とが理論的に重要だからです。しかし，ライフヒストリー研究などのように物
語を通して特定の事実を知ろうとする研究の場合，物語概念に水路づけられた
研究はいくぶんか論争の種をはらんだものとなるでしょう。というのもその場
合，語りの内容が事実であるかどうかも重要な問題となるからです。

　物語論は，しばしばこの問題に対して「事実」が相互行為において構成され
る，とこたえようとしてきました。構成された「事実」よりも，それを構成し
ている相互行為という事実に注目しようというわけです。確かにこのような研
究がなりたつことは疑いないことではあるが，上の問題がこれで解消されるわ
けではないでしょう。[8]

　物語論が今後も経験科学・実証科学としての社会学にとって有用な理論的指
針であり続けるとすれば，それはこの物語／事実の緊張関係を注意深く扱うか
ぎりにおいてであろうと思われます。　　　　　　　　　　　　　（浅野智彦）

▷4　たとえばイギリスの社会学者アンソニー・ギデンズ（Giddens, A.）は，現代社会における自己アイデンティティのありかたについて論じる著作の中で，それをたえざる改定に開かれた一冊の自伝のようなものだと論じている。ギデンズ，A., 秋吉美都・安藤太郎・筒井淳也，2005，『モダニティと自己アイデンティティ』ハーベスト社.

▷5　野口裕二，2002，『物語としてのケア』医学書院，野口裕二，2018，『ナラティヴと共同性』青土社などを参照。問題が解決ではなく解消されるという発想の起源は，心理療法におけるナラティヴ・アプローチであるナラティヴ・セラピーにある。

▷6　たとえば，入学試験，就職活動の自己分析，カウンセリング等々。

▷7　Gubrium, J. F. and Holstein, J. A. eds., 2001, *Institutional Selves*, Oxford University Press.

▷8　事実の相互行為における構成を強調する立場として，桜井厚・石川良子編，2015，『ライフストーリー研究に何ができるか』新曜社。この立場に対する批判的な吟味として岸政彦，2018，『マンゴーと手榴弾』勁草書房.

8 ドラマトゥルギー・儀礼・スティグマ

さまざまな社会学理論4

演劇と自己

「私って何者なんだろう」。ふとそんな問を抱いてしまった経験はないでしょうか。ここで紹介する三つのアイデアは，社会学者アーヴィング・ゴフマン（Goffman, E.）が，そのような問いかけに社会学的に答えようとして提案したものです。

ゴフマンの基本的な考え方は，自己やアイデンティティはいつでも他人とのやり取り（相互行為）の中に埋め込まれている，というものです。ですから，自己やアイデンティティについて理解するためには，相互行為の成り立ちを理解しなければなりません。そのためにゴフマンが提案した一つ目のアイデアが「ドラマトゥルギー（演劇論）」です。これは，相互行為をドラマ（演劇）に見立てて記述しようという試みです。すなわち，居合わせた人々の間のやり取りは舞台上で演じられている一つの場面であり，やり取りしている人々が何者であるのかは場面の中で演じられる役割として描き出されます。

この見方によれば重要なのは場面がうまく演じられていることであり，参加者のアイデンティティはその効果として生み出されるものです。教師は，その人の内部にある何らかの性質によって教師であるのではなく，学生とともに授業の場面をうまく演じきることによって教師としてのアイデンティティを確認することができるというわけです。

2 儀礼と自己

ゴフマンが提案した二つ目のアイデアは，相互行為を儀礼として記述しようというものです。相互行為はじつは非常にかわった性格をもっています。すなわちそれに関わる人物たちは，お互いの体面を傷つけないようにとても気を使い合っているのです。ゴフマンは，この「体面」と「気づかい」が，宗教学や宗教社会学で利用されてきた「儀礼」という考え方によってうまく記述できるのではないかと考えました。

儀礼とは，何らかの尊いものや聖なるものに対して設定される振る舞い方のルールのことです。宗教において，神や聖人や象徴などに向かうときには特別な振る舞い方をするように求められます。たとえば神社でお参りする際には手を洗い，口をすすがなければならないとされています。これが儀礼です。

▷1　たとえば授業という場面は，教師が教師を演じ，学生が学生を演じることによってうまく成り立っています。また，その場面がうまく成り立っているかぎりにおいて教師は教師として，学生は学生として自分のアイデンティティをはっきりさせることができます。もし授業がうまく成り立たなくなれば（たとえば学級崩壊のように），教師も学生も自分自身のアイデンティティについて自信を失うことになるでしょう。ゴフマン，E.，1974，石黒毅訳，『行為と演技』誠信書房.

▷2　ゴフマン，E.，2012，浅野敏夫訳，『儀礼としての相互行為』法政大学出版局.

この「儀礼」を宗教以外の相互行為に応用してみようというのがゴフマンの提案です。この提案をするにあたってゴフマンが大きなヒントを得たのはフランスの社会学者エミール・デュルケム（Durkheim, É.）の議論でした。デュルケムは，近代社会において聖なるものは宗教ではなく，個々人の人格のうちに見出されるようになっていると指摘したのです。そうだとすれば，近代社会において人々はお互いの人格を聖なるものとして，それに対して儀礼を設定してやり取りし合うことになるのではないか。ゴフマンはそのように考えました。

ゴフマンは，人々の相互行為の中に二つの種類の儀礼を見出しました。一つは，聖なるものに向けて何をなすべきかを指示する「提示儀礼」です。

もう一つはすべきではないことを指示する「回避儀礼」です。相手に過度に接近しないといった単純なものから，エレベーターに乗り合わせた人々が互いに視線を向け合わないといった複雑なものまで，回避儀礼もまた日常生活の円滑な進行を支えるものです。特に，居合わせた人々が互いに露骨な関心を向けないように配慮することをゴフマンは「儀礼的無関心」と呼んでいます。

人々はこのような儀礼にのっとってお互いの体面，つまりお互いの自己やアイデンティティを守り合っているとゴフマンは考えました。

③ スティグマと自己

体面を守るために儀礼が必要であるということは，儀礼が守られないところでは体面が傷つけられてしまうということでもあります。このような傷つきやすい体面の原因となる要素のことをゴフマンはスティグマと呼びました。スティグマはもともと体についた傷跡などを指す言葉ですが，ゴフマンはアイデンティティの傷つきやすさを描き出すためにこの言葉を用いています。

このようなスティグマをもつ人々は，自己を提示する際にも，他の人たちとは異なった工夫をするように迫られます。特に，スティグマが外からわかりにくい場合には，それを相手に知られないようにしながら相互行為を切り抜けられるようなやり方がさまざまに工夫されるのです。このような工夫をゴフマンはパッシングと呼びました。たとえば，耳の聴こえにくい人が，すでに知っていることを先に質問し，あたかも聞こえているかのように相づちを打ったり返事をしたりする，というのがそれにあたります。

スティグマを負わされた人々は，このような工夫を駆使して，通常の儀礼によっては保護されない自分のアイデンティティを守ろうとしています。ただし注意すべきは，何がスティグマになるのかは，状況によって異なるということです。したがって先に上げたようなわかりやすいスティグマをもっていなくとも，場面によってはスティグマを負わされる可能性もあります。スティグマとそれに対応するさまざまな工夫は，その意味で，誰にでも関わりのある問題なのです。

（浅野智彦）

▷3 あいさつを交わすといった単純なものから，相手の髪型が変わっていたらそれに気づき称賛するといった複雑なものまで，日常生活はさまざまな提示儀礼によって支えられています。

▷4 たとえば，目が見えないこと，耳が聴こえないこと，少数派の民族・人種に属すること。これらはみなスティグマになりえます。ゴフマン，E., 1970, 石黒毅訳，『スティグマの社会学』せりか書房.

9 リスク社会について
さまざまな社会学理論5

現代は,「リスク社会」だといわれています。しかし,この「リスク社会」とは,一体,どのような社会なのでしょうか。そもそも,「リスク」とは何なのでしょうか。「リスク社会」とそれ以前の社会とでは,どのような点が異なるのでしょうか。ここでは,以上のような点について,「リスク」が社会学の重要なテーマの一つであることを知らしめたドイツの社会学者,ウルリッヒ・ベック(Beck, U.)の「リスク社会」論を中心に見ていきたいと思います。[1]

1 リスクとは何か

「リスク」とは何でしょうか。ベックによれば,「リスク」とは,推測や測定や計算が可能な不確実性のことです。したがって,リスクは場合によっては回避可能です。たとえば,タバコをすえば,必ず肺がんになるというわけではありませんが,肺がんになる「リスク」が高まります。したがって,肺がんを回避するために,禁煙するという選択肢をとることができます。

しかし,禁煙すれば絶対に肺がんにならないわけではありません。これに対して,予測や計算の不可能な不確実性を,ベックは「危険」と名づけます。[2]

2 「リスク社会」とは何か

次に,「リスク社会」について考えます。グローバル規模で生命を危険にさらす次元にまでリスクが達し,ますます社会の生活状況や発展にリスクが影響を与えるようになる社会のことを,ベックはリスク社会と呼びます。もっとも,リスクだけがリスク社会において人類の存続を脅かしているわけではありません。人間の関与によって生じたものではありますが,リスクの計算ができず,したがって効果的な予防や保険といった措置もとれない,人工的な大災害がその一つです。このようなものを彼は,「大いなる危険」と名づけます。

以前の時代にも,貧困や飢えなど,人の生存をおびやかすものは存在しましたが,それらは感覚的に知覚が可能でした。それに対して,今日では,近代化のプロセスの結果として,地球温暖化,ダイオキシン,オゾン層破壊,狂牛病など,さまざまな種類のリスクや危険が生じ,それによって,社会が人間の生をおびやかしています。人間のコントロール下から離れた技術・経済的発展——それらの発展は,本来,人類の幸福のためになされたものですが——が,意図せざる副次的帰結として,地上の生命体を脅かしているのです。

▷1　リスクについて論じている社会学者は,ベックだけでなく,たとえば,ニクラス・ルーマン(Luhmann, N.)やアンソニー・ギデンズ(Giddens, A.)がいる。

▷2　ここでは Risiko を「リスク」,Gefahr を「危険」と訳している。上述の定義づけは,ベックの1988年の著書『解毒剤(*Gegengifte*)』(邦訳なし)にあるものである。

　このような，人間によって直接的に知覚できないリスクや危険は，第一に，場所的，時間的そして社会的にもはや限定することができません。第二に，責任の所在を，現在一般に行われている規則にしたがって特定することができません。第三に，補償も保証も困難です。

　産業社会においては，富の分配をめぐる対立が紛争の中心テーマでした。富は稀少で，貧困や飢えが特定の層により集中して生じたからです。しかし，リスク社会においては，このような富の分配をめぐる紛争よりも，生存の危機の克服という問題の方がはるかに深刻な問題となっています。たとえば，原発事故，あるいは，急激な気候変動による洪水にあうかどうかは，その人が金持ちであるか，貧乏人であるかとは関係がありません。双方が，同じリスク社会に住んでいます。これも，リスク社会の特徴の一つといえます。

▷3　金持ちはそのような場所には住まないという可能性はありますが。

❸　個々人の人生におけるリスクの増大

　個々人の人生上のリスクも増大しています。以前の社会において伝統や慣習や宗教そして（地域，職場，家族といった）中間集団が個々人に対してもっていたリスクの緩衝材としての機能は，弱まってきました。その分，リスクは，より個々人に対してふりかかるようになったのです。

　たとえば，日本の会社は，よほどのことがないかぎり，定年までそこで働くことができる（したがって生活も保障される）といわれていました。しかし，今日，人生のある局面で失業するリスクは，以前に比べ高まっています。学校を卒業しても正社員になれないリスクも高まっています。さらに，結婚できないリスクや離婚するリスクも高まっています。

　つまり，リスク社会においては，人生のあらゆる局面において，個々人が孤立するリスクや貧困に陥るリスクが高まっているのです。しかも，そのような事態は，運命や宿命としてではなく，自分で行った決定の帰結として，個々人の人生の失敗として，認知されます。

▷4　産業社会においては，貧困に陥ることは，階級という集団の運命とされていました。

　このような状況のもと，個々人は，自分の人生と自分をとりまく情況の形成者として行為することが可能である一方，そのように行為することを強いられてもいると，ベックは指摘します。そしてこのような行為モデルこそ，ベックがリスク社会における個人のあり方として提唱しているものでもあります。しかし，これに対しては，上述のように行為する能力のある人はそう多くなく，そうでない人にとっての対処策にはならないという批判もなされています。

（伊藤美登里）

（参考文献）

ベック，U.，東廉・伊藤美登里訳，1998，『危険社会』法政大学出版局．

ベック，U.，島村賢一訳，2010，『世界リスク社会論』筑摩書房．

信 頼
さまざまな社会学理論6

 私たちはなぜ貨幣とものを交換するのか

　私たちは，日々，貨幣と交換にものを売ったり買ったりしながら生活しています。そこには何も不思議なことはないように思えます。この当たり前と思えることを不思議に思い，なぜ人は貨幣とものを交換するのかを考察したのがジンメル（Simmel, G.）でした。

　ジンメルは，『貨幣の哲学』（1900年）[1]の中で，貨幣を用いた交換を人間と人間の間の相互作用の一種として捉えています。物々交換とくらべたときの貨幣交換の特徴は，人が金属片や紙切れと引き換えに価値のあるものを手放すところにあります。そしてジンメルは，なぜ人は価値のあるものをそれ自体では価値のない金属片や紙切れと交換するのかと問うのです。ジンメルが見出した答えは，人は，将来，別の人がその金属片や紙切れと引き換えに，自分が求めているものを手放すであろうと期待しているから，今自分のもっている価値あるものを手放して，その金属片や紙切れを受け取るのである，というものでした。そして，この期待を「信頼」と呼びました。

　次のような場面を想像してみてください。あなたが古本屋であなたの本を売るとしましょう。古本屋のつけた値段に納得して，あなたはその本を売ることに決めます。本と引き換えに古本屋が差し出した紙切れには「子供銀行券」と印刷されています。あなたはおそらく本を手放さないでしょう。「日本銀行券」と印刷された紙片とくらべて，若干大きさが異なり，紙の質や印刷の精度が劣るとしても，それ自体では使い道がない点では変わりがないにもかかわらず，なぜでしょうか。それは，「日本銀行券」と印刷された紙片については，私たちは次の人がそれを受け取るであろうと期待するのに対して，「子供銀行券」についてはそのような期待が成り立たないからにほかなりません。

　ジンメルは，貨幣交換の秘密が，貨幣そのものにあるのではなく，人々が貨幣を受け取るときにもつこの期待，すなわち信頼にあることを発見したのです。この期待が成り立てば，どんなものでも貨幣になりますし，逆にいくら「日本銀行券」と印刷されていても，次の人がそれを受け取らないだろうと人々が考えたとたん，それは貨幣であることをやめてしまいます。そして，それは戦争や革命のときに，くりかえし起こってきたことなのです。

　ジンメルはさらに，この信頼が単純な帰納的知識ではなく，宗教的な信仰に

▶1　ジンメル, G., 居安正訳, 1999,『貨幣の哲学』[新訳版] 白水社. また, 岩崎信彦・廳茂編, 2006,『「貨幣の哲学」という作品』世界思想社も参照。

似た非合理的な要素を含んでいることを指摘しています。私たちが貨幣を受け取るのは，確かに，これまで次の人がそれを受け取ってくれたという経験に基づいています。しかし，今まで人が受け取ってくれたということは，次も必ず受け取ってくれることを保証してくれるわけではありません。確実ではないにもかかわらず，私たちが価値あるものを手放してそれを受け取っているとすれば，そこには神を信じるのにも似た非合理的な信仰が働いているのです。

　私たちは貨幣交換を合理的なものと考え，実際おつりに間違いがないかどうか，常に注意を払っていますが，ジンメルによれば，そもそも貨幣とものを交換するということ自体が，非合理的な信仰に支えられてはじめて成り立っているのです。日本には，きつねに化かされて，木の葉をお金と信じ込むという話があります。私たちはこれを子ども向けの昔話と考えていますが，じつはこれは貨幣についての実話にほかなりません。なぜなら，私たちもまた，ただの紙切れや金属片を価値があるものと信じ込んで，それと引き換えに価値あるものを手放しているからです。

❷　現代社会と信頼

　ジンメルは貨幣交換についての考察から得られた知見を相互作用一般に拡張しています。私たちは，日々，まったく知らないわけではないけれども，完全に知っているのでもない人と相互作用を営みつつ生活しています。そして，まったく知らないわけではないけれども，完全に知っているわけでもない人と相互作用を行うとき，そこにもやはり信頼が働いています。たとえば，友人に本やCDを貸すとき，私たちは友人がその本やCDを返してくれるであろうと期待しています。このような期待がなければ，私たちは何かを貸すということをしないでしょう。そして，返してくれるということが100％確実ではない以上，ここにも非合理的な信仰が働いているのです。

　現代社会では見知らぬ人との相互作用が生活の大きな部分を占めるようになっています。私たちはファストフード店で，材料が何であるのか，誰がどのように調理しているのか知らないまま，ハンバーガーを食べていますし，いちいち自分で検査することなく，スーパーマーケットで買った食品や蛇口から流れ出る水を安全だと信じて口にしています。また，新聞やテレビで報道されるニュースを，いちいち自分で確認することなく，事実であると信じていますし，学校でも，教科書に書かれていることや先生の言っていることを正しいと信じて学んでいます。このような信頼なしには，相互作用はとどこおり，社会はたちまち立ちゆかなくなってしまうでしょう。

　社会が信頼という非合理的な信仰なしに成り立たないということ，これはジンメルの大発見でした。そして，この発見は，ルーマン（Luhmann, N.）やギデンズ（Giddens, A.）によって受け継がれていきました。　　　　　　（浜　日出夫）

▷2　ジンメル, G., 居安正訳, 1994,『社会学』（全2巻）白水社.

▷3　ギデンズは，相互作用がローカルな文脈から切り離されることを「脱埋め込み」と呼び，これが，信頼が必要となる条件であると考えている。以下の文献を参照。ギデンズ, A., 松尾精文・小幡正敏訳, 1993,『近代とはいかなる時代か？』而立書房.

▷4　ここには，教師個人に対する「人格的信頼」と，学校や科学に対する「システム信頼」の両方が働いている。両者の区別については，以下の文献を参照。ルーマン, N., 大庭健・正村俊之訳, 1990,『信頼』勁草書房.

11 エスノメソドロジーと会話分析
さまざまな社会学理論 7

1 エスノメソドロジーとは何か

「エスノメソドロジー（ethnomethodology）」とは日本語に直訳すると「人々の（ethno-）方法の（method-）学問（-logy）」という意味であり，アメリカの社会学者ハロルド・ガーフィンケル（Garfinkel, H.）によって提唱された社会学の一分野です。エスノメソドロジーとはどのような学問でしょうか。

ガーフィンケルは「社会秩序」というものを，「社会秩序」それ自体が一つの構造をもったものとしてではなく，社会の成員たち（その社会にいるさまざまな人々のことです）が，日々の生活の中で，お互いに協同して実践的にその場で物事を達成していくことによって形成されるものだと考えました。私たちは，普段の生活の中で，さまざまな行為を「当たり前」のこととして行い，そしてその中でお互いの行為を理解しあっています。こうしたさまざまな行為の理解は，普段の生活の中では「見られてはいるが気づかれない（seen but unnoticed）」ものとして私たちの前に現れています。つまり，このような「当たり前」で日常的な行為を社会の成員たちは日々状況に即してさまざまなかたちで達成しているからこそ，「社会秩序」は成立し，それにより「社会」は「社会」として存在するというのです。また，そうした社会秩序は，行為の実践の中で（あるいは実践を通じて）社会の成員たちにとって「見てわかる」ものとして立ち現れています。こうした「見てわかる」性質，つまり理解可能性は，社会の成員たちがお互い何をしているのかを理解できるようにするだけでなく，それを社会学者が分析し研究することも可能にします。

エスノメソドロジーはこうした社会の成員の当たり前で日常的な相互行為の達成そのものを研究対象とするゆえに「人々の方法の学問」なのです。

2 「会話」という行為

会話は私たちが日常生活の中で行うもっともありふれた行為の一つです。そして人々の行う会話という行為は，それ自体がきわめて社会的な行為であるといえます。会話によって他の人に物事を伝えたり，あるいは他の人の言ったことに対して何らかの反応を示したりするということは，ただ単に言葉を発しているだけというようなものではありません。たとえばAとBという友達同士が待ち合わせをしていて，Bが待ち合わせの時間に遅れたとします。それに対し

▷1　ガーフィンケル, H., 山田富秋・好井裕明・山崎敬一編訳, 2008, 「エスノメソドロジー命名の由来」『エスノメソドロジー──社会学的思考の解体』せりか書房.

▷2　ガーフィンケル, H., 北澤裕・西阪仰訳, 1995, 「日常活動の基盤──当たり前を見る」『日常性の解剖学──知と会話』マルジュ社.

てＡが「遅いじゃないか」と言った場合，それはただ単にＢが遅刻したという事実をＡは表現したといえるでしょうか。多くの人はそれを聞いた場合，Ｂが遅刻したことに対する「皮肉」や「非難」としてその言葉を聞くはずです。つまり，人間が何か言葉を発するということは，単に言葉を発して何かを表現するということだけではなく，それ以上の意味をもつ行為なのであって，その意味で会話というものはきわめて社会的な行為なのです。

　さらに重要なことは，会話を成立させるためには，お互いの発言をどのように理解し，それに対しどのように反応したのかを相手に示さなくてはならないということです。ＡとＢの例をもう一度見てみましょう。先程ＡはＢが遅刻したことに対して「皮肉」や「非難」を述べているとしました。ではそれに対しＢが「ごめん」と言ったとしたらどうなるでしょうか。それは単にＢはＡに「謝罪」したということだけを意味するだけでなく，同時にＢがＡの発言を自分に対する「非難」として受け止めたということを意味することになります。つまり，ＡとＢは「遅いじゃないか」「ごめん」とそれぞれ発言することによって，お互いの発言の意味を確定しあっていると同時に，お互いの理解を相手に示しあっているのです。これは，会話がまさにその場を通じて達成される行為であるということであり，それはエスノメソドロジー研究にとって重要な意味をもつことを意味しています。

③　会話分析とエスノメソドロジー

　ガーフィンケルとともにエスノメソドロジーの発展に貢献したハーヴィ・サックス（Sacks, H.）は，このような会話の性質にいち早く注目し，「会話分析（conversation analysis）」と呼ばれる新たな研究手法を展開しました。サックスはこの分析手法を展開させていく中で，会話のもつさまざまな形式的特徴に注目しました。たとえばサックスは私たちが会話を行う場合，私たちは会話において「一つの順番（turn）で，お互いが一人ずつ交互に話す」こと（「会話の順番取り」）を行っていることに注目しています。これは私たちが会話の中でお互いに話をするということが，実際にどのようにして行われているのかということの規則の一つであり，それはまさに人々が「会話」という行為を実践的に達成していくための「人々の方法」と呼べるものです。

　以上のような「人々の方法」を詳細に見ていくことによって，会話分析は「人々が会話という相互行為をどのようにして実践しているのか」ということを研究してきました。そして会話分析は，そのような「人々の方法」を研究するものとして，現在エスノメソドロジーにおける主要な研究手法の一つとなり，両者は密接に関連しています。エスノメソドロジーと会話分析は社会学における新しい手法の一つとして注目され，現在ではさまざまな分野でその研究が行われています。

（佐々木　啓）

▷3　「会話分析」とは，さまざまな状況（たとえば学校や職場での会話やあるいは119番への通報など）において行われている人々の会話を詳細に分析することによって，そこで相互理解がどのように行われ，どのようにある物事が達成されているのかということを分析する手法のこと。

▷4　サックス，H. ほか，西阪仰訳，2010，『会話分析基本論集——順番交替と修復の組織』世界思想社.

社会学と社会調査

 社会調査の始まり

○百姓は農民ではない

　権力が課税や徴兵を目的として行った，すべての人口を把握する台帳の作成や人口調査（人口センサス）に社会調査の始まりを求めることはできます。しかし，目的を限定された調査の結果から，人々の暮らしぶりの全体像を描き出すことは困難です。たとえば，網野善彦らが明らかにしたように，江戸時代に「水呑」として登録された人々がそのまま貧しい農民を意味しているわけではありませんでした。「水呑」が，実際にはその身分のまま職人や商人であったり，「水呑」世帯が人口の7〜8割を占める地域が商業活動によって富裕であることもあったのです。どれほどの石高を生み出すのかという狭い関心に基づいて作成された記録は，その関心には収まらない人々の生活を捉えるものではそもそもなかったのです。

○「なぜそうなるのか」を問う

　近代以降の社会調査にもそれぞれ個別に目的や関心がありそれゆえの限定はありますが，調査を通じて現象の消長や事象の増減を説明づける（なぜそうなるかを明らかにする）志向をもつようになりました。19世紀半ばのロンドンは，世界経済の中心であるとともに，貧困問題に直面していました。社会事業家のC. ブース（Booth, C.）は，調査チームを組織し，『ロンドン市民の生活と労働』全17巻としてまとめられることになる調査に取り組みました。彼らは，統計的手法を駆使しました。人をいくつもの指標に分解してそれぞれの指標につき集計し，さらには複数の指標ごとの集計をクロスさせそこに傾向性，法則性を発見していくという作業を行いました。その結果，貧困が怠惰や不道徳など個人的要因によるとする俗説が退けられ，雇用問題として貧困を捉える見方が示されたのです。そこには，説明への志向がはっきりとみてとれます。

　1920年代に入って，シカゴ学派社会学において，社会調査ははっきりと事実の探求それ自体を目的とするようになりました。統計調査とともに，エスノグラフィーや生活史などの質的方法を用いてまずもって当事者のリアリティを理解することも目指され始めました。それ以降，社会学においては，量的調査に加え質的調査も重要な調査手法として認められるようになります。

▷1　網野善彦，1996，『続・日本の歴史をよみなおす』筑摩書房。

2　社会調査の発展

○社会調査の多様化

　第二次世界大戦後，アメリカにおいて，統計を用いた量的調査の手法が飛躍的に発展しました。そもそもアメリカでは世論調査が活発に行われていたのですが，P.ラザースフェルド（Lazarsfeld, P.）らはそこに因果関係の分析を接合しました。賛成，反対が何％といった世論の記述に留まらず，そもそもどのような人々がなぜ賛成したり反対したりするのかを説明する試みがなされるようになったのです。統計的解析の手法は，当初は**独立変数と従属変数**の二変数間関係の分析とその応用の範囲に留まっていたのですが，コンピュータの発達とともにいくつもの変数の影響力を整理して明らかにする**多変量解析**が可能になりました。今では，統計的分析は社会学に不可欠のものです。自ら調査を企画し，調査票（アンケート）を作成し，サンプリングを行い，調査を実施し，また，そこで得られたデータを解析し，報告書にまとめる，そうした一連の作業は，多くの社会学者にとって大切な仕事です。大学でのカリキュラムにおいても，そうした調査実習のクラスが重要視されているところは多いと思います。

　一方で，1960年代になって，エスノグラフィーや生活史などの質的調査の復権も進みました。標準化された手続きにはのりにくい質的調査は「非科学的」であるとして退けられた時代もありました。しかし，机上の仮説を検証するという量的調査の手続きが結局のところ調査者の「常識」に沿った事実のみを現実としてしまうことが批判され，人や社会の認識を豊富にし「常識」をこえる認識を導く方法として質的調査が再評価されたのです。

○社会調査の「解放」

　もちろん，社会調査は，社会学者によるものだけではありません。今日では，マスメディアや調査機関によって，数限りなく世論調査が実施されています。やはり，そこでは，単に世論の記述には留まらない，因果関係の分析が試みられています。あるいは，マーケティングリサーチ（市場調査）もそうです。少量生産少量消費の時代にあっては，ターゲットを絞った商品開発がなされます。そこで，どういった層にどういったニーズがあるのかについて，細やかな分析が必要になります。センサスデータも官僚や官立の研究機関によって分析にかけられていますし，また，データが公開されることで**二次分析**も可能です。

　社会調査は，誰のためにそして何のためにあるのかと問われ続けてもきました。今日にあっては，調査される側からの正当な権利主張の声も高まっています。それでも知ることは全うされなければなりません。無数の調査がなされている時代ですが，調査と社会との緊張関係をたえず自省しイノセントな調査などないことの自覚が，常に求められているといえます。

（西澤晃彦）

▷2　独立変数と従属変数
説明変数と被説明変数ともいう。原因にあたる部分が独立変数，結果にあたる部分が従属変数。ある事象を従属変数とみて，その原因である独立変数を明らかにするのが説明するということ。

▷3　多変量解析
実際には，一つの独立変数と一つの従属変数というシンプルな命題で説明される事象は少ない。変数が三つ以上ある場合の統計的な解析手法のことを多変量解析といい，独立変数と従属変数がそれぞれ連続的な量であるか否かなどによってさまざまな手法が開発されている。

▷4　二次分析
既存のデータセット（国勢調査などのセンサス，官庁統計，さまざまな社会調査の公開データ）を利用し，再集計，再分析を行うこと。公開データの二次分析については，佐藤博樹・石田浩・池田謙一編，2000，『社会調査の公開データ——二次分析への招待』東京大学出版会を参照。

自己について

 自己とは何だろうか

　自己（自我）とは何かを考えるときに典型的に見られるのは，「心」など自己の内部にその姿を求めようとする見方です。ひと頃「自分探し」という言葉がはやりました。「本当の自分とは何だろうか」，「今の自分は本当の自分なのだろうか」といった問いかけは，自己の内部に本当の自分があり，それを探し出そうとする見方を前提としています。また，誰でも程度の差はあれ，孤独感や疎外感を感じることがあります。そのとき，自分は一人きりで，他者とは無関係と感じるかもしれません。

　自分探しという発想や孤独感などのケースを考えるとき，自己は他者とは独立し，自己はそれ自体はじめから「あったもの」のように思われます。自己を内面とし，他者や役割，社会一般を外部とする発想はそのような自己観を表しています。このように，一方に内面的な自己を置き，一方にそれと対立する外面としての他者や社会，あるいは役割を置くといった発想を自己と他者の「二分法的な発想」と呼ぶことにしましょう。

　二分法的な発想は，自己とは何かを考えるとき多くの人に常識として共有されています。「フォーク・サイコロジー（ふつうの人たちの心理学）」という言葉があります。それは専門家ではなくふつうの人たちが知識としてもっていたり実践していたりする心理学です。その典型は，血液型による性格の判定に見られるでしょう。この発想は，血液型という自己の中にある属性によってその人の本来的なあり方を推測するもので，本当の自分を自己の内部に求める典型的な「フォーク・サイコロジー」です。血液型による性格の判定は科学的な根拠のないものとされていますが，それにもかかわらず関心が高いのは，自己の内部に本当の自分があり，その一端を血液型がひょっとして教えてくれるのではないかという期待があるからではないでしょうか。

　二分法的な発想は，ふつうの人たちの常識を支えていると同時に，自己や心を考える科学的な見方の前提にもなっています。たとえば，「動機」という言葉を考えてみましょう。動機は一般に心理学では「人々の行動の動因」と定義され，人々の行動には必ず動機があり，その動機は個人個人がもつものであり，他人からはわからないとされます。ミステリーにおいて犯人の動機を探偵なり刑事なりが推測していく過程は，誰にもわからない犯人の本当の動機を探り当

てるスリリングな過程です。そのようなドラマにおいても，動機は行動の動因であり，それは自己の内部にあるものという動機についての考えが前提とされています。

❷ 他者による自己の成立

確かに，この二分法的な発想には根強いものがありますが，一方で自己は，社会と独立し対立するのではなく，むしろ社会によって生み出されるものだとする考えがあります。それによれば，人は生まれたときは，独立した自己意識をもつことはなく，両親などの他者と一体化していると考えられます。赤ちゃんは無力な存在のように思われます。しかし赤ちゃんの視点から見ると，親などの他者は赤ちゃんの欲求を満たす手足の延長とも考えることができます。言い換えれば，赤ちゃんにとって親などの他者は自分の身体の延長であり，自分の欲望を満たす道具です。そして，このような自己と他者が一体化した状態にあるとき，赤ちゃんは全能感をもち，自己と他者は未分離であると考えられます。

では，いつ赤ちゃんは親などの他者から分離するのでしょうか。他者からの分離はトイレット・トレーニングに象徴されるように，他者から欲望を禁止されることによってはじまります。そのとき，赤ちゃんは今までの全能感を失い，親などの他者は自己の延長ではなく，自己と分離されたものという意識をもちます。このような他者による禁止が自己意識の生まれる端緒となるのです。

◯自己意識が成立すること

自己意識はさらに言語の習得と密接に結びついています。人間の言葉は，日本語の場合であれば，「僕」や「私」など自己を指し示す言葉，つまり一人称をもっています。この一人称の獲得が自己意識の成立と深く結びついています。一人称の使用は簡単なようで複雑な思考を伴うことが指摘されています。赤ちゃんははじめ一人称がうまく使えません。それは，他者が使う一人称が，自分を指すものと解されてしまうからです。一人称が使えるためには，その「私」が自分ではなく他者を指すことが理解できなくてはなりませんが，それができるためには，他者の視点に立って自分を見ることが必要となります。つまり，他者の立場に立つことによってはじめて自分という意識が生まれるのです。

このように，他者の立場あるいは視点に立って自己を見ることができることが，自己の成立あるいは自己意識の成立にとってきわめて重要であると考えられています。G. H. ミード（Mead, G. H）やシンボリック相互行為論は，そのことを役割取得の問題として一般化しています。役割取得は三つの過程から説明されます。それは，第一に，自己がある行為を企画すること，第二に，その行為の企画に対して他者がどのように反応するかを他者の立場に立って予期すること，そして第三に，その予期に基づいてはじめの自分の行為の企画を調整す

▷ 1 梶田叡一・溝上慎一編，2012，『自己の心理学を学ぶ人のために』世界思想社.

▷2　ミード, G. H., 河村望訳, 1995, 『精神・自我・社会』人間の科学社.

ることです。

　ミードの代表的な著作に『精神・自己（自我）・社会』という本があります[2]。「精神」とは，自分について反省的に考察する作用を意味していますが，それは同時に他者の立場に立つことによってはじめて可能となります。他者の立場に立って自己を反省的に見ることができて，はじめて自己意識が成立するのです。そして，他者の立場に立って自己を反省的に眺めることは，自己意識を生み出すだけではなく，同時にその過程は社会の成立をも意味しています。このように，『精神・自己・社会』というタイトルは，精神・自己・社会が同時的に成立することを意味するという大変示唆的な意味を含んでいます。

社会的に定義される自己

○自己呈示と他者呈示

　自己は他者と独立し対立するものではなく，むしろ他者に依存し，他者が存在するゆえに自己が生まれると考えられます。しかし，自己意識のもう確立した大人の自己は，他者には依存せず他者とは独立したものだと考えたり感じたりするかもしれません。その実感は否定できないにしても，大人の自己も他者の存在に大きく依存しているし，他者の存在なしに自己を考えることはできないのです。

▷3　ゴフマン, E., 石黒毅訳, 1974, 『行為と演技』誠信書房.

　このことをE. ゴフマン（Goffman, E.）は，「自己呈示」の問題として一般化しています[3]。自己呈示は，自己を他者に対してアピールすることですが，そのアピールの仕方は，自己の一方的な仕方で行われるのではなく，他者の立場から見てふさわしい自己のあり方を他者に呈示することを前提としています。教室で教師や学生は相互に他者の視点から見てふさわしい振る舞いや外見の呈示を求められます。このとき，他者の視点は特定の教師や学生に限られず，教室の状況というより一般化された他者をも含んでいます。その一方で，自己呈示は他者によって強制されています。私語を話す学生に教師が注意をしたりするのはその典型です。私語を注意するのは，その場にふさわしい自己呈示のあり方を，教師という自己が学生という他者に求めることです。それは学生の立場にもいえるでしょう。自己が他者に対して，他者の特定の自己呈示を求めることを「他者呈示」と呼んでいます。人は他者の視点にふさわしい自己呈示をし，もう一方で，そのような呈示を他者にも強制するのです。

○自己や他者を定義するさまざまな言葉

　自分が誰であるか，またその定義に基づいてどのように振る舞ったり，あるいはどのような外見を装うかは，具体的な他者や一般化された他者を含めた他者の視点から自由ではありません。このとき，自分が誰であり，また一方で，他者が誰であるかは，言葉によって定義されるのです。自分が教師であるとか，学生であると認知するのも「教師」や「学生」という言葉に依っています。教

師や学生という言葉は役割を指す言葉です。役割の言葉には他にもさまざまなものがあります。家族での親と子，企業や役所での上司と部下，クラブやサークルでの先輩と後輩などもそれに当たります。「役割」は一般に行動への規範や期待を意味しますが，ここでの役割の言葉は，自己や他者が何であり，どのように振る舞うべきかを定義する言葉です。人は，そのような役割の言葉に依拠して自己意識を獲得するのです。

　自己や他者を定義する言葉は，役割の言葉に限りません。ジェンダーやセクシュアリティの言葉，エスニシティやナショナリティの言葉も，自己や他者を定義する典型的な言葉です。また，時代によって典型的な「人間像」や「社会的性格」なども自己や他者を定義する言葉と考えられます。1980年代や90年代に用いられた，若者を示す代表的な言葉として「新人類」や「おたく」，また近年での「トラウマを抱える人」や「多重人格者」などの心理学的な用語がそれに当たります。そして，そもそも「自分」や「自己」あるいは「個人」などの自分自身を指す言葉も，自分とは何かを指す重要な言葉です。それらの言葉には，「自己とは何か」，「自己と他者の関係や境界は何か」などの自己と他者にまつわる意味が前提とされています。このように，自分が誰であるかは，既成のさまざまな言葉によって定義され，それらの言葉のもつ意味に依存しているのです。また，それらの言葉はカテゴリーとも言い換えられます。

▷4 片桐雅隆, 2017, 『不安定な自己の社会学』ミネルヴァ書房.

○自己の独自性とは

　自己とは何かは，すでに見てきたように自分を他者の視点に置くことによってはじめて考えられますし，その作業は自己や他者を定義する言葉に依存しています。しかし，それはすべての人が同じ自己をもつことを意味しません。特定の状況で自己や他者をどのように定義するかは，一義的に決まっているわけではなく個々の状況に依存しています。他者の行為の予期は完璧なものでないし，また，自己の行為の企画や実行も意図通りになるものではありません。役割取得に基づく相互行為の過程は実際にはきわめて試行的であり，決定されたものではないのです。

▷5 片桐雅隆, 2006, 『認知社会学の構想』世界思想社.

　しかし，そのとき自己は他者から自由で独立した「主体的な自己」とは考えられません。自己は，他者があってはじめて成立するからです。他者の立場に立って自己を反省する作用としての「精神」があってはじめて自己意識が生まれることを指摘しましたが，そのことは，自己の発生時においてだけではなく，自己を獲得して以降の日々の自己への問いかけにおいてもいえます。自分探しに疲れたり孤独感や疎外感を抱くとき，人は自分は「他人とは無関係だ」とか「他人から認められないでひとりぼっちだ」と思うかもしれません。しかし，そのような自己の孤独感や疎外感も，自己を他者の立場に立って考える働きがあってはじめて生まれるものです。そこに，自己という現象の不思議さがあるのではないでしょうか。

（片桐雅隆）

自我と他者とのコミュニケーション

 「鏡に映った自我」：自分を映す他者

　私たちは，他者と関わりながら日々過ごしています。たとえば，両親，きょうだい，友人，恋人といった他者や，同僚，地域集団といった他者とともに生活をしています。私たちは，そのような日常の中で「自分」をもち生きています。それは，「自我」，「自己」（Self）がそなわっているからです。

　私たちは自我を生得的に有していません。たとえば，「ウルフ・チャイルド」と呼ばれるカマラとアマラは，狼に育てられたために，人間のように言語を話さず，体つきや行動が野生児のように育ちました。彼女らは，狼に育てられたために，人間としての自我を有さなかったのです。現在，私たちが私として，自分ということを自覚して生きているということは，人間としての自我を有しているからです。自我は，他者との関係なしには，その生成，形成，変化や変容はありません。

　哲学者のデカルト（Descartes, R.）は，すべてのものが虚偽であっても，それを虚偽だと考えている私は疑うことができず，確かに存在しているという見解を導き出しました。そして，「ワレ思う，ゆえにワレあり」（cogito ergo sum）という絶対的な真理にたどりつきました。デカルトが生きた時代とは，神が絶対的な時代であったために，彼の導き出した命題はその時代においてはとても斬新なものであったといえます。

　けれども，デカルトの考えにしたがうと，他者およびすべての自然な生活条件が隔絶されているため，自我は孤立的なものとなってしまいます。デカルトの見解に疑問を抱き，批判したアメリカの社会学者クーリー（Cooley, C. H.）によると，遺伝以外で継承されるものは「コミュニケーションと相互作用によって発生する」[1]。この見解は，他者とのコミュニケーションからなる自我を意味します。

▷1　クーリー，C. H.，大橋幸・菊池美代志訳，1970，『社会組織論』青木書店.

　クーリーの見解からすると，私たちが自分自身である「ワレ」を自覚できることは，他者が含まれた「ワレワレ」あっての「ワレ」なのです。クーリーは，他者あっての自分であることを「鏡に映った自我（looking-glass self）」概念として表しています。それは，第一の要素として他者が自分をどのように認識しているかについての想像，第二の要素として他者が自分をどのように評価しているかについての想像，第三の要素としてそれに対して自分が感じるプライドや

屈辱などの「自己感情」です。[42]

　私たちは，鏡に映し出すことで自分の顔や容姿を確認できます。たとえば，洋服を購入するとき，その洋服が自分に似合うものかどうかについて鏡に映しだされた自分を見て判断します。そのような判断は，鏡に映し出されることにより可能となります。それと同じく，他者は自分を映し出す鏡となります。私たちは，自分だけでは自分がどのような自分であるかということに気づくことができません。他者とのコミュニケーションを行うことで，自分を自覚していくのです。

　また，クーリーから影響を受けたとされる，アメリカの社会学者であるミード（Mead, G. H.）も，自我形成における他者の重要性を主張しています。ミードによると，幼児期の子どもは，他者とプレイをすること（プレイ期）やゲームをすること（ゲーム期）により，自分の役割，他者の役割を習得するとしています。[43]たとえば，幼児期の子どもは，ままごとやお医者さんごっこ等のごっこ遊びをします。子どもは，他者とのごっこ遊びを通じて，父，母や医者，患者といったそれぞれの社会に共通した他者の役割を取得します。それが，ミードにおいては役割取得（role-taking）とされるところです。

　さらに，子どもは，野球やサッカーなどのゲームを通じて，その社会に共通した一般化された役割があることを習得します。たとえば，野球では，ピッチャーがボールを投げ，キャッチャーがボールを受け取ります。そして，バッターはピッチャーが投げたボールを打ちます。子どもは，ゲームを通じて，それぞれのポジションにはそれぞれの役割があることを習得します。それが，ミードにおいては一般化された他者（generalized other）とされるところです。

　私たちは，自我を生得的にそなえて誕生してくるのではありません。現在の私たちが自我を有していることは，これまでに出会った他者とのコミュニケーションによる結果であります。クーリーやミードは，他者といった鏡により，自我が形成され，変化，変容していくことを見出したのです。

2　自我とコミュニケーション

　では，自我が，他者とのコミュニケーションによるものであるならば，そのコミュニケーションとはどのようなものでしょうか。私たちの生活には，常に他者とのコミュニケーションが内在しています。家庭では家族と学校では友人やサークル仲間と，またバイト先ではバイト仲間など，多くの他者とのコミュニケーションを行いながら日々の生活を送っています。

　そのような日常生活における他者とのコミュニケーションには，二つの構造があります。それは，自己と他者とのコミュニケーションである「外的コミュニケーション」と，自己と自己とのコミュニケーションである「内的コミュニケーション」です。

▷2　Cooley, C. H., 1902, *Human Nature and the Social Order*, Charles Scribner's Sons.

▷3　ミード, G. H., 稲葉三千男・滝沢正樹・中野収訳, 1973, 『精神・自我・社会』青木書店.

たとえば喧嘩は，双方の意見の相違から生じ，互いが納得しなかったために起こる現象です。そこで交わされる他者との口論は，「外的コミュニケーション」です。そして喧嘩の後に，「自分が悪かったのだろうか」，「友人が正しかったのだろうか」など，ある事柄について，考えたり，悩んだりすることが，「内的コミュニケーション」です。

▷ 4 意味のあるシンボル
(significant symbol)
人間には，ジェスチュア，サイン，言葉などの固有のシンボルがある。ミードによると，「他者に向けられたときに自分にも向けられ，また，自分に向けられたときにも他者にも，それも形式上はすべての他者に向けられる」ことである。

それは，**意味のあるシンボル**を媒介とするコミュニケーションから生じます。たとえば，他者に「新聞を取って下さい」と言った場合，その言葉により他者は「新聞を取る」という外的反応を引き起こします。他方，「新聞を取って下さい」と発言した本人には，「新聞を取って下さい」という言語に，他者が「新聞を取る」という「意味」が含意された内的反応が引き起こされます。ミードは，自己と他者とのコミュニケーションには，「外的コミュニケーション」と「内的コミュニケーション」があることを見出しました。ミードが自我形成において他者とのコミュニケーションが重要であると強調するところは，自己が対象化されるところにあります。

他方，ミードから影響を受けたアメリカの社会学者であるブルーマー（Blumer, H. G.）は，自己の対象化について明らかにしています。自己を対象化できることは，自分自身を認識し，自分自身とのコミュニケーションを行い，自分自身に対して行為できることです。それは「**自分自身との相互作用**」です。「自分自身との相互作用」は，自分を表示（indicate）し自分を解釈（interpretation）することです。

▷ 5 自分自身との相互作用 (self interaction)
他者との社会的相互作用を内在化したものであるが，他者の期待が表示され，表示されたものが解釈され，一定の意味が付与されるといった，独自の展開がなされることである。ブルーマー，H.，後藤将之訳，1990，『シンボリック相互作用論──パースペクティブと方法』勁草書房.

自己と他者とのコミュニケーションには，他者とのコミュニケーションおよび自己と自己とのコミュニケーションがあります。このようなコミュニケーションは，人と人とのコミュニケーションの特質であり，さらに，自我の変化，変容といった再構成をもたらすものです。

❸ インティメイトな他者：「自己感情」から見出す自我

自我の形成は，自己と他者とのコミュニケーションによるものですが，すべての他者が自我に影響を与えているとはかぎりません。通りすがりの他者はどのような影響も与えませんが，家族，親友といった他者は自我の変化や変容をもたらします。鏡を他者に置き換え，他者とのコミュニケーションよる自我形成を主張したクーリーは，屈辱やプライドといった「自己感情」に自我を見出しています。「自己感情」は，自分がどれだけその他者にウェイトをおいているかにより異なります。

たとえば，映画を見に行く約束をしていたが，約束をしていた相手から当日になって突然キャンセルされたとします。その他者が，恋人の場合と知人の場合では，そこで生じる屈辱やプライドといった「自己感情」は異なります。

つまり，「自己感情」は，よりインティメイトな関係をもつ他者とのコミュ

ニケーションにおいて生じてくるものです。インティメイトな関係とは，フェイス・トゥ・フェイスの関係にあり，「親しい結びつき」のある関係です。とりわけ，私たちが最初に出会う他者である父親，母親，兄姉，祖父母，さらには地域集団といった「**第一次集団**」とのコミュニケーションによって結ばれていきます。このように，「自己感情」は「第一次集団」とのコミュニケーションを通じて生成していき，育まれていく，「人間性」を有した感情です。「自己感情」は，自分に生じる感情ですが，他者とのコミュニケーションなしにはその生成はありません。したがって，「自己感情」は他者といった社会性を有した感情です。

ホックシールド（Hochschild, A.R.）によると，あらゆる感情にはシグナル機能があります。愛する人がそばにいると喜びの感情が生じ，愛する人を失うと悲しみの感情が生じます。このように，「すべての感情は，他者を見るがごとく自分の状態を教えてくれる」ものです。

彼女は，サービス業などの進展に伴い社会が多様化していく現在は，「感情労働」が求められ，そこに感じなければならない感情である「管理される感情」が生じていることを明らかにしています。公的領域で「感情労働」が強いられると私的領域で感じる感情も管理しなければならない状況へと陥っていきます。それは，企業組織に委ねられた他律化された感情であるために，自己を主体とした感情は疎外されてしまいます。

現代社会は，感情すらも管理化される危険な状況にあります。それゆえに，他者とのインティメイトな関係性がより強く結ばれているなかで顕著に現れる「自己感情」は，「自分自身との相互作用」をもたらす要因となり，新たな自我を発見するものとなります。「自己感情」が認識されることにより，自己が対象化され，「自分自身との相互作用」が行われます。自己が対象化され，内省されることで自我に変化や変容がおこり，新たな自我形成が生み出されます。

そのように自我は，他者とのコミュニケーションによるものであるが，他者のみで形成されるものではなく，自我の積極性，自律性を有して形成されていくものです。

現在の自分は，これまで出会ってきた他者とのコミュニケーションを通じて形成されたものです。私たちは，日々，当たり前のように他者とコミュニケーションを行っていますが，そこには自己と他者とのコミュニケーションと自己と自己とのコミュニケーションといった二つのコミュニケーションが含意されています。このようにコミュニケーションを捉え，そこから見出される自分といった「自我」と向き合うことが，社会学における一つの考察です。「自我」は，他者といった社会性を有した「社会的自我」ということです。

（小川祐喜子）

▷6 **第一次集団** (primary group)
「第一次集団」とは，クーリーが『社会組織論』（1909）で展開した概念である。それは，フェイス・トゥ・フェイスの関係にあり，親しい結びつきと協力とにより特徴づけられる集団である。クーリーは，「第一次集団」との関係を通じて「人間性」が習得されていく意味で「第一次的」だとする。また，「第一次集団」は，「第二次集団」との対比する集団論として取り上げられているが，クーリーは「第二次集団」については言及していない。

▷7 ホックシールド，A.R.，石川准・室伏亜紀訳，2000，『管理される心──感情が商品になるとき』世界思想社.

第二の近代における自己

 ## 第二の近代

　自己とはすなわち社会関係であるというのが社会学の一つの発見でした。この発見は，社会関係の変化とともに，自己も変化するということを意味しているでしょう。社会学が関心を向けてきた社会関係の変化は何といっても近代化と呼ばれるものでした。ヴェーバーやデュルケムなど社会学の父祖たちが取り組んだこの歴史的変動を第一の近代と呼ぶなら，今日の社会学が取り組んでいる，1970年代以降の大きな社会変容を第二の近代と呼ぶことができるでしょう。

　第二次世界大戦が終結したあと，政府が市場をある程度管理するとともに，社会福祉の充実を目指すという方向性が先進諸社会の標準モデルとなりました。このモデルが経済成長の鈍化とともに崩れ始めた1970年代以降，社会関係のあり方は大きく変わっていきました。この変化は，しばしば「ポストモダン」，すなわちモダンの後に来る社会のあり方として論じられました。近代化において中心的な役割を果たしてきた「科学的合理性」や「進歩」といった観念がその力を失って，社会は中心も上下もなく，進むべき方向性や指針を見失った流動的な状況に入った，と論じられたのです。

　しかし多くの社会学者たちは，この変化を少し違ったふうに捉えました。すなわち，この変化は，近代の終わりというよりは，近代がより徹底していった結果として生じているものではないか，と考えたのです。たとえば，近代は既存の制度や習慣に対する絶えざる懐疑と再検討とによって社会を作り変えていく過程でした。この懐疑と再検討とが伝統的な制度・習慣をことごとく解体していったあとにもさらに進行していったらどうなるでしょうか。何者であれ懐疑と再検討とを免れないとすれば，いずれはこの懐疑・再検討のよってたつ基盤自体もまた懐疑と再検討にさらされることになるのです。近代の初期において懐疑・再検討の原動力となった「科学的合理性」や「進歩」などの観念が力を失ったのはこのような過程によるものだと社会学者たちは考えました。[1]

　さて，近代がより徹底化されることで，近代的なものが内側から変容していくというこの過程は，当然，近代的社会関係の中で生み出される自己にも変化を引き起こさずにはいないでしょう。すなわち，近代的な自己は，近代化のさらなる徹底によって，まるで近代的なものではないかのような姿へと変容していくことになります。それはどのような姿なのでしょうか。

▶1　この点については以下を参照。ギデンズ, A., 松尾精文・小幡正敏訳，1993，『近代とはいかなる時代か？』而立書房.

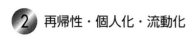

2 再帰性・個人化・流動化

　第一に，第二の近代における自己は，再帰性によって特徴づけられます。第一の近代における自己もまた理性を備え，自らを振り返るような自己でした。しかし，その理性は「真理」や「理想」に裏付けられた固定的なものであり，再帰性の土台として機能し，それ自体はなかなか反省の対象とはならなかったのです。それに対して第二の近代における再帰性は，まさに再帰性の土台自体を反省の対象とするようなものでした。自分の姿を姿見で見て「まあまあ」だとか「いけてない」だとか判断する，これが第一の近代における再帰性だとすると，第二の近代における再帰性はさらにその判断の土台自体を反省の対象とするわけです。「これを『いけてない』と判断する基準自体がいけてないのではないか」というようにです。

　第二に，第二の近代における自己は，その生き方の個人化によって特徴づけられます。第一の近代における自己もある意味では個人化によって特徴づけられていました。たとえば農村共同体のような社会で人々を拘束してきたさまざまな伝統や慣習は，彼らが都市部で生活するようになると無力化し，人は自分の意志で自分の生き方を決められるようになります。しかし，都市部での生活をよくみてみると，それもまた農村共同体によく似たさまざまな集団によって支えられていたことがわかります。つまり第一の近代における個人化は，各種の集団によって支えられていたのです。第二の近代における個人化は，これらの集団がまとまりを失い，個人がほんとうに（集団の支えを失った）個人として社会の中に現れてくるという事態を指しています。

　第三に，第二の近代における自己は，その生活の流動性によって特徴づけられます。第一の近代において人々は自分の所属するいくつかの集団を基準にして「自分とは何者か」について見通しを立てていました。そしてこの所属が安定しているかぎりにおいてそのような自己の見通しもまた安定したものでありえました。第二の近代においては，企業への所属も家族への所属も急速に流動化していくので，自己についての感覚も流動的なものへと変化していきます。自己は今や「今は○○だが，明日には△□になるかもしれないもの」となり，またそのような変化に常に備えるべきものとなります。

　20世紀のなかごろに精神科医のエリック・エリクソン（Erickson, E.）が提唱し，世界中で広く受け入れられたようなアイデンティティモデルは職業や家族形成を軸にした安定した自己同一性への到達を想定していましたが，20世紀後半に顕在化してきた第二の近代への運動は，自己を再帰化・個人化・流動化していくものでした。エリクソンモデルが第一の近代に対応する自己の到達点だとすると，先に見た自己の変容はそれが近代の徹底により内部から変容したものとみることができます。

（浅野智彦）

▷2　ギデンズ，A.，秋吉美都・安藤太郎・筒井淳也訳，2005，『モダニティと自己アイデンティティ』ハーベスト社.

▷3　たとえば，会社，労働組合，家族などがそれにあたります。

▷4　ベック，U.，東廉・伊藤美登里訳，1998，『危険社会』法政大学出版局.

▷5　「○○社の社員である」「○○の父である」「○○の妻である」等々。

▷6　今日の「○○社の社員」は明日には「△△社の社員」であるかもしれず，今日の「○○の父」「○○の妻」は明日には「□□の父」「□□の妻」であるかもしれないからです。

▷7　バウマン，Z.，森田典正訳，2001，『リキッド・モダニティ』大月書店.

▷8　なお，日本は他の先進諸社会にやや遅れて1990年代後半からこのような段階に入ったと考えられます。この変容が諸個人にもたらすさまざまな負荷の側面に注目したのが，アンソニー・エリオット（Elliot, A.）の「新しい個人主義」論です。彼は，再帰化・個人化・流動化の進行が人々の感情面で大きな負荷をもたらしたと論じています。Elliott, A. & Lemert, Ch., 2005, *The New Individualism: The Emotional Costs of Globalization*, REVISED EDITION, Routledge.

4 記憶と忘却

 記憶はどこまで個人のものなのか

　子ども時代によく通った大きな交差点に何があったのかを思い出すとき，その記憶は誰のものだと言えるでしょうか。思い出しているのは私個人なので，私のものだと言うことはできます。

　けれども，その心に描いた交差点は，多くの歩行者や車が通行していた場所に対するイメージです。それならば，本当にその記憶を個人独自のものであり，他者や共同体から独立したものだと言い切れるでしょうか。また，自分の考えや感想を展開するときに，それが過去に読んだ新聞や書籍，他の人々との会話などとはまったく関係がなく，何の示唆も得ていないと断言できることは滅多にないことなのではないでしょうか。むしろ他の人々が自分と同じ考えを持っていたことに気がついたとき，私たちは大きな安心を感じるでしょう。

　したがって，そこには，他者と共有される記憶というものがある，と考えることができます。そのような記憶に注目して，これを集合的記憶として定義したのが，フランスの社会学者アルヴァックス（Halbwachs, M.）です。

▷1　モーリス・アルヴァックスは，1877年フランスに生まれた。『労働者階級と生活水準』（1913年），『記憶の社会的な枠』（1925年），『自殺の原因』（1930年）などを著す。ユダヤ人の妻の両親がゲシュタポに殺害されたことに抗議したために逮捕され，1945年に収容所で亡くなった。デュルケムからの影響の強さが指摘される反面，批判的に継承したと思われる哲学者ベルクソンとの関係が理論研究として取り上げられることもある。

2 集合的記憶とアルヴァックス

　集合的記憶とは，個々人が他者の記憶を頼りにしながら，〈過去〉の出来事を〈現在〉において思い起こし，共通の記憶として再構成する共同作業それ自体のことです。たとえば，子ども時代の想い出を，同じ時代を同じ街で生活した人々とお互いの想い出で補いながら再構成する作用が，集合的記憶です。

　先ほどの子ども時代の大きな交差点の四つ角にはどんな建物があったのか，教会，病院，ガソリンスタンド，あと一つはコンビニエンスストアだったのか，喫茶店だったのかということは，他者の記憶を頼りにすることで，より鮮明で詳細な〈過去〉の街並みを自らの記憶のなかに思い描くことができるでしょう。

　このように集合的記憶は，「私」と他者との間で〈過去〉を修正したり，補足したりする共同作業そのもののことなのです。この共同作業には，二つの大きな特徴があります。一つ目の特徴は，「私」と他者に共通する社会的な枠に基づいて行われるということです。二つ目の特徴は，集合的記憶と歴史とは異なるということです。

　まず，一つ目の特徴である社会的な枠には，時間的な枠と空間的な枠の二つ

があります。時間的な枠は，友人や家族，会社など，それぞれの集団によって
異なる起床・就寝時間，入浴時間，始業時間，昼休みなどの一定の間隔を持っ
て繰り返される時間上のサイクルを指しています。また，空間的な枠は，かつ
て住んでいた家やそこでの家具の配置，街の風景など，集団のメンバーが生活
した場所を指しています。先ほどの例で言えば，この二つの枠は子ども時代を
一緒に過ごした家族，同級生などの集団において共有される時間と，その共有
がなされた街並みという空間配置になります。この時間的な枠と空間的な枠が，
さまざまな集合的記憶を再構成してくれます。

　次に，二つ目の特徴となる集合的記憶と歴史との相違について，アルヴァッ
クスは，次の二つの理由から両者を区別しました。

　一つ目の理由は，歴史が集団を外部から検討したものであるのに対して，集
合的記憶とは集団を内部から検討したものだということです。歴史はその〈過
去〉を外部から観察して，時代と時代の間にある差異や対立に着目し，それぞ
れの時代にまとめ上げます。これに対して，集合的記憶は集団において存続し
ている〈過去〉をさらに保持する作業のなかで，その〈過去〉を体験した集団
の視点に立ち，集団の内部において重要な〈過去〉を存続させます。

　二つ目の理由として，アルヴァックスは，集合的記憶が多様で複数あるのに
対して，「歴史は1つであって，1つの歴史しかない」ことをあげます。歴史は，
〈過去〉の事実を収集して，その一連の変化を相互に対比しながら，その全体
を見出そうとします。つまり，歴史は，〈過去〉の出来事の全体を「変化の一
覧」として客観的に公平に描こうとすることになります。一方，集合的記憶は，
集団において共有された〈過去〉の出来事を〈現在〉の集団において思い出す
作業ですから，〈過去〉の忠実な再現ではありません。〈過去〉の出来事を体験
したメンバーで〈現在〉も残っている一部の人々が，その出来事を気ままに思
い出しているだけかもしれません。このように同一の集団に属し続けた人々が
〈過去〉を「類似」の想い出として描写するのが，集合的記憶です。このことは，
集合的記憶が集団の数だけ多様に複数再構成されることを意味します。つまり，
〈過去〉の事実を再現するような，まったく同じ集合的記憶はないことになり
ます。

　歴史が，集団の外部の視点から，事実の変化を対比的に取り上げながら全体
として統一的に描かれるのに対して，集合的記憶は複数の集団の視点からそれ
ぞれの集団において類似する想い出を作り上げていることがわかります。集合
的記憶は，異なる出来事の連なりとして展開する歴史が捨象せざるを得ない出
来事を，メンバーが変わることで変わる集団内の観点から再構成すると言える
でしょう。歴史と集合的記憶にこのような違いがあるために，歴史が長い期間
続くのに対して，集合的記憶が人生と同じくらいかそれよりも短いとアルヴァ
ックスは指摘します。

▷2　アルヴァックス，M.,
小関藤一郎訳，1989，『集
合的記憶』行路社，p. 98.

▷3　アルヴァックス，M.,
小関藤一郎訳，1989，『集
合的記憶』行路社，p. 93.

▷4　アルヴァックス，M.,
小関藤一郎訳，1989，『集
合的記憶』行路社，p. 97.

▷5　アルヴァックス，M.,
小関藤一郎訳，1989，『集
合的記憶』行路社，p. 98.

③　個人的記憶と自我

　集合的記憶が他者と共有される記憶内容を再構成すると述べましたが，そうだとすれば，個人が独自にもつ，他者とは異なる記憶について，アルヴァックスはどのように考えていたのでしょうか。これは前述の交差点で「私」は車に引かれそうになったとして，その体験を誰にも話さず自分の心に留めるような個人の記憶のことです。

　アルヴァックスは，このような記憶を個人に独自な個人的記憶と呼び，集合的記憶とは相容れないものとします。なぜなら，ある集団における過去の出来事を，その集団のリーダーとして思い起こすのと，その集団に他のメンバーより遅れて参加するようになったメンバーが思い起こすのとでは，思い出す内容は同じだとは考えられないからです。

　このように個人的記憶は，集合的記憶からは異なるものとして説明されますが，しかしその個人的記憶もまた，独立で生じるのではありません。

　私たちはよく次のようなかたちで過去の記憶を想起します。たとえば，ある世界的出来事が起こったのは，「私」の妹がちょうど20歳のときだったから，その出来事の年は1990年だったというような思い出し方です。その世界的出来事を経験した世界の時間的な枠と「私」の家族が経験する時間的な枠の二つの社会的な枠を交差させることで，私だけの個人的記憶の詳細が明らかになることはあるでしょう

　こうして世界と家族の時間的枠が交差するところに，個人的記憶が生じると考えられます。アルヴァックスによると，個人は複数の集団に「同時にあるいは相次いで」参加しています。時間的な枠が交差して個人的記憶が立ち現れると考えられます。このことは，個人的記憶でさえも，集合的記憶に依拠することを意味しています。それほど個人的記憶は，集団に固有の集合的記憶に規定されているのです。

　また，集団もしくは社会ではなく個人が集合的記憶を担っていることを鑑みれば，集合的記憶という共同作業が自我の生成に何らかの影響を与えていることが予想されます。アルヴァックスは集合的記憶論において個人の自我に十分に言及していないと考えられています。けれども，集合的記憶が集団もしくは社会への帰属，メンバーシップを示していると考えるならば，その集合的記憶に規定される個人的記憶は自我の形成を示唆していると言えます。

④　忘　却

　ここで再び集合的記憶と歴史との違いに注目しましょう。アルヴァックスが述べるように，この集合的記憶が歴史ほど長く持続しないのならば，そこにはどんな意味があるのでしょうか。

▷6　集合的記憶の交差と個人的記憶については，大野道邦，2011，『可能性としての文化社会学──カルチュラル・ターンとディシプリン』世界思想社を参照されたい。

▷7　自我と集合的記憶の関係については，片桐雅隆，2003，『過去と記憶の社会学──自己論からの展開』世界思想社が詳しい。

集合的記憶が再構成できる集団や社会が存続しなくなったとき，その記憶は忘却される，とアルヴァックスは論じます。ある想い出が消滅して，それを再構成できなくなるのは，個々人が共通する想い出をもち続けていた集団の成員ではなくなっているからです[8]。もともとは同じ社会に属していた人々がそこから離れてしまい，そのとき周囲にいた別の人々とのつながりを失ってしまうと，集合的記憶と言えるような共通の過去を想起できない「忘却」に陥ることになります。

▷8 アルヴァックス，M.，小関藤一郎訳，1989，『集合的記憶』行路社，pp. 11-17.

高校を卒業して離ればなれになってしまった友人たちとの間で高校時代の想い出を一緒に振り返ることができるのならば，高校時代の仲間集団が断続的にではあっても存続していることになります。けれども，たとえ顔を合わせることがあっても，社会的な枠を使って，共通の想い出を再構成できないような関係になっていたのならば，やはりその仲間集団は実質的には消滅したことになります。つまり，そのような集団で共有されたと思われる過去はもう再生することもなく，忘却されたということになります。

⑤ 集合的記憶の社会的意味

ここに，「記憶の社会学」としての集合的記憶の意味を見出すことができるでしょう。集合的記憶は他者の記憶を頼りにするからこそ，かつてあった社会が失われるとき，忘却されてしまいます。翻って，集合的記憶が再構成されることが，その記憶を想起できる社会集団が存続していることの証になります。これが集合的記憶の意味です。

記憶の「風化」が問題にされる局面は多くあります。しかしながら，集合的記憶には，その記憶の忘却に抗う契機があります。たとえば，被爆体験がその凄惨さや事実の正確さを欠いたとしても，さまざまに語り継がれているならば，被爆体験者集団は非体験者を含んだ，時空を超えた新しい集団へと引き継がれることになります。反対に，語り部がいなくなり，さまざまな資料への関心が失われ，誰も被爆体験に見向きもしなくなったとき，被爆体験者集団が消失して，ヒロシマとナガサキの忘却を意味することになります。

被爆者ではない私たちがその忘却に抗して，被爆体験を記憶し続けるには，もともとの集団から離れて関心を変化させることになっても，変化した集合的記憶として被爆体験を紡いでいくことができるはずです。ヒロシマとナガサキを記憶の忘却に抗う例として挙げましたが，日常生活において集団や社会をどのように記憶するかということは，どのような集団や社会を存続させるのかということだと言えるでしょう。　　　　　　　　　　　　　（横山寿世理）

（参考文献）
アルヴァックス，M.，鈴木智之訳，2018，『記憶の社会的枠組み』青弓社.
アルヴァックス，M.，小関藤一郎訳，1989，『集合的記憶』行路社.
浜日出夫，2019，「歴史と記憶」長谷川公一・浜日出夫・藤村正之・町村敬志『社会学』（新版）有斐閣，pp. 167-195.
横山寿世理，2010，「アルヴァックス集合的記憶論再考——想起・忘却・保存」『社会学史研究』32：pp. 75-89.

1 〈女らしさ〉〈男らしさ〉を問い直す

▷1　家父長制（patri-archy）
学問領域により多様な意味で用いられる概念だが、ジェンダー研究では、男性支配のこと、すなわち男性が女性を支配する権力関係の総体を意味して用いられる。

▷2　女子差別撤廃条約
1979年、第34回国連総会で採択された条約。政治、経済、社会、文化、その他あらゆる分野における性差別の撤廃を目指し、固定的な性別役割分担の見直しを理念とする。日本も署名したが、批准するためには条約の基準に達していない国内法の改正が必要で、1984年の国籍法改正、1985年の男女雇用機会均等法の制定、家庭科教育の男女共修化などを経て、1985年に批准した。

1 変わる男と女，変わらぬ男と女

　戦後の日本社会は、経済的にも社会的にも大きな変動を経験していますが、男性と女性を取り巻く状況も大きく変化してきました。戦前の日本は女性が男性より差別されている**家父長制**[q1]的な社会でしたが、戦後、男女平等の精神が憲法でうたわれるようになっても、女性差別の問題は根強く存在し続けました。

　この女性差別の問題に取り組む運動が1970年代以降、日本でも展開してきました（フェミニズム運動）。女性が職場で不利益をこうむることなく、自分の能力を発揮できるようにすること、政治や意志決定に女性が参画すること、家族やカップルの中で男女が対等であること、愛情や性について個人としての選択が重視されることなどが目指され、取り組まれてきました。他方で、女性の社会進出はすすみ、80年代には「女性の時代」ということがうたわれるようになりました。85年には、雇用に関して男女の差別的な処遇を禁止する法律、男女雇用機会均等法が制定され、国連の**女子差別撤廃条約**[q2]が批准されました。

　しかし、このような情勢の変化にもかかわらず、日本人の多くが、職場や家庭で男女平等の社会が実現していないと感じる状況は現在でも続いています。[q3]つまり、戦後、男女の生き方は大きく変わってきた反面、依然として男女の差別は相変わらず根強く存在しているといえます。女性として男性としてどのように生きるか、差別問題にどう対処するのか、その取り組みは今後も変わらず必要となっています。

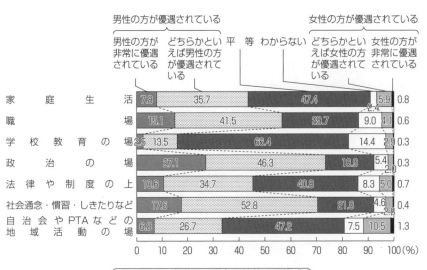

図Ⅲ-1-1　各分野の男女の地位の平等感

出所：内閣府「男女共同参画社会に関する世論調査」平成28年度。

② ジェンダーという概念

　現代社会の男性と女性のあり方を問い直す上で，新たに登場した重要な概念がジェンダー[4]です。ジェンダーとは性別の意味ですが，性別は生物学的に決められたものではなく，社会的文化的に決められたものである，ということを特に含意しており，フェミニズム運動の中で用いられるようになりました。女性差別問題は，19世紀から各国で取り組みがみられましたが，戦後，根強くみられる女性の差別と抑圧を解消するために，人々の意識や社会慣習を問い直す必要性が認識されるようになりました。特に，男はこうすべき，女はこうあるべき，といった男女の固定的な役割分担の考え方は，一個の人間としての生き方を性別という属性によって決めてしまうこと，そして女性を従属的地位においてしまうことが問題視されました。従来，この〈女らしく〉〈男らしく〉という役割分担は生まれついての自然なもの，すなわち生物学的に決まっているものだと正当化されていましたが，ジェンダーは，性別を「脱自然化」し，社会的文化的に男女をみることによって，固定的な性別役割観を乗り越え，多様なあり方を再考する途を開きました。

③ ジェンダーの特徴

　このようなジェンダー概念には，さまざまな特徴があります。差別問題に取り組む中で誕生したことからわかるように，ジェンダーは，男性というカテゴリーと女性というカテゴリーの間の権力作用を問題にします。男女の性役割は非対称的で，ただ差異が存在するだけでなく，また，男性が有利で女性が不利というだけでなく，男性を能動的で状況を変革する力をそなえた人間主体，女性を受動的で男性から働きかけられる存在，すなわち「他者」と規定してきました。この力作用を問うのがジェンダーです。

　男と女という二つの性別カテゴリーに収斂する傾向があるのもジェンダー論の特徴です。この二分法に対して，人種，民族，階級，セクシュアリティによって多様な性別のあり方を考える必要性も，現在，指摘されています。

　社会は人間からなりたっています。そして人間には性別があります。したがって，社会のさまざまな制度や仕組みには，必ずジェンダーが存在することになります。ジェンダーを問うことは，職業，家族やカップル，愛情や性，政治，教育，地域社会など，われわれが生きる社会のあり方自体を問う新たな視角を与えるものだといえます。1990年代以降，**男女共同参画社会**[5]の実現が政策的に唱えられ，「ジェンダーに敏感な視点の定着と深化」がうたわれています。そして女性の問題に加え新たに男性学も登場しました。21世紀の社会を男女がどう生きるのか，自由で平等な社会を実現するために，従来の〈男らしさ〉〈女らしさ〉にとらわれない新たな見方，感性が必要とされています。（杉原名穂子）

2　ジェンダーの社会化

1　「男の子らしく」「女の子らしく」：性役割の社会化

　戦後日本の性別役割観はさまざまな変化をとげました。たとえば「夫は外，妻は内」という性別分業に賛成する人は年々減少し，現在では否定する人の方が多くなっています。この傾向は特に，若い世代，女性に顕著にみられます。

　他方で，「男らしく」「女らしく」という意識は多くの人に根強く支持されています。これは，子どもの教育観にも反映され，日本では，男女で異なる性役割のしつけを好む傾向が強いといえます。

　男女で異なるしつけは，たとえば，習い事で女の子には音楽，男の子にはスポーツを習わせたり，家事の手伝いをするのは女の子に多い，といった現状にあらわれています。また，4年制大学への進学を期待する親は，男の子の親で6割を超え，女の子の親よりも2割ほど多く，子どもの性別によって進路への期待に違いがあることがわかります。子どもにどんな人生を期待するかについても，女の子には愛情を重視し家族を中心とした生き方を，男の子には個性や才能，社会への貢献を求める意見が多いといった違いがあります。なお，これらの性役割意識は，一般に母親よりも父親の方に強くあらわれています。

　このように，子どもの性別によって周囲の期待やしつけ，態度に差異があり，親の差異的な処遇が，子どもが自分の性別を自覚するより前に開始される中で，性役割の**社会化**がすすみ，性役割観が根強く維持されているといえます。

▷1　井上輝子・江原由美子編，2005，『女性のデータブック』[第4版]有斐閣.

▷2　**社会化**
個人が社会の成員としての価値観，知識，行動様式などを習得していく過程のこと。家族，仲間集団，学校，マスメディアなどが，子どもの社会化に大きな影響を与えている。

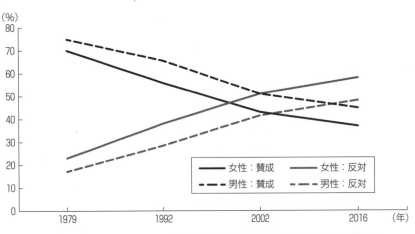

図Ⅲ-2-1　「夫は外で働き，妻は家庭を守るべきだ」という考えについて

注：1．総理府「婦人に関する世論調査」（昭和54年），「男女平等に関する世論調査」（平成4年），内閣府「男女共同参画社会に関する世論調査」（平成14年，28年）より作成．
　　2．2016年の調査は18歳以上の者を対象．それ以前の調査は20歳以上の者が対象．
　　3．賛成は「賛成」「どちらかといえば賛成」を足したもの，反対は「反対」「どちらかといえば反対」を足したもの．

2　教育とジェンダー

　女子差別撤廃条約では，男女同一の教育課程を子どもに保障するよう求めています。これを受け，1989年の学習指導要領改訂で，それまで女子のみ必修だった家庭科が男女共修に改められました。しかし，依然として「女子向き」「男子向き」といった進路選択での**ジェンダー・バイアス**[3]が存在しています。たとえば，女子には短大進学という特有のコースが存在し，専攻分野についても女子は人文・家政系，男子は理工系といった偏りがみられます。

　教育の機能が男女で違うことも指摘されています。男性にとって教育は地位形成の機能を果たし，職業，所得，社会的地位を獲得するための手段であるのに対し，女性の教育は，職業との結びつきが男性ほど直接的でない傾向があります。女性が男性より人文系に多く進学するのも，職業達成よりはむしろ教養的知識の獲得を目指すためだと考えられています。

3　学校の機能

　「男子向き」「女子向き」といった進路選択の差異は，学校課程の中で本人が自分自身で選択した結果であるケースが多く，そのため，従来，その差異は男女の生来の性質に由来するものと考えられていました。

　これに対し，教育学者のディーム（Diem, C.）は，男女の進路選択の差異をうみだす原因を資本主義システムに求めました。資本主義社会が機能するには，労働力だけでなく**労働力の再生産**[4]活動が必要です。そして，職場での生産労働者と家庭での再生産労働者をそれぞれ男女にふりわける性別分業のシステムを築きました。教育システムは，本人の選択というかたちをとることで，一見それと気づかれることなく，その機能を果たしているのです。

　このように，教育にひそむジェンダー・バイアスに近年，焦点があてられ，「**隠れたカリキュラム**[5]」研究など多くの実証研究が積み重ねられています。専攻分野も職業選択も多様化しつつある現代社会において，男女とも，自分の生き方の選択肢を広げるための改革が今後求められます。

（杉原名穂子）

▷3　**ジェンダー・バイアス**
ジェンダーに基づく偏向のこと。性別により統計的に偏りがみられたり，偏見・先入観が存在することを指摘する場合に用いられる。

▷4　**労働力の再生産**
もとはマルクス主義の用語であるが，フェミニストは家庭内での労働は，この再生産労働にあたるとした。労働者の生命維持活動や家事労働，次世代の労働者をうみだす生殖・育児労働などが含まれる。

▷5　**隠れたカリキュラム**
(hidden curriculum)
明文化された公式のカリキュラムでなく，暗黙裡に正当化され，学校で潜在的に伝達される知識や価値観のこと。子どもが，学校での生活環境や文化，教師の言動，仲間集団の行動などを通して潜在的に学習することを指摘する概念。

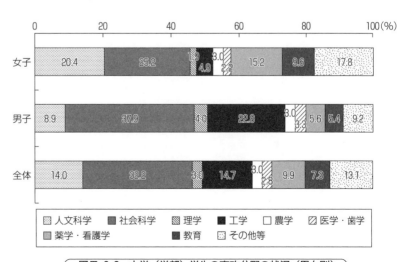

図Ⅲ-2-2　大学（学部）学生の専攻分野の状況（男女別）

注：1．文部科学省「学校基本統計」（平成30年度）より作成。
　　2．その他等は「商船」，「家政」，「芸術」および「その他」の合計。
出所：内閣府『男女共同参画白書　令和元年版』。

ワーク・ライフ・バランス

① 共働き家庭の増加

　かつては第一次産業に従事し，夫も妻も働くという家族が多かった日本社会ですが，高度経済成長期に産業構造の転換がおき，都市部に居住して第二次・第三次産業に従事する労働者が多数をしめるようになりました。職場と家庭が分離し，妻が家庭で家事育児に専念する，いわゆる専業主婦家庭がもっとも多かったのもこの時期です。ところが80年代以降，働く女性が増加し，90年代半ばには女性の**労働力人口**[1]は，人口全体の過半数をしめるようになりました。

　この状況を背景に，妻は家庭に専念すべき，という性別分業観を否定する人は年々増加する一方，子どもが小さい間は家庭で育児に専念すべきという，いわゆる「3歳児神話」も根強く支持されていました。そのため，結婚後の女性の就業については，結婚・出産を機に仕事をやめて家庭に入り，その後再び働きに出る「中断・再就職型」が望ましいと考える人がもっとも多く，中央が凹むM字型の労働力率曲線をとるのが日本の女性労働の特徴となっていました。

　この傾向に変化が見られたのは21世紀にはいってからです。婚姻率の低下や経済状況・雇用環境の不安定さを背景に，共働き家庭が多数派をしめるようになりました[2]。中断・再就職型でなく結婚後も女性が継続就業するのが望ましいと考える人が男女とも一番多くなりました。女性の労働力率曲線もM字型から中央の凹みが非常に浅いかたちに変化してきています。夫婦とも働くという形態が日本社会で今後一般的になることが予想されます。

▷1　**労働力人口**
就業者と完全失業者をあわせた人口。就業しておらず，働く意志もないもの，たとえば，学生や専業主婦，定年退職者などは，非労働力人口とされる。

▷2　夫婦ともに雇用者の共働き世帯は年々増加し，1997年以降，夫雇用者で妻が無業者の世帯数を上回ることになった。

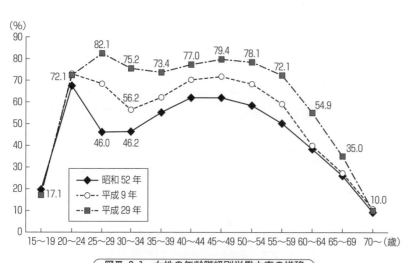

図Ⅲ-3-1　女性の年齢階級別労働力率の推移

注：総務省「労働力調査（基本集計）」より作成。
出所：内閣府『男女共同参画白書　令和元年版』。

② 根強い性別分業を乗り越えるために

　このように，働く女性が増加しているにもかかわらず，仕事と家庭をめぐって

根強い性別分業が依然として存在し，解決すべき多くの課題があります。

　まず，女性労働者の差別問題があります。男性を基幹労働者とし，女性を周辺的補助的な労働者とする雇用慣行が日本社会で依然としてみられ，女性が男性にくらべて社内での研修や配置転換，昇進などで差別される，いわゆる統計的差別が生じます。管理職に占める女性の割合は非常に低く1割程度の状況が続いています。

　女性にはパートタイム労働者が多く，女性労働者全体の55% 程度をしめています。パートタイム労働については低賃金，昇進がない，雇用保険など社会保険加入率が低いなど，労働条件での差別問題があります。国際労働機関（ILO）の「**同一価値労働同一賃金の原則**」に違反することから，パート労働者の公正な処遇が求められます。

　働く女性が増加する一方で，男性の家事・育児参加はほとんどすすんでおらず，平日での男性の家事時間は30分程度にとどまっています。女性が家事育児労働のほとんどを担わなければならない状況は変わっていません。家庭での労働は賃金が支払われない**アンペイド・ワーク**であり，女性はアンペイド・ワークに多く時間を割き，ペイド・ワークの時間が短いため，総合すると男性より長時間労働し，男性より少なく稼ぐ結果となっています。

　現代の女性は，仕事を通して自分の人生を追求したい，同時に家庭での子育てや家族生活も大事にしたい，という欲求をもっています。男性もまた，仕事一筋でなく，家庭にもより関わりたいという意識が，若い世代にみられるようになってきました。しかし，現実には，女性も男性も仕事と家庭を不満なく両立できるような環境が整備されていません。婚姻率や出生率の低下，過労死の問題など，社会的に家庭と仕事をめぐるひずみが指摘される中で，**ワーク・ライフ・バランス**が現在新たな目標として掲げられています。

（杉原名穂子）

▷3　同一価値労働同一賃金の原則
同じ価値の労働に対しては同じ賃金を支払うべき，という原則。ILO100号条約では，男女の同一価値労働同一賃金の原則を定めている。

▷4　アンペイド・ワーク
社会の維持・再生産のためには必要不可欠ながら，賃金を支払われることのない労働のこと。家族経営でのサービス活動や，家庭での家事・育児・介護，地域社会でのボランティア活動などがある。

▷5　ワーク・ライフ・バランス
2007年，「仕事と生活の調和（ワーク・ライフ・バランス）憲章」が策定され，「国民一人ひとりがやりがいや充実感を持ちながら働き，仕事上の責任を果たすとともに，家庭や地域生活などにおいても，子育て期，中高年期といった人生の各段階に応じて多様な生き方が選択・実現ができる」社会を目ざすことがうたわれた。

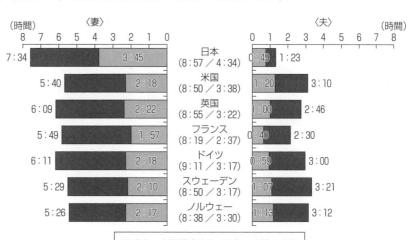

図Ⅲ-3-2　6歳未満の子どもをもつ夫婦の家事・育児関連時間（1日あたり，国際比較）

注：1．総務省「社会生活基本調査」（平成28年），Bureau of Labor Statistics of the U.S. "American Time Use Surbey"（2016）および Eurostat "How Europeans Spend Their Time Everyday of Life of Women and Men"（2004）より作成。
　　2．国名の下の数字は，左側が「家事・育児関連時間」の夫と妻の時間をあわせたもの。右側が「うち育児の時間」の夫と妻の時間をあわせたもの。
出所：内閣府『男女共同参画白書　令和元年版』。

4　政治参画と公共圏

1　近代社会とジェンダー

　近代社会は，職場と家庭，外と内，公と私，生産労働と再生産労働など二つの分離された領域より成立しているといえます。フェミニズムは，それぞれ前者を男性，後者を女性にわりあてるジェンダー秩序の問題を論じてきました。

　セジウィック（Sedgeick, E. K.）は，この二つの分離された領域の特徴に注目し，公的領域を「ホモ・ソーシャルな」共同体と呼びました。ホモ・ソーシャルな共同体とは，男性同士の社会的な連帯により成立している社会です。そこでは，性的要因は精神的な連帯の絆を脅かすものとみなされ，同性愛者と女性を差別し，公的世界より排除しようとします。排除された女性は，私的世界，特に家族を中心的な居場所とし，労働力の再生産や家族成員の感情管理に携わります。私的領域での女性は性的で情緒的な存在とされるのに対し，男性は労働者で一家の稼ぎ手，家の主として公的領域で活動する理性的存在となります。

　また，哲学者のアーレント（Arendt, H.）は，公的領域を言論が支配する政治的空間，私的領域を生命体の維持再生産活動を行う自然的な空間と特徴づけました。私的世界は家政の場であり，その家族の代表者が集い，自由に討論をかわし意志決定を行う場が公的世界となります。この二つの領域にジェンダーがわりあてられたことを考えると，なぜ女性が20世紀に至るまで，参政権をもたなかったかが理解できるでしょう。女性は政治的な空間である公的世界から排除され，公的な発言権もなければ，発言する能力もないとみなされてきました。「女子どもの言い分」という言い方にみられるように，女性の発言には価値がなく，女性は感情的でたわいもないおしゃべりには興じても，理性的な対話を行い合意を形成する能力がない，という性役割観が存在していました。

　女性を理性的対話の能力を欠いた存在とみなす考え方は，今でも完全には払拭されていません。女性が積極的に発言したり主体的に行動することを抑圧したり，女性自身が自ら遠慮して一歩退く傾向はいまだ散見できます。

2　女性の政治参画

　政治の領域が男性中心で女性が参入しづらい傾向も，依然続いています。日本の社会は戦後，女性の参政権が認められましたが，その後も半世紀の間，女性議員の割合はほとんど上昇することなく，1〜3％と低迷していました。

▷1　セジウィック，E.K.，上原早苗・亀澤美由紀訳，2001，『男同士の絆』名古屋大学出版会.

▷2　ジェンダー・ギャップ指数（Gender Gap index: GGI）
社会進出における男女格差を測定するもの。世界経済フォーラムが2006年より実施し毎年公表している。経済（給与，労働力率，管理職や専門職の雇用者数），教育（就学者数，識字率），健康（出生時の性別比，平均寿命），政治（議員数，閣僚数，国家元首の在任年数）の4つの分野で男女の比率を測定している。

▷3　ポジティブ・アクション
積極的改善措置。アファーマティブ・アクションともいう。差別を解消するために，ただ機会の平等を保障するだけでは事実上の平等が達成されないとし，積極的に改善措置をとるという手法。具体的には，数値目標の設置や，女性やマイノリティを積極的に任用することなどがある。

1990年代以降，女性議員の数は少しずつ増加しますが，国際的には依然低い割合にとどまっています。女性の政治への参画はいまだその壁が厚く，政治は男のもの，という考えが根強いことがわかります。男女の格差を測定する**ジェンダー・ギャップ指数**[42]を見ると，日本は149ヶ国中110位という結果でした（2018年）。特に政治分野は125位，経済分野は117位となっており，女性が政治・経済活動や意志決定に参加できる度合いが低いことがわかります。

このように，女性の政治参画・社会参画はなかなかすすんでいません。男女共同参画社会では，この状況を打破し，男女ともに対等に参画できる社会を目指して，**ポジティブ・アクション**[43]の実施などが唱えられています。

③　公共圏と女性

女性が公共圏において男性と対等に発言し，積極的に政治参画・社会参画できる社会の構築が，21世紀の社会の課題といえます。公私領域を男女にわりあてる社会システムを再構築することが必要です。

公的な世界を理性的で自由に対話し討論する場とし，私的世界と区別する近代社会では，家庭で生じる問題は，私的で個人的な問題とされ，公の議論からはずされてきました。フェミニストは，「個人的なことは政治的なこと」と主張し，家庭でこそ女性が抑圧されているとして，公共の議論にひきだすべく取り組んできました。家庭の中での暴力が国連で議論されたのは1995年の北京女性会議のときで，以降，日本でも**ドメスティック・バイオレンス**[44]の問題に取り組むようになりました。また，**リプロダクティブ・ヘルス／ライツ**[45]という概念により，女性が妊娠・出産等，自分の身体・性を決定できる権利も提唱されています。かつては，個人的・私的な事柄として無視されてきた問題が，女性の声が公共圏において発せられることで，社会的に取り組む課題となっています。

（杉原名穂子）

▷4　ドメスティック・バイオレンス (domestic violence)
親密な関係において行使される暴力。特に夫婦間，内縁関係，交際中のカップル，以前の交際相手や結婚相手との間で，男性から女性にふるわれる暴力を指して用いられる。DVとも称される。殴る，蹴るといった身体的暴力の他に，言葉による暴力，経済力を奪う経済的暴力，社会的接触を禁じる社会的隔離，性的暴力など，さまざまな形態をとる。

▷5　リプロダクティブ・ヘルス／ライツ (reproductive health/rights)
性と生殖に関する健康と権利。1994年の国際人口・開発会議で提唱・採択された。女性が生涯にわたり健康な生活を営む権利，妊娠，出産，避妊，中絶などを自己決定する権利などがある。

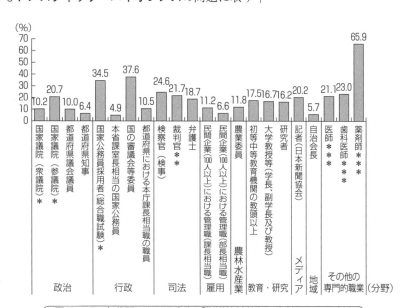

図Ⅲ-4-1　各分野における主な「指導的地位」に女性が占める割合

注：1．内閣府『女性の政策・方針決定参画状況調べ』（平成30年度）より一部情報を更新。
　　2．原則として平成30年値。ただし，＊は平成31年値，＊＊は平成29年値，＊＊＊は平成28年値。
　　　　また，「国家公務員採用者（総合職試験）」は，直接的に指導的地位を示す指標ではないが，将来的に内閣府『男女共同参画白書　令和元年版』。
出所：内閣府『男女共同参画白書　令和元年版』。

5 セクシュアリティとは何か

1 「セクシュアリティ」の誕生

　「セクシュアリティ」と聞いてみなさんは何を思い浮かべますか。何かセックスに関係することでしょうか。人に魅力を感じたり感じさせたりすることでしょうか。カタカナ語で「ピンとこない」でしょうか。この言葉がカタカナ語なのは，元の仏語や英語の sexualité／sexuality という概念をうまく一言で日本語に訳すことができないためです。しかし，「性」に関係することはまちがいありません。日本語では，前近代には「人の生まれつき」のような意味があった「性」が，明治後期に sex の翻訳語としての意味をもつようになり，当時は sex の中に sexuality も含まれていました。現在でも，日本語の「性」ではこれらを分けて考えることが難しいため，「セクシュアリティ」は新しい概念としてカタカナで表記されるのです。

　元の仏語と英語でも，sexuality が sex と違う概念／言葉として使われるようになったのは，19世紀といわれています。「セクシュアリティ」は近代の概念なのです。その歴史について哲学的に考察し，以降，さまざまな分野に影響をあたえたのがミシェル・フーコー（Foucault, M.）です。しかし，フーコーの説明は，単純な言葉の定義ではありませんでした。フーコーは，「セクシュアリティ」を，これを通して人々が自らを管理するような「装置」と呼んだのです。そこには，キリスト教における罪の告白の制度化，精神医学，心理学，人口学，犯罪学といった近代諸科学の発達，産業資本主義の発達，勤勉禁欲を旨とするヴィクトリア時代の中産階級の倫理観の普及が，大きくかかわっていました。これらが，一方で個々人の身体や精神の細部にわたる統制を，他方で社体全体におけるさまざまな集団を対象とする介入を可能にする仕組みを生み出した——それが「セクシュアリティ」だったのです。

　ここで重要なのは，統制したり介入したりするのが国家ような「上からの」権力ばかりではない，ということです。たとえば，「子どもは性的に無垢であるべき」とか「誰彼かまわずセックスするのはいかがなものか」という考え方は，19世紀西欧の科学と倫理に即したものでしたが，現代の日本でも一般的でしょう。そしてこれらは，国家が押し付けてくるというよりも社会集団の規範といえ，同時に個人の内心にかかわるといえるものです。規範によって，「ある年齢の性はどうあるべきか」や「誰が誰とセックスすべきでないのか」が決

▷ 1　斎藤光, 1996, 「Overview セクシュアリティ研究の現状と課題」井上俊ほか編『セクシュアリティの社会学』岩波書店, pp. 223-249.

▷ 2　フーコー, M., 渡辺守章訳, 1986, 『性の歴史 Ⅰ——知への意志』新潮社.

められ，私たちは自分たちの内心までを統制し，互いに逸脱しないよう国や医療や学校や教会などによる介入を許すのです。

逸脱させ排除する性的快楽・性的欲望・性的指向

　sexualité／sexuality を日本語にする試みもあります。フーコーの前掲書を翻訳した渡辺守章は，これを「性」「性的欲望」「性現象」「性行動」と場合によって訳し分けています。社会学者の加藤秀一は，「他者との身体接触にかかわる快楽や欲望を軸として，社会的に編成された一群の観念や行動様式」と，批評理論家の竹村和子は，「歴史的に決定されたカテゴリーであるジェンダー区分の『偶発性』を隠蔽しようとして，『本源的な』男女の身体区分を捏造しようとするときに語られる，エロスにまつわる〈フィクション〉」としています。加藤と竹村の解釈も難解ですが，共通点は，中心に快楽や欲望／エロスがあることと，全体が社会や時代によってつくられたものであるということです。言い換えれば，「セクシュアリティ」とは，それまで名前のなかったものを「性的快楽／欲望」として言語化し，意味付け，これに即して人々が行動するようになった一連の出来事を，丸ごと表わす概念ともいえるでしょう。

　ところで，竹村の解釈ではジェンダーとの関連が批判的に強調されていますが，「セクシュアリティ」の誕生にはジェンダーも不可欠でした。私たちが「性的快楽／欲望」について考えるときには，快楽がどこから来るか，欲望がどこへ向かうか（性的指向）を同時に考えることが一般的です。平たくいえば，人に魅力を感じたり感じさせたりは相手あっての話，ということです。実際には，快楽の源や欲望の対象は人でないことも物理的な存在でないこともありますが，とりあえずここでは人に限定して話を進めます。人に魅かれるという場面では，「セクシュアリティ」は，性的指向を通して自分が何者であるかを決める仕組みです。内心を統制するとはそういう意味でもあるのです。性的指向はそのとき，主に自分のジェンダーと相手のジェンダーによって人をさまざまなカテゴリーに振り分けます。具体的には，女という自己認識のある人が男と思われる人に魅かれるという性的指向をもっていれば，その人は「ヘテロ・セクシュアル女性」，逆の場合は「ヘテロ・セクシュアル男性」，ということになります。性自認が女の人が女と思われる人に魅かれる場合は「レズビアン」，男と男の組み合わせの場合は「ゲイ」，というふうに。

　この仕組みの中では，レズビアンもゲイもヘテロ・セクシュアル男女も，ジェンダーの区分に縛られている点で同じです。しかし，統制と介入は，それらがあるからこそ必ず逸脱し排除される人々をつくり出します。19世紀西欧における「セクシュアリティの装置」は，当時の科学と倫理によって，同性に対する性的指向をもつ人びとを「ホモ・セクシュアル」と名付け，精神病者としてほかの逸脱者とともに排除する機能を果たしたのでした。　　　　　　（青山　薫）

▷3　加藤秀一，1998，『性現象論——差異とセクシュアリティの社会学』勁草書房，p.35.

▷4　ここで竹村は，性差は自然で本質的なものではなく，人間社会が歴史を通じてつくり出してきた男女を分ける決まり事としてのジェンダーによって成り立っている，という主張もしている（竹村和子，2002，『愛について——アイデンティティと欲望の政治学』岩波書店，p.41）。

▷5　「セクシュアリティの装置」誕生当時は現在のようなジェンダー概念はなかった。このような理解が可能になったのは，20世紀終盤以降のジェンダー学の成果といえる。

▷6　hetero-sexual には「異性愛」，homo-sexual には「同性愛」（Ⅲ-6 参照）という定訳がある。しかし，ある対象について快楽を感じたり性的欲望をもったりすることと愛することはほんらい別の問題なので，ここでも「愛」をふくまないカタカナ語をそのまま用いている。

6　セクシュアリティとアイデンティティ

1　名付けとスティグマ

　Ⅲ-5 で，「セクシュアリティ」は性的指向を通して人が何者かを決める仕組みだ，と書きました。これは一定の理論に基づいた考え方で，私たちは日常的にはそうとは意識せず，「彼はゲイだ」とか「私はレズビアンだ」というかたちで「セクシュアリティ」を使っています。名付ける―名乗るという，アイデンティティ成立の第一歩です。赤ん坊が産まれるとまず親たちが名前をつけますね。その子はその名で呼ばれるうちにその名を自分の名と認識するようになり，それを名乗ってその人として生きていくようになる――これと同様の社会的プロセスが，「セクシュアリティ」についても起こっているわけです。

　ただし，Ⅲ-5 で触れたように，「名付け」には負の名付けもあります。「ホモ・セクシュアル」という言葉は，1868年のプロイセンで，ハンガリーの文筆家カロリィ・M・カートベニィが考案したもの，といわれています。ギリシャ語で「同じ」を意味する homo とラテン語で性別を意味する sexus を掛け合わせ，同性に性的欲望を覚える人々に初めて名前を付けたのです。カートベニィは対である「ヘテロ・セクシュアル」（hetero ＝異なる＋ sexus）も命名し，ホモ・セクシュアルもヘテロ・セクシュアルと同様一つの性のあり方に過ぎない，と議論しました。当時のプロイセン刑法による同性間性行為の犯罪化に反対し，同意のある大人同士の関係に国家が介入すべきでない，と訴えるためでした。その後，リヒャルト・V・クラフト＝エビングが『性的精神病理』（Psychopathia Sexualis, 1886）で採用したことによって，この分類と造語が世界の医学界に広まります。[1] しかし，クラフト＝エビングが「ホモ・セクシュアル」を「倒錯」としたことや，20世紀になって精神分析学を開いたジークムント・フロイトが，「ホモ・セクシュアル」を発達心理上の問題にふくめたことなどから，「ホモ・セクシュアル」は「異常」や「病気」の名としても定着していきました。

　19〜20世紀には，欧米の多くの国が同性間の性行為を犯罪としており，[2] 病理化はそれに重なるかたちで，「ホモ・セクシュアル」と呼ばれる人々の社会的逸脱と排除を進めることになりました。このことは，同性に魅かれる人々自身にとって二つの意味をもっています。一つは，そのようなアイデンティティが言語化され自分にとっても明らかになること，もう一つは，それが当該社会では受け入れられないと知ることです。名付けは烙印（スティグマ）となり，当事

▷1　Takács, Judit, 2004, "The Double Life of Kertbeny," Gert Hekma ed., *Past and Present of Radical Sexual Politics*, Amsterdam, pp. 26-40. クラフト＝エビングもフロイトも，ホモ・セクシュアルを犯罪化することには反対していた。犯罪とすべきでない論証のためにも，ホモ・セクシュアルの医学的・科学的な存在根拠を求めたのである。

▷2　日本では，明治政府が1872年から10年間，「鶏姦律条例」等で男性同士の性行為等を禁止したが，社会的に罪とも不道徳とも思われておらず，実効性は薄かった（古川誠，1994，「セクシュアリティの変容――近代日本の同性愛をめぐる3つのコード」『日米女性ジャーナル』17：pp. 29-55）。

者を苦しめます。犯罪化や病理化やスティグマが存在した／する時代や地域では，ホモ・セクシュアルであることを隠す必要も出てくるのです。

 2　創造・抵抗・人権

けれども，スティグマを貼り付けられたアイデンティティが，創造力や抵抗や権利の主張の源になる可能性も，忘れてはいけないでしょう。「ゲイ・バー」「ゲイ・コミュニティ」といった表現を聞いたことがあるでしょうか。日本なら新宿二丁目が有名ですが，ゲイの人びとは世界各地で，弾圧されている場所でさえも，独自の交流の空間をつくり独自の政治と文化を育んできました。実は，「ゲイ」という名前も，1960年代のゲイ・ムーブメントのなかで，アメリカの当事者がスラングを社会的な呼称に転換したものでした。「ホモ・セクシュアル」に付いて回る犯罪者や異常者といった含意を払しょくし，自ら付け直した自己肯定的な名前で権利の主張をしたのです。

レズビアンは，特に1960年代後半からのウーマンリブ運動の盛り上がりを受け，ゲイ男性とは一線を画し女性全体の連帯を示す意味も込めて，やはりすでに存在していた「レズビアン」の呼び名を，肯定的に利用するようになりました。それは，女性の性的快楽や性的欲望は受動的にしか存在しないという，近代の「セクシュアリティの装置」に埋め込まれた男性中心主義を明らかにし，批判する理論と実践を伴っていました。

このように逸脱させられ排除されていた人々がエイジェンシー[3]を発揮するにも，「セクシュアリティの装置」は機能しています。性が人間の内心（精神や心理）[4]すなわち秘められた人格の中心にあるという考え方も，この装置の要です。ゲイ・レズビアンにとっても，自らの人格の中心にかかわる排除を受けてきたからこそ，尊厳をとりもどす運動が重要だったのです。

では「セクシュアリティ」は19世紀から変化していないのか，といえば，やはりアイデンティティとの関係で劇的に変化しています。逸脱・排除に対する異議申し立てや創造的活動の功績は大きいでしょう。国際社会における人権の考え方が，第二次世界大戦以降精緻化してきたことの影響も大きいでしょう。その結果，性にかんしては，まず1990年に，世界保健機関が疾病リストから「ホモ・セクシュアリティ」を削除することを決議しました。1994年には，国連人口開発会議が「性と生殖の健康と権利」を宣言しました。この宣言が生殖中心かつヘテロ・セクシュアル中心だったことを受け，世界性の健康学会は1999年の「性の権利宣言」で，性的自由，性の自己決定，性の喜びなどの具体的権利を明示しました。2016年には，国連人権理事会が「性的指向と性自認を理由とする暴力と差別からの保護」決議を可決しています。これらの権利は，ゲイ・レズビアンにとどまらず，じつは人の数だけ存在するともいわれる多様な性のあり方を世界が承認していくことを求めています。　　　　（青山　薫）

▷ 3　「エイジェンシー」（agency）とは，行為体（agent）が状況に応じて行動する力を意味する（Giddens, Anthony, 1984, *The Constitution of Society: Outline of the Theory of Structuration*, Polity Press.）。

▷ 4　赤川学は，日本におけるセクシュアリティの歴史を読み解くにあたって，この考え方を「性＝人格論」と名付けた（赤川学，1999，『セクシュアリティの歴史社会学』勁草書房，p.275ほか）。

7　セクシュアリティと結婚・家族・国家

1　同性婚から考える結婚制度の差別性

　現在の日本では，身近な人が性的マイノリティだった場合に嫌と思わない人が，若い世代を中心に多数派になってきています。性のあり方は人の属性の一つに過ぎないという考え方と，属性によって人は差別されないという人権の基本理念が，社会に浸透してきたのでしょうか。

　象徴的な事象として，同性婚について考えてみましょう。「同性婚」とは同性同士の法律的な結婚のことです。2001年にオランダで初めて制度化され，北欧，西欧，南米，北米の順に広まって，2019年現在，約7ヶ国に1国がこの制度を設けています。アジアの先駆者は台湾です。同性婚については，特に2010年代に入って，制度化をした国でもしない国でもインターネットや新聞，雑誌などで議論が広がりました。日本でも法制化について賛否両論が拮抗しているところです。反対意見としては，「マイノリティが主役になって，（中略）その権利をこれ見よがしに振り回すこと」，「単にわがまま」，「男には男の，女には女の役割がある」（NHKのアンケート調査に寄せられた匿名意見），「制度化したら，少子化に拍車がかかるのではないか」（柴山昌彦元文部科学大臣のテレビ番組での発言）といったものが目につきます。これらは，冒頭のような寛容と平等の意識に基づいた考え方とは逆のものです。しかし，ここで注目したいのは，同性婚は寛容も平等も促進しないという，より根源的な反対意見です。①カップル主義に反対，②結婚の社会的・経済的特権に反対，③カップルと家族に相互扶助義務がある閉鎖的な仕組みに反対，などに大別されますが，そもそもの結婚制度自体が差別的であるという共通の認識があることがわかります。

　あらためて，結婚制度とは何かというと，国家が法によって一組のカップルの再生産および相互扶助関係を承認し保障することです。再生産には二つの意味があります。次世代の再生産——生殖——と次の日の労働力・活力の再生産です。つまり，結婚は，子どもを産み育て，互いを養い続けるような，衣食住寝といった物理的サポートや心理的・感情的・性的サポートを提供し合う二人の人間を国が優遇する制度です。法が認めた二人は，税や社会保障などを通して経済的メリットを得，「世間」にも認められます。そして，このことによって二人は，家族をつくり，国家社会の基礎に組み込まれます。結婚制度は，「セクシュアリティの装置」がわかりやすく具体化したものともいえ，そこで規範と

▷1　たとえば，釜野さおり・石田仁・風間孝・吉仲崇・河口和也，2016，『性的マイノリティについての意識——2015年全国調査報告書』2013-2016年度科学研究費助成事業「日本におけるクィア・スタディーズの構築」広島修道大学（研究代表：河口和也）

▷2　詳しくは，青山薫，近刊，「それほど新しくない『新しい家族』——同性婚の保守性・革新性」落合恵美子編『どうする日本の家族政策』ミネルヴァ書房.

して機能している，カップル主義，社会的経済的特権，閉鎖的な相互扶助義務は，この関係を結びえない人々を逸脱させ排除するのです。

② 近代家族の機能不全と変化の兆し

　確かに，上述した結婚制度は今でも大多数の国で異性カップルだけを優遇しています。ですから，結婚とそれに連なる家族制度はヘテロ・セクシズムを体現したものでもあります。そして再生産と相互扶助の関係は，ジェンダー差にも支えられてきました。カップル主義かつ国家・社会の基盤としての家族は，労働市場で賃金を稼ぐ夫と家庭内で無償の再生産労働（家事労働）を担う妻の性役割分業が可能な産業構造のなかで成立した，中産階級の家族であり，やはり近代の産物――「近代家族」――でした。また，近代家族の継続に欠かせなかった経済外の要素として，ロマンティック・ラヴ・イデオロギーを挙げておくべきでしょう。「ロマンティック・ラヴ・イデオロギー」とは，「愛する人と結婚しセックスをしその人の子を育てる」という理念で，これも近代の産物です。ロマン主義文学などを通して一般化したのですが，夫婦に永続的性関係を期待し，互いと子どもに永続的な扶助関係を期待し，そして何よりも，妻を公に評価されない無償の労働につなぎとめておくために，愛や情緒が必要だったということです。それは，国家が意図して導入しなくても，結果として，結婚という「セクシュアリティの装置」を動かす動力になりました。

　以上のような結婚が同性カップルに開かれるとは，どういうことでしょうか。ポスト近代と呼ばれる社会では，結婚と家族にかんしていくつかの共通の変化が見られます。異性間の結婚離れと少子化，性行為の愛や情緒からの独立，フェミニズムからもグローバル市場からも求められる女性の政治経済参加，再生産・家事労働の外部化（賃労働化），Ⅲ-6で述べた性的指向と性自認にかんする権利保障の要求などです。これらは，近代家族がすでに統計上の多数派でなくなり，経済的にうまく機能しなくなってきたことと連動しています。異性婚を出発点とする，ヘテロ・セクシズムとジェンダー差にのっとった近代家族がゆらぎ，これとは別建ての基礎を，国家も模索しているのかもしれません。そこで，結婚の男女／夫婦という役割の部分だけを男男・女女／夫夫・妻妻に換え，特権的な地位と閉鎖的な関係性は継続するのであれば，同性婚はそれほどの制度的変化を要請しない，新しく見えて保守的な「セクシュアリティの装置」となりえるのかもしれません。

　あるいは，次世代の再生産（生殖）をカップルが排他的に行うことができなくなるという違いが，カップルと家族の相互扶助と愛・情緒のあり方を変えていくのかもしれません。あるいは，ジェンダー差とヘテロ・セクシズムを乗り越え，同時に別の多様なマイノリティに対する逸脱・排除を避けるには，結婚・家族制度とは違う制度を考えるべきなのかもしれません。　　　（青山　薫）

▷3　詳しくは，上野千鶴子，1985，『資本制と家事労働』海鳴社. 落合恵美子，1989，『近代家族とフェミニズム』勁草書房. 牟田和恵，2006，『ジェンダー家族を超えて――近現代の生／性の政治とフェミニズム』新曜社.

▷4　詳しくは，ギデンズ，A.，松尾精文・松川昭子訳，1995，『親密性の変容』而立書房. 千田有紀，2011，『日本型近代家族――どこから来てどこへ行くのか』勁草書房，pp. 16-18.

若者たちの「やさしい関係」

 やさしい関係

　「やさしい関係」とは，おそらくは1990年代を画期として，若年層の日常的な交友関係において優勢になった，軋轢を避けて繊細な気配りを交換し合う関係のことをいいます。やさしい関係への参加者たちは，自分を傷つけないように，また「仲間」を傷つけないように細心の注意を払いながら，関係のメンテナンスに努めます。親密ではあるのでしょうが，そこは心理戦のような様相も呈します。もちろん，「仲間」を傷つけないということはその人からの自分への反作用を恐れてのことと思われ，自分を傷つけないということがやさしい関係の第一原則でしょう。そのようにして作り上げられる「仲間」からは，関係をかき乱す要素をもつ他者は排除されます。やさしい関係におけるやさしさは，残酷さと表裏一体なのです。そのような関係の中に没入してその磁場に捕らわれている人からはわかりにくいかもしれませんが，若年層におけるやさしい関係は，近年において教室を支配するようになった現象なのです。

2 「私らしい私」の困難

　そもそもアイデンティティは，何かへの帰属によって示され，また認められてきました。××銀行の行員です，○○大学の学生です，そういった具合に。アイデンティティは，自己の呈示と他者からの承認によって定着しますが，帰属を示すという方法は比較的容易に承認を得やすいものでした。ところが，経済グローバリゼーションのもと，帰属の不安定化が進みました。今日では，所属する組織は，安定したアイデンティティの供給源とはみなされなくなっています。○○社の一員であることはかりそめの私の姿に過ぎない，そういう認識がひろがりました。また，増大する非正規雇用の労働者には，そもそも勤め先は帰属する組織にはなりません。家族への帰属も，一人の人間を運命共同体としての家に縛り付けたかつてのそれからはずいぶんと遠い，個人化されたものになっています。そうして私が私であることの根拠は，「私らしい私」や「本当の私」，あるいは「個性」に求められるようになっていきました。

　公教育の現場で個性重視がいわれるようになったのは90年代の後半です。それは，財界が「日本的経営」の見直しや労働力のフレキシブル化を進め，自己責任論が台頭した時期でもありました。社会生活を営むことができる存在へと

▷1　土井隆義，2008，『友だち地獄──「空気を読む」世代のサバイバル』筑摩書房．

▷2　土井隆義は，教育における個性重視がより個性的であることへと煽られる「個性のアノミー」をもたらしていると述べています。土井隆義，2004，『「個性」を煽られる子どもたち──親密圏の変容を考える』岩波ブックレット633．土井隆義，2008，『友だち地獄──「空気を読む」世代のサバイバル』筑摩書房．

人間を規格化するはずの学校が個性をいうのは矛盾していますが，個性の追求は学校でも公然と賞賛され，子どもたちは「自分探し」へと誘導されていきました。かつての社会が求めた価値は，個性ではありません。反対に，職場でも何でも一つ所に定着して頑張ることが求められたのだし，高度経済成長期においては実際一つ所で頑張ることが地位の上昇や収入の増加という結果をもたらしもしました。今日的な価値観からすれば，それは，集団主義的で息苦しいと感じられると思います（一方，今の学校は，個性を謳いながら集団主義的統制の手法を捨てられずにいてちぐはぐですが）。それはともあれ，個性重視の時代には，集団重視にはなかった特有の難しさがあるようです。

　アイデンティティが自己の呈示とそれの他者からの承認によって獲得されることはすでに述べました。では，「私らしい私」や「本当の私」というアイデンティティはどうすれば得られるのでしょうか。これはとても難問です。××銀行や○○大学と聞けば多くの人がイメージをもつことができますが，「私らしさ」についての知識はごく限られた範囲でしか成立しません。その結果，「私らしい私」を求める人は，「私」を知ってくれているであろう身近な関係において承認されることを執拗に求めるようになります。現代の若年層は，友人関係に疲れているようにも見えます。それでも友人に執着するのは，それしか「私らしい私」を確保できる方法が見出せないからでしょう。

3　「仲間」と社会

　2007年のエピソードといえばもうかなり前になりますが，やさしい関係による支配が若年層に貫徹し終えたその時点をうまく捉えた話ですので紹介します。浜日出夫が，その年の二つの流行語である「ＫＹ」と「そんなの関係ねえ」について述べています。「ＫＹ」は「空気読めない」の略語ですが，この二つの言葉に含まれる「空気を読む」という行為と「関係がない」という拒絶行為は一見対立的です。しかし，浜によれば，「この二つは異なる空間での行動基準をそれぞれ表している」のです。「親密な空間では空気を読まなければいけないけれど，親密な空間を一歩出れば，今度は『そんなの関係ない』の世界になる」というわけです。「仲間」以外は背景化され，「仲間」とそこにおける「私」の維持へと関心が集中されている，社会のない社会的リアリティ。

　ところで，やさしくない関係を生きていたかつての若者は，どうやってそれを耐えたのでしょうか。今はどう扱われようが将来的な帰属がアイデンティティになるのだと思えれば，現時点での他者からの評定は決定的ではなくなります。そうした楽観主義が成立しない現状において，「仲間」への没入が選ばれているのでしょう。しかし，今日でも，「今ある自分ではない自分」を想像することはできるはずなのです。そして，その想像は「関係ない」はずの社会の拡がりを知ることで可能なのです。

（西澤晃彦）

▷3　今田高俊・長谷川公一・浜日出夫・藤村正之・町村敬志（座談会），2008，「新しいスタンダードを求めて──社会学教育とテキスト『社会学』をめぐって（下）」『書斎の窓』576号における浜日出夫の発言。

2　児童・生徒におけるいじめ

1　いじめとは何か

　文部科学省が把握したいじめの認知件数は，小学校が約32万件，中学校が約8万件，高校が約1万5000件となっています[注1]。いじめに関する社会的議論が高まり，いじめ防止対策推進法が成立する前年の2012年以降，顕著な「増加」がみられますが，それは，いじめ被害者の心理的苦痛という主観的要素を拾い上げるいじめの定義が法的にも社会的にも共有されたためと考えられます。しかし，今日においても可視化されないいじめは多く，いじめを隠蔽する力は教員・保護者・児童・生徒を依然として捕えており，把握された数値の背後にもっと多くのいじめがあることは確実です。いじめの隠蔽は，学校の組織防衛の論理や保護者における「世間体」「忖度」の論理によって生じる部分が大きいでしょうが，ここで述べておきたいのは，あくまでも児童・生徒社会におけるいじめの発生過程についてです。

　内藤朝雄は，いじめを，「社会状況に構造的に埋め込まれたしかたで，かつ集合性の力を当事者が体験するようなしかたで，実効的に遂行された嗜虐的関与」であるとしました[注2]。また，彼は，「嗜虐意欲」という概念で，いじめ行為の中核を捉えようとしました。こうすればあいつは苦しむだろうというわかりやすい推測に沿って周囲の支持をとりつけながらなされる嗜虐意欲の放出行為，それこそがいじめだということです。この定義は，数量化にはなじみませんが，生々しいいじめのリアリティを考察する際に認識対象へ確かに切り込んでいると思われます。「嗜虐意欲」が，どのような論理に従って正当化され解き放たれるのか。そしてそれへの支持はどのように獲得されるのか。一方，標的とされたいじめの被害者は，どのようにいじめに絡めとられ脱出不能になるのか。いじめの社会学的研究はそうしたいじめの過程を扱うものになります。

2　いじめの四層構造論

　長い間，いじめに関する議論を不毛にし，結果的にいじめの社会問題化を阻止することに寄与してきたのは，「どちらが悪いか」をめぐるおしゃべりであり，「いじめはなくならない」といった冷笑主義的な言い捨てです。森田洋司らによるいじめの四層構造論は，それらの議論をこえていじめの発生と抑制に関して考察する手がかりを与えるものとなりました[注3]。

▷1　文部科学省初等中等教育局児童生徒課，2018，『平成29年度　児童生徒の問題行動・不登校等生徒指導上の諸課題に関する調査結果について』（www.mext.go.jp/b_menu/houdou/30/10/__icsFiles/afieldfile/2018/10/25/1410392_1.pdf.2019年10月7日閲覧）.

▷2　内藤朝雄，2009，『いじめの構造——なぜ人が怪物になるのか』講談社現代新書.

▷3　森田洋司・清永賢二，1994，『いじめ——教室の病』［新訂版］金子書房．森田洋司，2010，『いじめとは何か——教室の問題，社会の問題』中公新書.

　森田らは，いじめを，加害者と被害者の二者関係ではなく学級集団全体の構造の中に位置づけて分析しました。彼らは，学級集団の児童・生徒を，加害者（いじめっ子），被害者（いじめられっ子），観衆（おもしろがって見ている子），傍観者（見てみぬふりをしている子），仲裁者（止めに入る子）の五つに類型化します。そして，いじめは，仲裁者以外の四者からなる四層構造から成り立っているとみました。彼らによれば，いじめの陰湿化・長期化が観察された学級集団ほど，標的が絞り込まれて被害者の数は減少する一方で，観衆と傍観者が増加する傾向があったのです。観衆・傍観者の増加は，加害者の行為に支持を与え増長させます。いじめが条件次第で陰湿化・長期化するものならば，条件を変えれば抑制することは可能ということになります。

❸ いじめられっ子の孤立化

　精神科医の中井久夫は，いじめは「生涯にわたってその人の行動に影響を与えるもの」であり，「入院患者の病歴をとっていると，うんざりするほどいじめられ体験が多い」と述べます[4]。彼によれば，いじめの相互作用は，孤立化→無力化→透明化という一定の順序に従って展開します。まずもって，加害者は被害者を孤立させます。なぜなら，孤立していない標的は，いじめを受けても加害者に十分に隷属しないからです。そこで加害者は，標的をまわりに周知したり，いじめるに足ると思われやすい点を PR して周囲の差別意識をくすぐったりし，被害者から距離を置かせます。加害者の次なる戦略は無力化です。懲罰的な過剰暴力が用いられます。「抵抗を考えていただろう」という言いがかりも効果があり，内心を見透かされているような気になった被害者は服従を受け入れます。孤立無援の被害者にとって，唯一残されたのが加害者との関係なのです。被害者は完全に孤立し，いじめも透明化してしまいます。森田らは観衆・傍観者による暗黙の承認について強調しましたが，中井のいじめ論は周囲の無視・放置こそがいじめの過程を進行させることを示唆しています。

　いじめは，現代的な孤立の問題ということができるのかもしれません。孤独とは，社会生活の中での他者にわかってもらえないという感情のことで，近現代人にとっては常態といえるものです。これに対して，孤立は，社会生活の欠如や社会生活からの疎外を意味します。現代人は，情報技術の発達によって（もちろん携帯電話やスマートフォンのことを念頭に置いています），孤独のごまかしが容易になり，私を脅かさない「仲間」に埋もれていられるかのような幻想が維持しやすくなりました。そして，その一方で，異質視した対象を孤立させ，積極的に疎外する振る舞いは先鋭化しています。その結果生じる現代的孤立について描いた小説として，今村夏子の『こちらあみ子』をあげておきたいと思います[5]。

（西澤晃彦）

▷4　中井久夫, 2018,『いじめの政治学』みすず書房.

▷5　今村夏子, 2014,『こちらあみ子』ちくま文庫.

3　インセンティブ・ディバイド

1　教育ママ

　「ドラえもん」ののび太のママは，どうしてあんなにガミガミとのび太を叱るのでしょうか。特にテストの結果についてはかなりうるさい。マンガ「ドラえもん」が小学館の学年雑誌に掲載され始めたのは1969年からなので，のび太のママというキャラクターも，高度経済成長期を背景として作られたものとみる必要があります。のび太のママは専業主婦です（当時の30代後半女性の就業率は50％台後半。現在は70％に近づいています）。そして，のび太のママは息子の学校での成績には強い関心がありますが，どうすれば成績が上がるのか，その方法についてはわかっていません。1970年の女性の4年制大学進学率は6.5％だから，多分，彼女も，大学入学までの道筋を明確には想像できないまま，「勉強しなさい」というよりなかった母親の一人でしょう。今ではのび太のママののび太への態度はエキセントリックにみえるものかもしれませんが，当時としては戯画化されてはいたとしても身近なところにいそうな母親像――「教育ママ」という言葉がありました――でした。そして，大学進学率が今日の水準にまで高まってきた――親の代には高卒であったその子たちが大学に行くようになった――背後には，たくさんののび太のママがいたでしょう。

2　意欲の格差

　苅谷剛彦は，20世紀の終わりの段階において，インセンティブ・ディバイド（意欲格差）の拡大を発見，報告しました。彼らは，1979年に親子に対して調査が行われていた11の高校において，同じ質問項目を用いて1999年に再調査を行いました。20年前と比較して，学校以外での学習時間は短くなり，本人の学習意欲と親の子に学習をさせる意欲が揃って低下しました。そのことはマスメディアでも大きく取り上げられたのですが，ほんとうに重要なのは次のことです。苅谷によれば，親の階層――社会的・経済的地位。この場合，父親が専門職・管理職である，母親が高学歴である，など複数の指標が用いられている――によって，学習時間・学習意欲の低下の度合いが異なるのです。上層においては，学習時間と学習意欲の低下はほとんどみられませんでした。ところが，下層における低下は顕著なものでした。下層においては，勉強する理由，勉強させる理由が消失し，競争からの離脱傾向がみられたのです。苅谷は，このような事

▷1　苅谷剛彦，2001，『階層化日本と教育危機――不平等再生産から意欲格差社会（インセンティブ・ディバイド）へ』有信堂高文社.

態をインセンティブ・ディバイドと呼びました。

　不利が意欲を生むのは特別の条件があってのことです。多くの場合，不利はあきらめへと人々を誘います。かつてあった「今がんばれば将来報われる」という見通しは，経済成長の終焉や雇用の流動化といった流れの中で成立しづらくなってしまいました。あきらめが容易に多くの人々を捕捉するようになっている一方で，継承されるべき地位がありまたそれを子に獲得させるノウハウをもつ親たちは子の教育に傾注し続ける，そのような階級的分断が生じているようです。あきらめきれないのび太のママが「変」に見えてしまうのは，私たちがインセンティブ・ディバイドが深化した後の世界を生きているからです。

　もちろん，学校の成績が悪くても経済的成功はありえます。かつての社会的階梯の上昇手段は，学校・学歴だけではありませんでした。「公式的な」学歴を介した上昇移動に加え，独立し自営することを目指すコースがあったのです。「店を持ちたい」「一本立ちしたい」などは，そこにおける「夢」でした。そもそも，高学歴のメリットを享受できる人々は少数でした。それゆえ，独立・自営へのコースは，「もう一つの」幸福像を提供するものだったといえます。ところが，非農林漁業の自営業主数は1983年をピークとしてその後減少を続け，今日でも開業率の水準は低く安定したままです。こうした変化は，若年層における，学業だけではない意欲全般を挫く圧となっているでしょう。

③ 意欲の低下がもたらすもの

　こうした意欲の低下が，若年層の意識や感情の基調を作り出していると考えてみる必要もありそうです。将来像が描けずこれ以上に幸せになれるとは思えないから今が幸せだと思おうとする心情を若者たちにみてとる議論があります。[2] そのような保身的な心情は，今とりあえずいる親しい友人からなる小さな世界に若者たちをしがみつかせ，社会への無関心を強めることになるでしょう。今ある世界とは違う新しい世界に入る意欲，努力は，押し殺されるでしょう。

　松谷満は，全国調査データを用いた若年層の政治意識の分析から，若年層において高い自民党の支持率を「保守化」「右傾化」という言葉によって捉えることの網目の粗さを指摘し，現状の「豊かさ」への強いこだわり（と環境の軽視），反平等主義，権威主義が若年層の保守性の中心要素であるとします。[3] 執着する世界が壊れることの不安はあってとりあえずの仕事と収入は大事だし，自分たちの足を引っ張っているかのように見える人々には金はもっていかれたくはない。難しい問題については権威に委ねる。そういうところでしょうか。これが現代日本における長いモラトリアム（猶予）期の意識形態であるならば，[4] やがてモラトリアムから引っ張り出されたこの年齢層はその意識を今よりも社会化するでしょう。あるいは，その特徴が温存され保守的で保身的な世代といわれ続けることになるのかもしれません。結論は先のことです。　（西澤晃彦）

▷2　たとえば，古市憲寿，2015，『絶望の国の幸福な若者たち』講談社＋α文庫など。

▷3　松谷満，2019，「若者──『右傾化』の内実はどのようなものか」田辺俊介編『日本人は右傾化したのか』勁草書房．

▷4　この点については，Ⅳ-5を参照。

子どもの貧困

▷1　厚生労働省，2017，「平成28年国民生活基礎調査の概況」（https://www.mhlw.go.jp/toukei/saikin/hw/k-tyosa/k-tyosa16/index.html.）貧困率には相対的貧困率と絶対的貧困率があり，前者は国民全員の所得分布において中央値の半分にみたない層に属する人々の割合のことであり（OECDの算定方式），後者は生存のために必要な収入が得られない層の割合のことをいいます。今日的に用いられている貧困率とはこの相対的貧困率のことであり，絶対的貧困率や生活保護制度における最低生活費などとは異なるものです。OECD加盟諸国においては，日本の相対的貧困率の高さは，アメリカに次ぐものとなっています。子どもの貧困率は，相対的貧困とみなされる層の世帯に属する18歳未満の子どもの数の，子ども全体に占める比率を割り出した数値です。

▷2　内閣府，2017，『平成29年版　子供・若者白書（全体版）（PDF版）』（http://www8.cao.go.jp/youth/whitepaper/h29honpen/pdf_index.html.）

▷3　厚生労働省，2018，「施策情報　ひとり親家庭等の支援について」（https://www.mhlw.go.jp/file/06-Seisakujouhou-11900000-Koyoukintoujidoukateikyoku/0000202710.pdf.）

子どもの貧困率

　日本における子どもの貧困率は，2015年時点で約14％です[1]。この数値は，「多い」ですか「少ない」ですか。貧困は，地域的・階層的に偏って生じているために，その人の立ち位置によって多く見えたり少なく見えたりします。また，子どもに関していえば，制服による身なりの規格化やファッションの均質化が貧困を見えにくくしているという面もあると思われます。しかし，そうしたことはどうあれ，14％という客観的な指標値は，優先度の高い社会的・政策的課題とすべき水準であるといわざるを得ません。

　別の指標からも見てみましょう。就学援助は，生活保護世帯と生活保護水準に近い（あるいは生活保護水準であるが受給していない）と市区町村が認めた準要保護世帯に適用されます。就学援助を受けている世帯のうち，9割以上を準要保護世帯が占めています。2001年には9.7％だった就学援助率は2014年には15.4％に増加していて，それだけの児童・生徒が，学校教育基本法第19条でいう「経済的理由により就学困難」と公認されているのが実情です[2]。

　家族についても見ていきましょう。子どものいる貧困世帯の半数以上はふたり親世帯ですが，家族形態別の貧困率は「ふたり親世帯では12.4％，ひとり親世帯では54.6％」です[3]。日本におけるひとり親世帯の貧困率の高さは尋常ではなく，OECD加盟国中もっとも大きくなっています。女性が正規労働市場から排除されて収入が低いことは貧困家庭の貧しさの一要因ですが，その不利は母子世帯を直撃しています。母子世帯の母親の就業率は80.6％です。しかし，平均年間就労収入は181万円にとどまっているのです。また，ひとり親世帯の子どもの大学進学率は，全体平均52.1％に比べ半分以下の23.9％です。

貧困の連鎖

　貧しい人々が直面しているさまざまな生活問題は，私たちが生まれ落ちるところを選べないにもかかわらず，親の世代から受け継いだ不利に由来することがあまりにも多いのです。親から子へと貧困が連鎖する傾向は強く，子どもの貧困率の増大は，社会が身分状・階級状に分裂していく事態を示すものなのです。子どもの貧困問題は，個人としての子どもへの支援によって貧困の連鎖を断つことを解決のゴールとしますが，しかし，「親が悪い」のだから放置せよ

と親子を一蓮托生のものとみなす家族主義が根強く取り組みを阻害しています。[4]

　子どもがいる世帯は子育てと教育に金銭がかさみますが，日本の場合，制度やサービスの費用はあくまで私的な負担によるところが大きく，社会的に支えられている部分は少ないといえます。また，社会保障給付について見てみると，日本は，子どものいる世帯に対する給付が薄いという特徴があります。ということは，日本では，子どもがいる世帯の税や社会保障費の負担は重いといえます。[5]税や社会保障費はそれらが再分配されることによって，貧困の削減が期待されるのですが，子どものいる貧困世帯についてはむしろ現状の所得再分配のシステムによって生活が圧迫されています。

③　貧困は子どもに何をもたらすのか

　貧困は子どもたちに何を及ぼし，どのように貧困の連鎖を帰結するのでしょうか。阿部彩は，影響の「経路」を説明する理論を分類・整理しつつ，アメリカにおける社会実験の結果を引用しながら所得が増えることの効果はシンプルだが大きいと述べています。[6]お金がないことが子育て・教育における不利になっているとするならば，やはり対策の中心は経済的な援助の具体化と積極的な教育保障でしょう。経済的な援助は，親のストレスを緩和して家庭環境を良好にする効果も期待できます。

　しかし，貧困は，ただ経済的な問題としてだけ体験されているものではありません。阿部の分類に従えば「モデル論」「文化論」とされる議論についても検討が必要です。「モデル論」とは，親は子どもに将来像を提供するモデルであるが貧しい親は往々にしてこの役目をうまく果たせない，そのような説明です。「文化論」とは，貧しい家庭で習得した文化は貧困生活には見合っていてもそこから離れることの助けにはならず，かえって邪魔をするかもしれない，そうした説明です。しかし，近代化の過程において，親の代の文化が子どもの自由な人生設計を阻むことは常態でした。都会に出たり新しい職業に就いたりすることには，親への「裏切り」の要素が含まれていました。親の影響や親の文化そのものよりも，そうした文化的要素が足を引っ張ってしまう条件・文脈が問われるべきでしょう。子どもたちが長く家庭とその周囲の世界に封じ込められて親以外のモデルが見えず価値観の変更・修正の機会が乏しいことは，現在の社会的課題のようにも思われます。

　政府や地方自治体による後押しが開始され，子どもの居場所や子ども食堂などの事業が全国に展開しつつあります。その意義を，「格差の解消」のような大問題に結びつける必要はありません。近所の「おもしろいおじさん」や「元気なおばさん」，普段は会うことがない大学生等々，多様な人々との接触を通じて，子どもたちが生きる世界をこえて存在する拡がりが感覚されるところに意味があると思われます。[7]　　　　　　　　　　　　　　（西澤晃彦）

▷4　西澤晃彦，2019，『人間にとって貧困とは何か』放送大学教育振興会.

▷5　大澤真平・松本伊智朗，2016，「日本の子どもの貧困の現状」『公衆衛生』vol. 80 No. 7.

▷6　阿部彩，2008，『子どもの貧困──日本の不公平を考える』岩波新書.

▷7　西澤晃彦，2019，『人間にとって貧困とは何か』放送大学教育振興会.

5 # 青年期の長期化と友人関係

 1 青年期の長期化

　子どもから大人への移行期をおおまかに青年期というとすると，青年期は長期化しつつあるともいえます。今でも就職することを「社会人になる」と言い表すように，職業世界は人を無理やりにでも社会化し「大人にする」力を持っていましたが，その不安定化・流動化は職業世界への帰属を浅いものにし，人を「大人にする」強制力を弱めています。また，結婚や親になることが大人になることを意味するわけではありませんが，晩婚化や生涯未婚者の増加もまた青年期の長期化を促す要因であるといえます。こうしたことを一概に問題であるとは言えませんが，史上もっとも長い青年期を生きる大量の人口が生まれていることは確かで，そのことがその時期を経験する人々にどのような影響をもたらしつつあるのかは検討しておく必要がありそうです。

　心理学者のエリクソン（Erikson, E. H.）は，青年期における最大の課題はアイデンティティの確立であるが，子どもでもない大人にもなりきれないこの時期において若者たちはアイデンティティ拡散の状態に置かれるとみました[1]。しかし，大人としてのアイデンティティが見出されるまでの時期をモラトリアム期（猶予期）といいますが，現在は，その時期がモラトリアム期というにはあまりにも長くなり，アイデンティティ拡散は「疾風怒濤」という形容がなじまない温和なものになっているようにも見えます。かつてエリクソンの眼前にいた，大人たちと激突する若者たちの姿は見えにくくなっています。

▷1　エリクソン，E. H.，岩瀬庸理訳，1982，『アイデンティティ──青年と危機』金沢文庫.

2 道連れとしての「友人」

　帰属の曖昧な長い青年期の道連れは，「友人」という定義の難しいカテゴリーの比重を大きくします。この傾向は，Ⅳ-1 で述べた，「私らしい私」への志向の強化とあいまって強められていると考えられます。その「友人」なるものの内容，関係形成の契機は多様でしょう。インターネットは，きわめて細やかな差異に基づく趣味，好みを同じくする人々の結合を促す機能をもつものなので，結合の強弱・濃淡はどうあれ青年期の選択縁を繁茂させることに寄与しています。その一方で，インターネットと情報技術が，よりローカルでより慣れ親しんだ既存の関係を維持するために用いられている現実もあります。日本におけるSNSの利用状況をみると，世界的にもっとも利用されているFacebook

は実名登録が原則であり人が個人として公共圏に参加する形式となっていてハードルが高いためか利用者・利用頻度はさほど多くなってはおらず，それよりも LINE や「鍵」のあるツールが選ばれています。まだ見ぬ誰かと出会うよりも，関係の保守が志向されているように見えるのです。

3　地元つながり

　新谷周平は，メンバーのほとんどが18歳以降は「フリーター」という首都圏の郊外都市におけるストリートダンスグループの調査から，「同じ中学あるいは近隣の中学の同級生，先輩・後輩」が「共通のたまり場」で緩やかな集団を形成し，「地元つながり文化」が保持されていることを明らかにしています。ローカルな生活圏に限定されながら，ただ会うことを主要な目的として構成された関係世界がそこにはあります。中学校とは，もちろん，地元の公立中学校のことです。彼らは，中学校卒業後にそれぞれの進路に進んだはずですが，中学校時代の関係世界へと立ち戻っています。そして，その関係世界には，現実社会のように存在が評定され判定されることのない，少なくとも今のこの「私」を脅かしはしない気安さがあるようです。

　彼らの時空間の感覚は，彼らの関係世界の特質をよく示しています。まず，彼らの生活圏は「地元」に限られています。また，彼らは，「予定を立てない」のだといいます。誰と何をして遊ぶのかはその日に決めるし，実際，誰かがいます。そして，彼らは，何の根拠もなく将来も「地元」に居続けるだろうと考えています。新谷は，以上のような関係世界の特質を「地元つながり文化」と呼んだのです。この文化は，「学業達成が低い者で，親が非サラリーマン層」である彼らによって，学校の就職あっせん機能が低下しまた家庭の情緒安定機能が弱い状態のもとで作り出された対応策といえます。それとともに，一般的な傾向とも見合った，長い青年期という時間への適応でもあるでしょう。

4　青年期の終わり

　青年期に終わりがあるとすればですが，その終わりは，道連れであった友人関係が解けていくことによってであると思われます。一人また一人と「裏切者」が出て，やれ仕事で時間がないとかやれ子育てが大変だなどと言い出せばもう話は合いません。そこにおいて先延ばしされていたアイデンティティ問題も浮上します。何とかしようと一念発起する人もいれば，新たな道連れを探して青年期を永遠化しようとする人も現れるでしょう。もちろん，孤立する人々もいるでしょう。テレビドラマの主人公が，アラサー，アラフォーへと移行してきたように，人生の決断の時は遅くなりました。そして，その後にある大人のあり方も一括りにはできないほどに多様になったというべきでしょう。

（西澤晃彦）

▷2　新谷周平，2007，「ストリートダンスと地元つながり――若者はなぜストリートにいるのか」本田由紀編『若者の労働と生活世界』大月書店．

家族の絆とは何か

① 家族の普遍性

　家族というのは実に普遍的な存在で，家族が存在しない社会はない，といわれています。人は生物学的な親がいなければ生まれてきませんし，**社会化**を担う親がいなければ人として育ちません（ただし，親は父母二人とは限りません）。結婚してもつことになる生殖家族は，結婚しなかったり子どもをもたなかったりする人は経験しないことになりますが，生まれ育つ定位家族を経験しない人はいないわけです。

② 家族の絆

　では，その家族とは何でしょうか。どんな条件を満たすと家族といえるのでしょうか。

　まず考えられるのが血縁ならびに姻縁（婚姻を契機とする結びつき）です。民法では，6**親等**内の血族と配偶者，ならびに，3親等内の姻族に相互に扶養する義務があると規定しています（ただし法律には「家族」という用語はまったく出てきません）。血のつながりだけでなく，姓が同一とか，お墓が一緒，あるいは，お店や土地，家宝を代々継承しているなど，象徴的なつながりの場合もあるでしょう。

　次に考えられるのが，同じ家屋内で居住している同居という事実，あるいは，家計を同一にしているという経済的事実でしょう。**国勢調査**は一軒一軒訪ねて調査票を留め置きますが，その調査単位は**世帯**であって家族ではありません。

　家族といえば，一緒に生活している集団だという回答も多いでしょう。この場合の「共に暮らす」というのは，必ずしも同居とは限りません。メディアの発達した現代では，空間的に離れていても，関心や時間を共有することは簡単にできます。たとえば別居結婚をしている夫婦は，頻繁に連絡をとりあうことにより，実質的に生活を共有することが可能です。逆に，「家庭内離婚」状態の夫婦は，同居していても生活を共有しているとはいえないわけです。同居という居住形態とそこでの相互作用の実態とは，厳密には分けて捉えておくべきでしょう。一方で，生活だけでなく，情緒的なつながりを重視する傾向は現代において非常に強いようです。いくつかの世論調査で「家族はかけがえのない存在」といった言説が支持されています。

▷1　社会化
社会化には二つの意味がある。一つは，子どもをその社会の成員になるべく育てることを指す。養育，しつけ，教育などを含む過程のことである。もう一つは「機能の社会化」として用いられる。

▷2　人が生まれ育った家族を定位家族，結婚して創設した家族を生殖家族という。親やきょうだいは定位家族の成員，配偶者や子どもは生殖家族の成員にあたる。個人にとって定位家族は運命的なものだが，生殖家族は現代では選択の要素がある。

▷3　親等
親族関係の遠近の度合いをあらわす単位。民法では親等を，一定の範囲の親族に，相続や扶養などの義務・権利を定めるのに用いている。

▷4　国勢調査
5年に1回，日本で居住している者全員を対象に全国で一斉に行われる調査。

▷5　世帯
同じ家屋内で居住している単位。住居および生計をともにする単位を指すこともある。あくまで同居している範囲で，住み込みの使用人なども含まれる。

3 家族というコンセンサス

では，社会人として一人暮らしをしている息子とその親とは家族でしょうか。結婚して新たに所帯をもうけた娘とその実の親は家族でしょうか。**長男一子相続**の伝統的な価値規範がしっかり保持されていた時代であれば，既婚の長男夫婦とその子らは家族，嫁に出した娘はもはや身内ではないという判断になったことでしょう。しかし現代ではその規範はすでに弱体化しています。では，再婚の連れ子同士は家族でしょうか。離婚を考慮して別居中の夫婦は（法律的には婚姻を継続しているわけですが）家族でしょうか。

家族は誰もが経験する身近な当たり前の存在ですが，実にそのありようはさまざまです。そして，その一つ一つをあなたが家族だと思っていても，隣の人はそうは思っていないことがままあるのです。同じケースについても，先にあげた血縁・姻縁，象徴，居住形態，家計，相互作用，情緒のいずれの側面に着目するかによって判断はおのずと異なってきます。

つまり，家族をすべての人が同じように定義することはできないのです。

4 家族を捉える試み

家族は身近でありながら，実はかなり厄介な存在です。行政調査では家族ではなく「世帯（同居単位）」をとりあげているのがほとんどです。日常生活では家族ではなく「**家庭**」という表現をよく使います。では，家族という言葉で私たちは何を捉えようとしているのでしょうか。

共通の定義やコンセンサスがない以上，家族を操作的に定義した上で把握する作業が必要になります。家産を継承する単位を家族とする，扶養義務を期待される範囲を捉えるなど，研究課題に応じて設定することができます。一般的な定義の例としては，森岡清美の「家族とは，夫婦・親子・きょうだいなど少数の近親者を主要な成員とし，成員相互の深い感情的かかわりあいで結ばれた，幸福（well-being）追求の集団である」をあげることができます。

現代社会では，家族を客観的に把握可能な集団として捉えることが確かに難しくなっており，個人を中心とするネットワークとして捉える研究も多くなってきています。ネットワークの場合，私にとっての家族と，私が家族だと思っている人にとっての家族とは，必ずしも一致しません。また，ある時点では家族にみえても，次の瞬間には家族ではないということもありえます。そこでの家族は，あくまで個人中心に形成される流動的な姿をしていて，必要に応じて形成されるものになります。

また，研究者の中には，家族という客観的な何らかの事実があるのではなく，人々が「家族」という用語を用いる過程に着目するしかないという立場に立つ一派もあります（**構築主義**）。　　　　　　　　　　　（西野理子）

▷6　長男一子相続

少なくとも近世以降の日本の直系家族は，長男一子継承を主軸に形成されてきたが，地方によっては娘が相続する「姉家督」や末子相続の制度もみられる。

▷7　家庭

家族が生活を営む場所。近代日本の新しい家族像を意味する用語として用いられる場合もある。

▷8　森岡清美・望月嵩，1997，『新しい家族社会学』[四訂版] 培風館，p. 4。

▷9　構築主義

事象や社会問題は客観的事実として存在するのではなく，それを取り上げることによって初めてたち現れ，社会的に定義されるのだと論じる立場。構成主義と呼ばれることもある。

2 結婚の個人化

▷1　仲人
結婚する夫婦をとりもち，支援する役割を果たす。地域，時代によってその役割は多様である。

▷2　結婚年齢規範
結婚はある一定年齢ですべきという価値観が，広く社会で受け入れられ，かつ，人々の行動規範として内面化されていること。

▷3　出生コーホート
同時期に生まれた集団。

▷4　晩婚化
初婚年齢の上昇のこと。各年齢層の未婚率の上昇からも確かめることができる。

▷5　非婚
狭義には結婚そのもの，あるいは婚姻届による法律婚に批判的な立場に立ち，自

1 結婚の変化

あなたはどんな結婚を望んでいますか。ある程度の年齢以上で好きな人ができたら結婚，すなわち恋愛の成就としての結婚は，きわめて現代的な結婚です。日本でも以前は，結婚は当事者ではなく，親など周囲の人が決めて準備を整えてくれるものでした。実際に，第二次世界大戦前はお見合い結婚が主流でしたが，現代では圧倒的に恋愛結婚が多くなっています（図Ⅴ-2-1）。「家のため」であった結婚が，本人が自分で決める結婚へと変わり，結婚披露宴への招待客が近隣や親族主体から所属先（企業や卒業学校）の知人へ，さらには友人のみへと変わってきています。**仲人**をたてないケースが多く，結婚式自体をしないカップルも稀ではありません。

2 晩婚化

あなたは将来結婚したいと思っていますか，いませんか。結婚するとしたらいつ頃にしたいですか。そう問われて「○歳頃には……」と思った方はいませんか。結婚はある程度の年齢でするべきものという**結婚年齢規範**があります。1970年代には，人口規模の大きい戦後生まれの第一次ベビーブーマーたちが，女性は24～5歳，男性は20歳代後半で一斉に結婚を経験していきました（当時，女性の結婚適齢期は「クリスマスケーキ」と言われました）。現在では彼らのような大規模な**出生コーホート**は存在せず，結婚時期は分散傾向にあります。そして，初婚年齢は男女とも30歳前後と遅くなっています（図Ⅴ-2-2）。

晩婚化は，そのまま結婚しない人の増加，すなわち**非婚化**につながっています。2015年時点で35～39歳男性の3人に1人，女性の4人に1人が未婚です。結婚をするかしないか，どんな相手とするか，

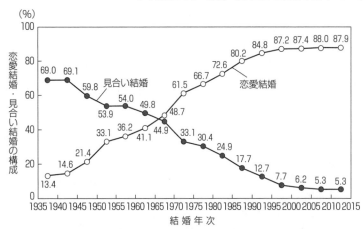

図Ⅴ-2-1　結婚年次別にみた，恋愛結婚・見合い結婚構成の推移

注：初婚どうしの夫婦について。
出所：国立社会保障・人口問題研究所「第15回出生動向基本調査」p. 38（http://www.ipss.go.jp/ps-doukou/j/doukou15/NFS15_reportALL.pdf）

いつするか，どのような結婚をするか……こうした事柄を自分で決めることができる現代では，結婚そのものや相手をめぐって逡巡することも多く，遅くなるないしは結婚しないかもしれないのは当然の帰結といえましょう。選択肢が増えたのに応じて，選択にかかる時間，経済，労力などあらゆるコストが高くなると同時に，選択が失敗に終わる可能性も高まります（リスク化）。現代社会では，カップル関係を縛るものは，お互いを選び合ったという事実だけになったとギデンズは指摘しています（「純粋な関係性」）。

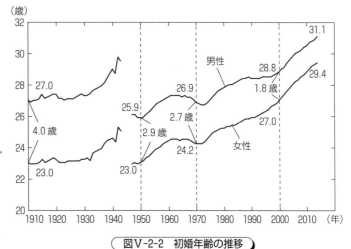

図Ⅴ-2-2　初婚年齢の推移

出所：「人口動態統計」より作成。

3　結婚の意味

　このまま日本では非婚化が進むのでしょうか。そもそも結婚の意義はどこにあるのでしょうか。一組のカップルが一緒に暮らすといっても，結婚は同棲とは違います。同棲は当事者同士の意思で自由に始めたり終わらせたりするものですが，結婚は結婚式をしたり**婚姻届**を出したり，あるいは「Just Married!」の葉書を郵送したりと，周囲の人に知らしめる手続きを経ます。つまり結婚には，必ず社会的承認が伴います。そして，死別あるいは離別によって短期間で終わることもありますが，少なくとも出発点において結婚は，ある程度持続することが期待されています。また，いったん結婚した二人には，相互に扶養しあうことが民法で定められていたりと一定の権利義務関係が生じます。だから離婚（すなわち婚姻の解消）は同棲の解消よりずっと困難になります。

　結婚することを「身を固める」「所帯をもつ」などと表現します。結婚には，一人前になったと社会の中で認められる社会的地位を付与する機能もあるからです。また，結婚をすると，お互いの親戚同士も姻族として付き合うことになります。それを面倒くさいと嫌う風潮もありますが，そもそもの婚姻は，政略結婚にみられるように，一組の男女の結合ではなく，それを縁とした**親族関係の拡大**をねらいとしたものであったわけです。

　恋愛結婚が多数を占める現代では，自分にふさわしい相手があらわれるのを待って結婚するのが当然で，結婚は当事者の私的な事柄であるかのように思われています。しかしながら，本来の結婚は，後継者の確保ならびに労働力の配分，婚姻を契機とする親族ネットワークの拡大，性的秩序の安定といった，集団ならびに全体社会の維持・安定に利する機能も併せもつ，社会的な制度でもあるのです。

（西野理子）

発的に結婚しないことを指すが，広義には結婚していないこと全般を意味する。後者には，戦争や過疎化による結婚難なども入る。日本は非婚傾向にあるといわれているが，意識調査では「いずれ結婚するつもり」が9割程度と圧倒的多数を占めている（国立社会保障・人口問題研究所「第15回出生動向基本調査」）。

▷6　ギデンズ, A., 松尾精文・松川昭子訳, 1995,『親密性の変容』而立書房.

▷7　婚姻届
日本は法律婚主義をとっており，婚姻届を提出することになっている。婚姻届を出さない夫婦関係を一般には「内縁」あるいは「事実婚」と呼ぶ。

▷8　親族関係の拡大
レヴィ＝ストロースは，イトコ婚の考察などを通じて婚姻という女性の交換が社会的相互援助ネットワークの形成になることを指摘している（レヴィ＝ストロース, C., 福井和美訳, 2000,『親族の基本構造』青弓社）。

3 夫婦の関係

① 性別役割分業

　男女の**性別による分業**はほとんどすべての社会に存在し，現代では「男は仕事，女は家庭」という性別役割分業がよく知られています。

　分業には社会規範として人々が内面化している意識の側面と，人々が実践している行動の側面があります。各種の意識調査をみると，性別役割分業規範はリベラル化の後，2000年をこえてからは固定化の傾向にあります（図V-3-1）。家庭内での家事・育児の分担状況ではもっぱら妻という回答が多数を占めており，行動面での男女共同参画はなかなか進んでいません。近年では，経済の低成長や雇用の不安定化を受けて，夫婦間での役割の代替可能性を高めることが家族の危機管理の一つになっていますが，実践は難しいようです。

　ではなぜ，妻が家事・育児の大部分を担うことになるのでしょう。①女らしさや家庭の雑事を女性に振り分けるような価値・規範が社会にあり，それを人々が内面化していることによるとする社会化理論，②家庭内の役割分担の経済的合理性，③夫婦間の権力の差異に起因するとする権力論，④時間的余裕の配分，⑤代替資源の入手可能性などから説明が試みられています。

　日本は経済成長期に専業主婦を前提に，税の配偶者控除や国民年金の**第3号被保険者**制度を整えてきました。現在，福祉政策を分業を含めた家庭単位とするか個人単位とするかが，まさに議論の遡上に載せられています。

▷1　性別による分業
炊事・洗濯・育児など家屋の近くで行う仕事は女性が，鍛冶・狩猟など長期間にわたって住居を離れる必要がある仕事，あるいは，武器や祭器の作成など権威を伴う仕事は男性が行う傾向にあるが，必ず男女のどちらかが行う仕事はほとんどない。筋力を必要とする仕事を男性が担うわけでもなく，生物学的な性差によって決定される分業は実はきわめて少ない。

▷2　第3号被保険者
厚生年金・共済組合の加入者（第2号被保険者）に扶養されている配偶者。届出をして確認を受けると，保険料を納付する必要はないが，国民年金に加入することになる。

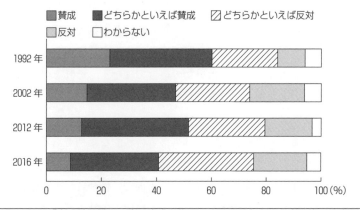

凡例：■賛成　■どちらかといえば賛成　▨どちらかといえば反対　□反対　□わからない

図V-3-1　「夫は外で働き，妻は家庭を守るべきである」という考え方への意見

出所：内閣府「男女共同参画社会に関する世論調査」。

② 夫婦の勢力関係

　夫婦がお互いに及ぼしあう影響力は勢力の一つです。夫婦間の勢力構造を，意思決定における発言力の大きさから測定する研究が行われています。ブラッドとウルフは1954〜55年に米国デトロイトで，夫の職業選択や自動車の購入，休日の旅行などが夫と妻のどちらの意思で決まるかを調査し，その結果を夫優位型，平等型（自立型・一致型），妻優位型にわけました。そしてアメリカの都市中産階級では一致型が多数を占めることから，夫優位が名目化して実質的には夫婦間の勢力が平等化していると指摘しました。同様の調査はその後も実施され，ほぼ一貫した結果が得られています。日本でも増田光吉が1963年に神戸市で実施し，自立型が7割を占めていることを明らかにし，その結果は驚きをもってむかえられました。伝統的な**家父長制家族**[4]では夫側に権力がありますが，「しゃもじ権」のように実質的な権力は妻側が握っていたという論も成り立ちます。夫婦間の勢力は，家計管理に関連する質問を多く含めると妻優位であるという結果につながり，調査の手法によって結果が左右される点に留意する必要があります。

③ 夫婦の伴侶性[5]

　伝統的に日本では，以心伝心，感情表現を抑えることを美徳とする文化規範があり，夫婦間でも直接的な愛情表現は抑制されてきました。夫婦でともに外出したり，共通の趣味をもったり，贈り物をし合う行為は，アメリカの中産階級などと比較すると活発ではありません（アメリカの中産階級では夫婦は常に愛情表現をすることが期待されています）。戦後民法の夫婦制への移行もあり，人々の意識の中でも従来の親子関係重視から夫婦関係重視への変化がみられますが，お互いを「お父さん」「お母さん」と呼び合う生活からなかなか抜け出せないのが実態のようです。その結果，お互いへの関心をすでに失っても離婚はしない「家庭内離婚」状態や，高年期を迎えてから離婚を切り出す「熟年離婚」の増加など，夫婦間のきしみも目立っています。

　人生60年時代には子育てをしているだけで人生は過ぎていきました。夫婦はお互いにむきあう時間も必要もなく，「子はかすがい」でした。ところが，寿命が延びて人生80年時代となった現代では，子どもが巣立ったあと夫婦のみで過ごす**エンプティネスト**[6]期が20年以上にわたって続きます。夫婦生活も50年近くに及び，これほど長く一緒に暮らすことはこれまでありえないことでした。夫婦はお互いを人生の伴侶として見直し，あらためて夫婦としての共同生活を意識的につくっていかなければならない時代を迎えているのです。

（西野理子）

▷3　同じ方法による調査は1995年にも行われている。

▷4　**家父長制家族**
家父長（家長権をもつ者）が家族成員を支配・統制する家族。フェミニズムでは年長男性による支配を家父長制と呼んでいる。

▷5　**伴侶性**
パートナーが相互に友愛関係を築くこと。情報を伝え合い，共通の趣味や友人をもち，同伴して外出するなどの行動次元と，情緒の次元とがある。

▷6　**エンプティネスト**
子どもが巣立った後に夫婦のみで暮らす期間のこと。「空の巣（からのす）」ともいう。寿命の伸張と少子化（出産子ども数の減少）によって生まれたこの期間は，人生の3分の1を占めるにもかかわらず，仕事や家庭によってあらかじめ埋められているわけではない。この期間をどう過ごすかが高齢期の新たな課題になっている。

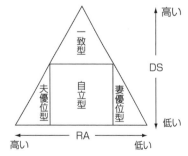

図V-3-2　夫婦の勢力型

出所：増田光吉，1983，「家族の権威構造」森岡清美編『家族社会学』［新版］有斐閣，p.64.

4　親子の関係

1　子どもの社会化

　人は生まれてすぐに誰かから保護をうけなければ生存できませんし，かなり長期にわたる養育を必要とします。幼少時の人間形成には，特定の保護者と安定した愛着関係を築くことも必要です。さらに，属する社会での行動様式や生活習慣，価値意識を習得しなければ，その社会の中で生きていくことはできません。その過程を社会化といいます。

　生物学的な生を与えてくれる親と，社会のことを教えモデルになってくれる親は必ずしも同一とは限りません。人類学では生物学的な親（ジェニター，geniter）と社会的な親（ペイター，pater）を区別しています。

　また子どもの社会化を担う機関には，家庭だけでなく学校や近隣，遊び仲間，地域社会も含まれます。幼少期の社会化には定位家族が大きな役割を担っているといえますが，成長に従って学校集団や遊び仲間，やがては職場集団や地域社会から影響を受ける部分が大きくなります。社会化は社会の成員として生きていくための行動様式や知恵，技術，規範を内面化していく過程ですので，子ども期に限らず一生を通じて継続していくものです。

2　長期にわたる親子関係

　「老いては子に従え」という格言があります。老親は子が面倒をみるのが美徳とされていますが，寿命が60歳だった時代までは子を育てているだけで人生は終わりを迎え，子に扶養してもらう高齢期を経験する者はわずかにすぎませんでした。従来の親子関係は育てる・育つだけであったといえます。しかしながら現在では，寿命がのびて親子関係は長期にわたるようになってきました。養育の担い手と受け手という関係を前期親子関係とすると，親子とも成人して独立可能な中期親子関係，そして，高齢で扶養を必要とする親とその子という後期親子関係の三つに分けることができます。

　前期の親子関係では，母子密着，父親不在が指摘されています。高度経済成長期には，父親が遠距離通勤と仕事に忙しく，核家族の中で専業主婦が**育児不安**に悩む実態が報告されました。早期教育に熱心な「教育ママ」がいる一方で，子育てを放棄する**児童虐待**の事件もあとをたちません。近年は少子化対策もあり，仕事と育児の両立支援ならびに各種の子育て支援が講じられています。

▷1　マリノフスキー，B.・ブリフォールト，R.，江守五夫訳，1972，『婚姻──過去と現在』社会思想社.

▷2　**育児不安**
育児のやり方に自信をもてず，将来の子育ての成果や育児に関する自身の能力に対して抱く不安のこと。牧野カツコが1980年代に『家庭教育研究所紀要』に発表した論文に成果がまとめられている。

▷3　**児童虐待**
子どもに①身体的，②性的，③心理的な虐待を加えたり，あるいは，④養育を放棄・拒否（ネグレクト）すること。加害者として，親，きょうだい，保育者等がありえる。近年は親による子の虐待増加が指摘されている。

中期親子関係は，子ども数が減少し，親がまだ若い時期に子どもたち全員が成人に達することで出現しました。一方で，高学歴化ゆえに子どもの親への依存期間は延びています。若年者が正規に就職しないフリーターやニート[4]の増加も，子の親への依存度を高めています。晩婚化により，食住の基本的な生活を親に依存する未婚者の増大がパラサイト・シングル[5]として注目を集めてもいます。背景には，青年・成人期の若者の脆弱化[6]が指摘されています。

後期親子関係の課題は老親の扶養問題でしょう。寿命がのび，親は自身の高齢期をどう生きるか，子は親の扶養にどう対処するのかが問題になってきました。旧来は親子間，特に長男による同居型の扶養が期待されていましたが，もはや親側は「子に面倒をかけたくない」と思っています。介護保健法が成立し社会福祉制度の活用が期待されていますが，一方で「ケアは家庭で」という志向性が根強くあるのも事実です。国家の財政難から，介護の「再家族化」[7]が強まってもいます。少子化によりきょうだいが少ないなかで，子の誰もが親の扶養に直面する時代になってもいます。

③ 親子の意味

親と子は生物学的あるいは社会的に規定されるものですが，その関係性は不変ではありません。P.アリエス（Aries, P.）は『〈子供〉の誕生』のなかで，教育制度が普及して初めて「子ども」ならびに「子ども期」が出現したことを明らかにしています[8]。からだが小さくても生産労働に従事していた中世までは「小さい大人」でしたが，学校に通わせてもらうようになると，親から一方的に育ててもらう存在に変化するからです。教育ならびに愛育の対象になったのです。

経済学理論を援用して親にとっての子どもの価値の変化を説明することもできます。すなわち，子どもの価値は所得効用（子どもが成長して稼いでくれる），年金効用（年をとったら子どもが面倒をみてくれる），消費効用の三つに分けることができます。現代では，子どもがいてくれると楽しい，子どもが生きがい，という消費効用が大きくなっているといえます。

さらに，生殖医療の発展が目覚ましい現代では，新たな親子関係上の問題が生じています。体外受精による借り腹[9]や代理母[10]のケースでは，子どもを育てようとする母と産んだ母の二人の母がいることになります。技術の進歩の中で，子どもをもとうという意思，妊娠・出産という行為，遺伝子，あるいは遺伝子中のDNAのいずれが母を決めることになるのか，各国で対応は異なっています。また，兄弟による精子提供や姉妹や母娘間での借り腹・代理母は，親子関係に混乱をもたらすことになります。希望の精子・卵子の提供を受けて希望の方法で出産する「デザイナーベイビー」も技術的には可能ですが，出自を知る権利を含む子どもの側の人権や倫理問題をなおざりにするわけにはいきません。

(西野理子)

▷4　ニート
職に就いていず，学校にも通っておらず，職業訓練など就労に向けた具体的な動きもしていない状態にある若者のことを指す。若年無業者ともいう。Not in Employment, Education or Training の略。

▷5　山田昌弘, 1999, 『パラサイト・シングルの時代』筑摩書房。山田昌弘, 2004, 『パラサイト社会のゆくえ——データで読み解く日本の家族』筑摩書房.

▷6　宮本みち子, 2002, 『若者が《社会的弱者》に転落する』洋泉社.

▷7　藤崎宏子, 2009, 「介護保険制度と介護の『社会化』『再家族化』」『福祉社会学研究』6：pp. 41-57.

▷8　アリエス, P., 杉山光信・杉山恵美子訳, 1980, 『〈子供〉の誕生——アンシァン・レジーム期の子供と家族生活』みすず書房.

▷9　借り腹
夫婦間で体外受精した受精卵ないしは胚（受精卵がある程度育った状態）を第三者の子宮で妊娠・出産してもらうこと。

▷10　代理母
妻が不妊の場合に，夫の精子を第三者に人工授精して妊娠・出産してもらうこと。子の引渡しをめぐって裁判となったベビーM事件が有名。

「家」制度から夫婦家族制度，核家族化へ
家族変動を捉える枠組み

▷1　米村千代，2014，
『「家」を読む』弘文堂参照。

▷2　戦前の家制度では，家長が権限をもち家族成員はそれに従うものとされ，成員間の関係は民主的ではなかった。また，家族成員の上に家長が立ち，その家長（臣民）の上に天皇が立つというハイアラーキーな構造が強調され，その家族国家観が軍国主義につながった。

▷3　第二次世界大戦後，GHQ の指導の下で憲法改正が行われた。これとあわせて民法も，家長権を廃した平等主義的な内容に変更された。

▷4　長谷川町子原作の四コママンガ。サザエさん一家の生活を描き，戦後から継続して幅広い人気を誇っている。

▷5　さくらももこ原作の漫画で，集英社の『りぼん』に掲載され，その後，フジテレビでアニメーションが放映されている。静岡県清水市を舞台に小学校3年生のまる子と家族や友だちとのほのぼのとした日常を，楽しく，面白く，時に切なく描いた心温まる作品。

▷6　**核家族**
一組の夫婦と未婚の子から構成される家族。アメリカの人類学者マードック

 「家」から夫婦家族制度へ

　日本の家族の伝統的な特徴に，「家」制度があります。「跡取り」である一人の子どものみが結婚してからも配偶者とともに親の家に住み続け，その家ならびに家業（親の仕事），財産などを継承し存続するシステムです。江戸時代の武士階級ですでに，一子継承の制度が認められます。明治以降，この制度は庶民階級にまで広められ，第二次世界大戦前までの旧民法下では，家長が家族成員の結婚や就職に同意する必要があるなど「戸主」権が認められており，家族は家長を中心に組織化されていました。

　家制度のもつ封建性への反省のもと，戦後の民法改正により，日本は法律制度としては夫婦家族制に移行しました。「戸主」権は廃止され，婚姻は男女の平等な自由意思によって決まり，婚姻届けを出した夫婦は新たに戸籍を作成することになりました。世代間の縦のつながりではなく，一組の夫婦を基本とする単位が想定されています。

　しかしながら，『サザエさん』や『ちびまる子ちゃん』人気にあらわれているように，日本では三世代同居の家族を日本の古きよき伝統とする風潮が根強くあり，民法改正を契機に人々の生活が根本から変わったとは言い切れません。

 世帯の趨勢的変化

　実際の人々の暮らし方はどう変わったでしょうか。第二次世界大戦後の世帯構成の変化を見ると（図V-5-1），親夫婦と子夫婦の同居が多数を占める「その他の親族世帯」は，1960年には3割を占めていましたが，現在では1割を下回っています。三世代同居の家制度は着実に衰退してきたかにみえますが，**核家族**に着目すると，核家族的世帯は，戦後から半数を超えており，1970年代までに6割に増加した後，その比率は停滞しています。

　戦後から1970年代までの高度経済成長期に核家族化（核家族的世帯の占める比率の増加）を担ったのは，きょうだい数が5～6人と多く，跡継ぎ以外は都会に出て雇用労働者になり，郊外に新居を構えた戦中・戦後すぐに生まれた人たちです。彼らがあらたに核家族を創設したことによって日本の総世帯数は増加し，そのなかで三世代同居の世帯の占める比率は減少していきました。しかしながら，三世代同居の世帯数自体はこの時期には減少していません。三世代同

居から核家族へと移行したわけではなかったのです。[97]

そもそも家制度下においても，寿命の短さや乳幼児死亡率の高さなどから，三世代がそろわずに核家族として暮らす時期があり，シミュレーションではその比率は6割と算出されています。歴史人口学の研究成果から，欧米でも日本でもすでに近世から世帯規模が小さかったことが指摘されています。[98]人々の暮らし方の実態と，人々がどのような家族を当然視しているかという制度面とは別のものです。

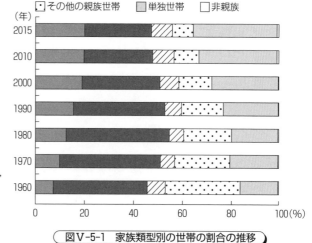

図V-5-1　家族類型別の世帯の割合の推移

出所：国勢調査より筆者作成。

③ 家制度と三世代同居

逆に，三世代同居で暮らしていても，家制度とは限りません。親からの子育て支援や，土地を供与してもらっての持ち家確保など，子どもの側の必要にこたえての同居が増えています。それに応じて，子ども夫婦の結婚と同時に生涯同居するのではなく，親の介護も含めて必要にあわせて同居を開始し，同居が生涯の中の一時的な選択になってきています。

同居の内容も，ベッタリ同居ではなく台所や玄関を二つ設置したり，親専用の住居部分を分けるなどの生活分離，あるいは二世帯住居など多様化し，近居や隣居といった同居に準じる住まい方も工夫されています。同居の相手も実の娘の場合が増える傾向にあり，伝統規範的な三世代同居とは質的に異なるものと捉えることができます。

家業が衰退して継承の意味が薄れる一方で，家制度が衰退したか否かは，人々の先祖崇拝や相続のあり方を含めて，さまざまな場面から捉えなおす必要があります。

④ 核家族化

戦後，核家族が多数を占めるようになり，夫婦中心の民主的な家族生活が展開されるようになったと捉えがちですが，上述したように，核家族がふえたのは人口学的な変化と職業移動ならびに地域移動の帰結に過ぎません。核家族化は，同居世帯規模の縮小（小家族化），親族からの孤立という親族構造の変化，家父長制から夫婦平等へという家族成員間の関係性の変化，あるいは家族機能の縮小・喪失など，複数の側面をあわせもっており，それぞれを分けて変化を捉える必要があります。機能面で捉えれば，親の核家族と娘の核家族とが同居していなくても近くに住んで活発な相互援助を行っている様態は，**修正拡大家族**とも呼ばれています。[99]

（西野理子）

(Murdock, G. P.) は，社会を構成する最小基本単位であり，性・生殖・経済・教育の4機能をすべて担う単位として核家族を提唱した。

▷7　その後，単独世帯数が増える中で，近年では三世代同居世帯数が減りつつある。

▷8　アンダーソン，M.，北本正章訳，1988，『家族の構造・機能・感情——家族史研究の新展開』海鳴社．速水融・斉藤修・杉本伸也編，1989，『徳川社会からの展望——発展・構造・国際関係』同文舘出版．

▷9　修正拡大家族
イギリスの労働者階級の家族を参与観察したサスマン (Sussman, M. B.)，リトワク (Litwak, E.) らが名付けた用語。

6 閉じた家族，開く家族
脱近代家族

① 「近代家族」の成立

　戦後，日本社会の経済成長，第一次から第二次・第三次産業への産業構造の変化，そして都市化を受け，男性はサラリーマンとして働くのが普通になってきました。1980年代まで，大半の人が20歳代に結婚して家族をもうけ，女性は結婚・出産を機に退職し，専業主婦になる人が郊外を中心に多くなりました。子どもは「少なく生んで大切に育てる」ものとなり，二人か三人に収斂しました。こうして，「サラリーマンの夫と専業主婦の妻，子ども二人」という家族が標準的な家族の姿と受け止められるようになりました。

　この家族像を「近代家族」と捉えなおす視点が，1980年代後半に，西欧の歴史人口学や歴史社会学から導入されました。近世以降の日本の家族変動に関する実証的な研究をふまえて，西欧と同様に，現代日本でわれわれが当たり前と思っている家族は「近代家族」という家族の歴史的な一形態に過ぎないことが明らかにされました。代表的な論者である落合恵美子[2]は近代家族の特徴として，①家内領域と公共領域との分離，②家族構成員相互の強い情緒的関係，③子ども中心主義，④男は公共領域・女は家内領域という性別分業，⑤家族の集団性の強化，⑥社交の衰退とプライバシーの成立，⑦非親族の排除の7点をあげています。日本での近代家族の成立時期をめぐって，牟田和恵[3]は明治期からその萌芽がみられることを，落合は1970年代に完成をみせたことを指摘しています。

② 脱近代家族の動き

　現代では既婚女性の就労率は過半数を超え，男性も家事・育児に参加する「男女共同参画」社会が推奨されています。晩婚化，出生率の低下，離婚・再婚の増加を受けて，家族生活は多様になっています[4]。

　それぞれの家庭の中では，子ども用に個室が確保され，電話やテレビも一家に一台から一人一台になりつつあります。食事も家族全員一緒ではなく各自が必要な時にというように，「孤食」「個食」と呼ばれる状況があります。行動面だけでなく，家族の成員が家族全体の都合より自分の都合を優先させたり，家族内での役割よりそれぞれの自己実現，自分自身の幸福追求を重視する「家族の個人化」[5]がみられます。

　これらの兆候を家族の弱体化や危機と呼ぶ論がないわけではありません。し

▷1　ショーター, E., 田中俊宏・岩橋誠一・見崎恵子ほか訳, 1987, 『近代家族の形成』昭和堂.

▷2　落合恵美子, 2019, 『21世紀家族へ——家族の戦後体制の見かた・超えかた』[第4版] 有斐閣, p.99.

▷3　牟田和恵, 1996, 『戦略としての家族——近代日本の国民国家形成と女性』新曜社.

▷4　夫婦に子ども二人，働いているのは世帯主のみのいわゆる「標準世帯」は実際には総世帯数の5％もいない。再婚の連れ子というステップ関係を含む家族や母子，父子のようなひとり親家族，子のいない夫婦のみの家族など，多様な家族が増えている。

▷5　目黒依子, 1987, 『個人化する家族』勁草書房. 山田昌弘は，個人化を，家族の枠組みを維持したままで進む個人化と，家族そのものを自由に選択したり解消する「本質的個人化」に分けて捉えている（山田昌弘, 2004,「家族の個人化」『社会学評論』54(4)）。

かしながら「近代家族」論は，危機は一時的に成立した「近代家族」が次の家族のあり方へと移行する過程に過ぎないことを明らかにしたのでした。もはや「近代家族」は過去になりつつあるわけですが，それは普遍的な家族というものの崩壊ではなく，あくまで「近代家族」という一類型の変転にすぎません。いかなる過程を経て家族のどの部分が変わっていくのかを考察していくことこそ，現代の家族を理解する鍵となるでしょう。

　また，技術の進歩ゆえに，社会化され外部化されていた機能を家族にとりもどす動きもあります。キャンプ用品が廉価で購入できるので一家でレジャーに出かけたり，自宅で家族に囲まれた出産を望む女性があらわれたりと，家族での行動が促進されている面もあります。家族の変動は必ずしも一方向に直線的に進むものではない点に注意が必要です。

3　親密圏としての家族

　「近代家族」は，公共圏である外部から明確に区切られてプライバシーで守られた，市場原理が入ってこない，閉じられた親密空間でした。

　では，親密圏としての家族は，家族成員がみな安心して心安らげる場所になったのでしょうか。専業主婦が家を守る近代家族では，子育ては母親が一手に担うものになり，育児不安が高まり，母子密着や過保護が社会問題化しました。家族内は欲望や情緒をさらけ出すことが是認されるという思い込みのもとで，DV（ドメスティック・バイオレンス）もエスカレートしました。児童虐待もDVも以前から存在していますが，家族が閉鎖空間になると，解決できないばかりか悪化させることになります。子育ても介護も，あるいは家族の問題行動も，家族内のこととして家族内部に秘めてしまうと，解決できなくなります。

　そして，家族をプライバシーで守られた単位とする視点を批判的に問い返し，家族への特別視や家族の閉鎖性を照射したのが，「親密圏」の概念です。親密圏は必ずしも家族集団と重なるわけではなく，性関係や血縁や同居がなくても成立する，互いの生を支え合う関係性の網の目です。家族が必ずしも親密な関係とは限らないし，家族ではなくても親密な関係を築く可能性はあります。

　また，ワーク・ライフ・バランスの面からも，仕事の領域と家庭の領域の関連が着目されています。仕事と家庭の両立にあたっては，仕事のために家庭に影響してしまうWFC（仕事から家庭への葛藤）と，家庭での負担のために仕事に影響するFWC（家庭から仕事への葛藤）が生じ，両者が関連しないわけにはいきません。あるいは，先進国の富裕層では，家庭内労働や子育てを海外からきた労働者に担ってもらう現象が認められ，家族の営みにグローバルな商業化，労働移動がかかわっているわけです。

　家族と外部の支援との連結，ひいては親密圏と公共圏との関係を切り開いていくことが現代社会では求められています。　　　　　　　　　　　（西野理子）

▷6　例として，洗濯機の性能上昇により，クリーニングに出していた洋服を自宅で洗うようになる，電子レンジや冷凍食品の普及により，自宅で夕食を食べる頻度が増えるなどが挙げられる。

▷7　実際に，郊外に成立した団地では，玄関を閉じたら誰も入ってこない家族だけの空間が普及した。

▷8　具体的な研究例に，ホックシールド，A.R.，田中和子訳，1990，『セカンドシフト』朝日新聞社とホックシールド，A.R.，坂口緑ほか訳，2012，『タイム・バインド』明石書店がある。

人間にとって都市とは何か
アーバニズム論の系譜

 アーバニズム

○**アーバニズムとは何か**

　社会学における都市とは，ビルや道路などの物理的環境のことではありません。社会学では，大量の人口が密度をもって集住することで生じる社会環境のことを都市と呼びます（ということは，ある集落の人口規模が大きくなり密度が高くなることを，都市化と呼ぶことができます）。都市社会学は，都市の社会環境が都市人の意識・無意識，ライフスタイル，つきあいの形態などに及ぼす影響をアーバニズム（都市的な「生」の様式）として論じてきました。つまり，人間にとって都市とは何かが共通のテーマとされてきたわけです。

　ある集落が都市化されると，職業的な横並びの分業が発達します。また，階層的な縦並びの分化も生じます。空間的にも，職場と住居は分離し，盛り場やレジャー施設なども発達します。都市を生きる人々は，それぞれが異なる日常生活を送りつつ，また，一人の人が複数の異なる生活世界に同時帰属しつつ，それでいて全体としてデュルケムのいう有機的連帯によって一つの都市を成立させているといえます。しかし，あまりにもそれぞれの日常生活が隔絶しており，また，家族も近隣も同僚も友人も所詮は「パートタイム」の部分的なつきあいであるために，人と人との間の社会的・心理的な距離は拭い去ることができません。有機的連帯にはアノミーがつきものですが，都市もまた，関係の基底に据付けられた距離ゆえの不安を喚起させ続けることになります。

○**孤独と孤立**

　ジンメル（Simmel, G.）は，大都市における社会分化が，都市人を相互に隔ててそれゆえに孤独にすると考えました。[1]しかし，彼は，距離ゆえの孤独を，欠如としてただ否定的に描いたわけではありません。ジンメルは，大都市における様々な社交の様式を，孤独な人々が他者との距離を感覚しながら作り上げる結晶物として描きました。また，閉じられた圏に埋没することなく，誰との間にも距離をおくことができるその人々が，狭い世界でしか妥当しない価値や規範から距離を置いて，普遍的な道徳を模索する**コスモポリタン**[2]となっていく可能性についても言及しています。

　一方，シカゴ学派のワース（Wirth, L.）のアーバニズム理論は，距離のある関係の「冷たさ」を強調し率直に社会の解体を論じたものといえます。まず，

▷1　ジンメル，G., 居安正訳，1998，『社会分化論・宗教社会学』青木書店.

▷2　**コスモポリタン**
世界市民と訳されることもある。コスモポリタンがもつ場所や領土から自由な行為と思想の様式のことをコスモポリタニズムという。

彼は，都市を，人口量が多く密度と異質性が高い集落であると規定します。そこでは，生活をまるごと包み込む親密な対面関係─家族や近隣の関係─の比重は低下し，貨幣や利害を介した部分的で一時的な第二次的接触が優越します。そうして，人々は**孤立**[43]し社会はバラバラになると仮説[44]しました。

2 増幅される異質性

◯サブカルチャーの噴出

これに対し，フィッシャー（Fischer, C. S.）のアーバニズム理論は，都市社会の基調としての距離を認めつつ，しかし，ジンメルのように距離ゆえの結実物に着目しているといえます。[45]

フィッシャーによれば，人口規模の大きい都市においては，人々の出会いの機会と選択肢が増大します。同類結合の原理に従いつつ細やかな差異に基づき結合した集団や組織，社会的世界がわさわさと生まれ，特有のサブカルチャーを育みます。パーク（Park, R. E.）が述べたように，「都市の自由の中では，どんなに風変わりであろうとあらゆる個人が，各自の個性を伸ばしてそれを何らかの形で表現できる環境を，どこかで見つけ出す」のです。[46]

ここまでが同類結合の過程であるとすると，それに引き続きあるいはそれとともに，ハイブリッドな（異種交配の）結合が展開します。都市において，もろもろの世界は，せめぎあいながら同居せざるを得ません。様々なサブカルチャーが発達すればするほど，否応なく接触し，影響を及ぼし合い，文化的な諸要素の融合や組み換えが行われます。それを通じて，都市は，「通念をこえる」サブカルチャー──思想，ライフスタイル，職業世界，集合的アイデンティティ，趣味，発明・発見，美術，音楽などなど──を溢れ出させるのです。

◯都市空間の現実

しかしながら，人口減少が進行し経済グローバリゼーション下にある日本の都市は，多様な他者との接触を促しサブカルチャーが胚胎するような都市空間を失いつつあります。盛り場にはシャッター街が目立ちます。ショッピング・センターへと人々を囲う都市再開発は一見華やかですが，そこは受動的な消費者しかおらず，文化は創造されません。さらには，都市に生じる距離ゆえの不安は，今日ではコミュニケーション問題から治安問題へとすり替えられて社会問題化され，管理・統制の強化を呼び込んでいます。

それでも，もし，新しいサブカルチャーが登場しているとするならば，場所と関係を都市に発見しようとする趨勢に抗った営みが続いているからでもあるでしょう。インターネット空間は，他者との深い接触を忌避し今ある自分を保存し続けるために利用される傾向がありますが，都市空間（リアル空間）との相互乗り入れによって，都市を活性化することに寄与できる可能性があるとも思われます。そうしたテーマは今後の都市研究の課題となります。（西澤晃彦）

▷3　孤立
ジンメルの孤独。ワースの孤立。孤独と孤立は別のものである。孤独とは，社会生活の中で人と心が通わない状態のことであり，個が社会へと主体的に関与する契機となるものといえる。一方，孤立とは，そもそも社会生活が欠如した状態のことをいう。

▷4　ワース, L., 高橋勇悦訳, 1978, 『生活様式としてのアーバニズム』鈴木広編訳『都市化の社会学』[増補版] 誠信書房.

▷5　フィッシャー, C. S., 1983, 「アーバニズムの下位文化理論に向けて」奥田道大・広田康生編訳『都市の理論のために』多賀出版. フィッシャー, C. S., 松本康・前田尚子訳, 2003, 『友人のあいだで暮らす──北カリフォルニアのパーソナル・ネットワーク』未來社. 松本康, 1992, 「都市はなにを生みだすか──アーバニズム理論の革新」森岡清志・松本編『都市社会学のフロンティア2──生活・関係・文化』日本評論社.

▷6　パーク, R. E., 町村敬志・好井裕明訳, 1986, 『実験室としての都市──パーク社会学論文選』御茶の水書房.

シカゴ学派
都市社会学の「発生」

 近代の大都市

　近代以前にもそれなりの人口規模をもった都市は存在しましたが，人口には生産力のたががはめられていてそれをこえる規模にはなりませんでした。たとえば，江戸は，江戸時代中期には日本列島の農業生産力の増大によって100万人を超える規模の「大都市」に成長していましたが，その後は一定の水準で幕末まで推移しています。そこは，経済的に恵まれなければ婚姻も子どもを産み育てることも難しい，超少子社会だったのです。また，近代以前の都市は，身分秩序が強固であり，行きかう人々がどのような人々であるかも身なりや振る舞いによってわかりましたので，そこにいる人々については，かなりの程度互いに透明化されていたともいえるでしょう。

　ところが，身分秩序が崩壊して人々の移動も活発になり，大都市の様相はがらりと変わります。仕事のあてが不確かであっても，都市を目指す人々が出現し，さらに，産業化が始まって「労働者階級」というそれまでの身分の「外」に新しい器が生まれ，さまざまな人々が吸収されていきます。そして，経済が成長すれば，人々の生活もそれなりに安定していきます。近代の大都市人口は，社会増（流入人口の増加）・自然増（出生数の増加）をともにみせ，かつての都市と次元の違う規模で膨張しました。

　近代以前の都市の相互可視性は壊れ，近代以降の大都市は相互不可視性が高くなりました。そこにいる人々がどのような人々であるのか互いによくわからず，また，大都市は全体像を見渡すには規模が大きすぎました。そうした社会環境が，それまでになかった新しい体験をもたらしたのでした。貧困問題や衛生問題など，支配層からすれば秩序を脅かすかのようにみえる問題もありました。そのような背景のもと，都市を可視化し把握する技術として社会調査も発展し，成立した巨大な群れにおいて何が生じているのかを理論的に説明しようとする都市社会学という認識も「発生」したのです。

 実験室としてのシカゴ

　1850年には人口３万人足らずだったシカゴは，南と西へ向かう大陸横断鉄道のターミナルとなることによって工業都市として急激に成長し，1920年代には人口300万人をこえる大都市になっていました。そこでの流入人口には，支配

▷1　鬼頭宏，2000，『人口から読む日本の歴史』講談社学術文庫.

▷2　パーク，R.E.，町村敬志・好井裕明訳，1986，『実験室としての都市──

層のWASP（アングロサクソン系白人・プロテスタント）の人々とともに，南部から移住したアフリカ系の人々，英語を話せない北欧，南欧，東欧系の移民を大量に含んでいました。シカゴ学派と呼ばれる，特に1920〜30年代に活躍したシカゴ大学の社会学者たちの前には，そのような混沌があったのです。

シカゴ学派のリーダー，パーク（Park, R.E.）は，シカゴを実験室に見立てました[2]。歴史も文化も言語すらも共有していない大量の人口が一挙に集められたとして，そこに，どのように社会が生まれるというのでしょうか。パークにおいては，社会はすでにあるものではなく，人々の日々の営みによって作り出されるものでした（逆にいえば，社会は容易に壊されるものでもあります）。社会がいかに生まれるのかを観察する実験室が，彼らの前に置かれたのです。

3 社会過程への視点

パークは，社会が発生していく過程（社会過程）に関して，次のような仮説を示しています[3]。まず，都市という社会環境において，人々は，階級，エスニシティ，宗教などの同質性に基づいて棲み分け，コミュニティを形成します。それは，シカゴの光景そのものでした。けれども，同じ都市に同居することになった諸々のコミュニティは，他との接触，相互作用を避けることができません。最初は，直接の交渉なしに競争していますが，やがては顔の見えるライバルとして闘争するようになります。これは対立の激化ともいえますが，戦争が和平交渉を引き寄せるように，やがてコミュニティ間のコミュニケーションは促され共通の文化や制度が模索されます。この局面を応化といいます。ここにおいて，人々は，コミュニティの一員であることに加えてソサイエティ（社会）の一員としての自覚を獲得していきます。パークによれば，終着点は同化です。この段階になって，人々は，文化と制度を共有し一つにまとめあげられるとされます。現実には，同化は，たやすく実現しませんし，少数派文化の抑圧と反発を生みます。それでも，パークの社会過程論が示した，対立を契機としたコミュニケーションを通じより拡張された異質性の高い社会が認識され，その拡がりにおいて共存が模索されるという論理は，今も有効でしょう。

シカゴ学派は，その調査手法についてもよく論じられます。社会的事象の有無，大小を地図上の分布として表す社会地図は[4]，さまざまなコミュニティによる競争の結果を，棲み分けパターンとして可視化し，都市の全体像を把握する方法として用いられました。また，エスニック・コミュニティや特殊な職業世界についてのエスノグラフィー（民族誌）[5]が数多く書かれましたが，それらは，人々が大都市に居場所を見出し，都市の中で絶えず揺れ動き再編されながらも，固有の小世界・サブカルチャーを形成していく姿を捉えています。それぞれのエスノグラフィーは，どれも都市の社会過程を背景としつつ（パークの社会過程論を仮説としつつ）記述されていたといえます。　　　　　（西澤晃彦）

パーク社会学論文選』御茶の水書房.

▷3　Park, R.E. & Burgess, E.W., 1952, *Introduction to the Science of Sociology*, University of Chicago Press.

▷4　バージェス（Burgess, E.W.）らは，いくつもの社会地図を重ね合わせながら，都市の空間構造を読み取っていった。階層やエスニシティといった居住人口の特性も地図に表現されたが，加えて，自殺，ギャングの分布，離婚や家族遺棄といった社会現象の地図も作成された。バージェスは，都市の膨張・拡張の過程で現れる同心円状の棲み分けパターンを見出している。郊外に都心への交通手段を自由に使える富裕層が住んで快適な居住環境を享受し，都心周縁の遷移地帯（都心の拡大を期待する地主たちによって放置された住環境が悪化したゾーン）には貧困層やドロップアウトが住んでいた。競争の結果，有力なコミュニティほど快適な環境を選択するというわけである。社会地図を用いる社会地区分析の日本（東京）への応用として，倉沢進・浅川達人編, 2004, 『新編東京圏の社会地図——1975-90』東京大学出版会がある。

▷5　エスノグラフィーは，そもそもは，「文明」の側に属する調査者が「未開」の側に属する被調査者について詳しく記述した報告書のことをいった。つまり，「文明」と「未開」の間に感覚された距離と同じような距離が近代の大都市に発見され，そこにおける調査手法としてエスノグラフィーが採用されたということになる。

3　コミュニティはどこにあるのか

▷1　本文中でも述べたように，場所とコミュニティの一対一対応を前提として（実際かつては職住近接の生活を営む人が多かったし，人の移動能力も低かったのだから当然であるだろう），コミュニティがほぼ地域社会を意味する議論がほとんどだった。しかし，コミュニティというカタカナ言葉が用いられるようになったのは，第二次世界大戦後の都市化の過程において，新住民と旧住民の統合が問題化され（つまりは両者がうまく統合されずにいて），両者を包括するスローガン用語としてコミュニティが用いられるようになったという経緯からである（「コミュニティ・センター」「コミュニティ行政」におけるコミュニティ）。

▷2　上野千鶴子，1987，「選べる縁・選べない縁」栗田靖之編『現代日本文化における伝統と変容3──日本人の人間関係』ドメス出版.

▷3　ウェルマン，B.，野沢慎司・立山徳子訳，2006，「コミュニティ問題──イーストヨーク住民の親密なネットワーク」野沢慎司監訳『リーディングスネットワーク論──家族・コミュニティ・社会関係資本』勁草書房.

 ## コミュニティの捉え難さ

　コミュニティという言葉は頻繁に用いられます。今日的には，何らかの共通性をもった人々がわれわれ感情を共有しながら同じ方向性をもって集合的に行為をしている，そのようなまとまりを定義なしに「コミュニティ」と言うことが許される現実があります。ここでは，コミュニティを共同体，共同社会あるいは地域社会などと訳してきた歴史には深くは立ち入らないで[1]，現在的なその曖昧なものについて述べていきたいと思います。

　この曖昧さには，理由があります。第一には，個人化という近代の趨勢に関連して，人々が「地縁」「血縁」などの「選べない縁」から徐々に遊離し，「選べる縁」（選択縁）へと活動範囲を拡大してきたことです[2]。そうなると，場所からの解放が進み，コミュニティが見えにくくなります。第二には，インターネット環境の一般化です。インターネット空間では，現実空間よりも容易に同類結合が可能であり，リアルな関係へと転換されなくとも，「コミュニティ」が成立すると思われています。もちろん，その「コミュニティ」の成員資格や成員への影響力，規模と持続性は多様であり捉え難いところがあります。

 ## ネットワークとクローク型共同体

　ウェルマン（Wellman, B.）は，社会学的な地域の記述枠組みを「コミュニティ喪失論」「コミュニティ存続論」「コミュニティ解放論」の三つに分類しました[3]。コミュニティ喪失論は，地域社会の衰退を強調するものです。コミュニティ存続論は，持続する地域的共同性を再発見しその意義を論じるものです。これらに対して，ウェルマンは，コミュニティ解放論こそが実態に近いと結論づけます。かつての地域をめぐる議論は，場所とコミュニティの一対一対応を前提とするものが多かったのですが，ウェルマンはそれを放棄し，個人のもつ親密な絆であるコミュニティは，地域をこえる，個人が取り結ぶパーソナル・ネットワーク──個人を点とし個人と個人の間の相互作用を線で結んでいって見出される相互作用のかたまり──としてようやく捉えられると考えたのです。

　バウマン（Bauman, Z.）は，現代の徹底的に個人化された人々において立ち現われる人々の結びつきを，クローク型共同体と呼んでいます。クローク型共同体とは，「共通の不安，心配，憎悪からなる共同体」であり，「いわば「洋服

掛け」であって，個人的不安をもった人間が，その不安を同じ洋服掛けにひっかけることによって，一時的に成立する」ものです。「洋服掛け」には，いろいろなものがあり得ます。さまざまな抗議活動，緊急時のボランティア活動，ヘイトスピーチのようなもの，サッカーの応援や「夏フェス」のような音楽イベントにおける熱狂，そしてネット空間における「祭り」などが含まれるでしょう。どうにも一時的な「洋服掛け」であるクローク型共同体は，弱く無意味なものなのでしょうか。持続性に欠けるという点では弱いかもしれませんが，今後ますます，集団や組織，地域社会に代わる，それしかない社会への参入回路となっていくものと思われます。ネットワークとして，あるいはクローク型共同体として，今日的なコミュニティは発見されるものなのでしょう。

3　場所への回帰

ここで，これまでの議論をひっくり返すようなことを述べます。カステル（Castells, M.）は，経済グローバリゼーションの帰結として，人々の生きる空間が相異なる二つの空間へと分化していると見ました。グローバル経済に根をおろしたグローバル・エリートは，ローカルあるいはナショナルに閉じられた範域から解放された空間で活動します。彼らの世界地図は，快適な都市をつなぐネットワークです。観光地もメトロポリスも，新しいエリートたちに世界標準の快適さを提供すべく競い合います。彼らの前にあるグローバルな拡がりのことを，カステルは，「フローの空間」と呼びました。一方，フローの空間から締め出され，相変わらずローカルな場所に捕らわれた人々が誘導されていく空間が，「場所の空間」です。カステルは，グローバリゼーションとその論理——新自由主義——の世界的展開に抗して世界中で生じている，ローカルなもの，特殊なものに依拠した社会運動・抵抗運動について，フローの空間に対抗する場所の空間という枠組みで説明しようと試みたのです。

重要なことは，人々が個人化されコミュニティとしての地域社会が衰退しているにもかかわらず，場所の空間へと人を締め出す力が存在することです。ネット空間は，自宅に居ながらにしてフローの空間を漂うことを可能にしますが，知識がなければやがて世界は閉じられます。中西新太郎は，若年層に見られる地元回帰の現象をふまえ，「ノンエリート青年」たちが社会的排除によって孤立化圧力に晒されつつ，ローカルでインフォーマルな友人関係の中に「親密な他者」を求め「なんとかやっていく世界」を作り上げていると述べました。貧困化は，人を「場所の空間」に繋ぎ留めます。もちろん，そこでの関係は，「弱いコミュニティ」のかたちをとるでしょうが，それでもとりあえず身を置いたその場所に限定されつつ社会生活がなされていくという点で，場所への回帰といえる現象が生じているとも言えます。地域や都市の社会学を終了するわけにはいかないのはこのためです。　　　　　　　　　　　　（西澤晃彦）

▷4　バウマン, Z., 2001, 森田典正訳,『リキッド・モダニティ——液状化する社会』大月書店.

▷5　Castells, M., 1989, *The Informational City: Information Technology, Economic Restructuring, and the Urban-Regional Process*, Blackwell.

▷6　中西新太郎, 2009,「漂流者から航海者へ——ノンエリート青年の〈労働-生活〉経験を読み直す」中西新太郎・高山智樹編『ノンエリート青年の社会空間——働くこと，生きること，「大人になる」ということ』大月書店.

4 都市の死？
ディズニーランド化・ジェントリフィケーション・郊外

1 都市のディズニーランド化

　吉見俊哉は，「文化の複数性，その無数の対抗的な実践やせめぎあいを可能にする場としての都市が失われてしまうこと」を都市の死と呼んでいます。フィッシャー（Fischer, C. S.）が論じたような（Ⅵ-1 参照），多様なサブカルチャーを開花させる都市のメカニズムが機能停止して活力を失う事態であるといえます。吉見は都市の死は二つあるとします。一つは，「周縁化されることによる死」で，シャッターの閉まった店が続く商店街のように，街という文化の母胎が消滅する現象です。もう一つは，「高度に中心化されることによる死」です。

　吉見は，後者の死を完全なかたちで表わしたものがディズニーランドであると述べています。ディズニーランドは空間のイメージが厳格に管理されていて，客は場面が提供するシナリオに合わせ演じることを求められます。そこでの客は，文化を作り出す主体ではありません。また，吉見は，1970年代以降の東京・渋谷を例に，都市のディズニーランド化を論じてもいます。「公園通り」「スペイン坂」などエキゾチックな地名を付ける，メルヘンの世界のようなストリート・ファニチャーを並べる，石畳で道路を覆う，そのようにすることで，空間はステージとなり，人々はそこにふさわしい私を演じるようになる，というわけです。ディズニーランドがそうであるように，ディズニーランド化された都市空間が期待する人間像は，舞台に合わせて振る舞える消費者なのであって，文化的主体ではありません。この半世紀の間の都市の再開発は，多かれ少なかれディズニーランド化の要素を含むものでした。

2 ジェントリフィケーション

　経済グローバリゼーションとともに進展した大都市の脱産業化が多くの工場を海外へ地方へと流出させて地域経済を再編し，1990年代以降，かつての町工場地帯や都心周辺の低所得層居住地域における都市再開発・ジェントリフィケーションが活発化しました。ジェントリフィケーションとは，空間を品よく改造し経済的価値を高める開発のことをいいます。東京や大阪などの大都市においては，都心周辺のジェントリフィケーションによって富裕層をターゲットとした高層・高級マンションの建設が進みました。今や東京の都心周辺は，富裕層・高学歴ホワイトカラー層の居住地区になっています。原口剛は，大阪の湾

▷1　吉見俊哉, 2005,「都市の死　文化の場所」『岩波講座　都市の再生を考える1　都市とは何か』岩波書店.

▷2　吉見俊哉, 1996,『リアリティ・トランジット──情報消費社会の現在』紀伊国屋書店.

岸「天保山」の再開発について論じています。この再開発は，もともとは「築港」と呼ばれていた地区を「テーマパーク的な消費空間へと変容させ」るものです。かつての「築港」は，港湾労働者の街でしたが港湾労働の機械化によって労働者が消え，すっかり活気を失っていました。この景観とともに地名すら変えてしまう再開発は，港湾労働者の空間としての歴史・記憶をすっかり隠蔽し，そこに集う消費者たちには不純物のない舞台を提供するものであったといえます。家屋や宿舎，食堂や飲み屋が密集し，濃密な関係を基盤として活発な労働運動がなされていたかつての「築港」と対比して，今の「天保山」の光景をみれば，それを都市の死の一事例とすることもできるように思います。

③ 郊 外

　郊外とは，都市圏周辺に拡がる住宅地域のことをいいます。日本における戦後の郊外開発は，高度経済成長期に大都市が吸収した若者たちが結婚・出産とともに移住する居住地として膨張しました。開発は，官民のさまざまな主体による団地やニュータウン開発により牽引されていきました。郊外の住宅地は，集合住宅や均等な建て売り住宅が並ぶ地域として造られたため，ある地域における居住者は価格設定によって選別され，結婚・出産が契機となると家族形態も核家族に限られ年齢も偏ったものになるため，きわめて均質な近隣によって埋め尽くされることになりました。また，そこは，「○○台」や「××が丘」と名付けられ，若い夫婦がアメリカナイズされた新生活を営む「『芝居の舞台装置』」のような空間」となり，パパとママの役割が演じられました。そのような空間を育った郊外二世が財布を手にし始めたその時期に，渋谷の再開発が始まったという時期の符合は重要です。都市のディズニーランド化は，郊外において準備されていたと言えるかもしれません。

　しかし，均質な近隣は，いずれある地域がまるごと高齢層の居住区となることを意味しています。そして，富裕層・高学歴ホワイトカラー層を中心とした都心への人口回帰は，かつてはあった郊外の高級感を引きずり下ろし，ゆっくりと「逆ジェントリフィケーション」を進行させつつあるように見えます。特に公営・公団団地群は，時間的経過とともに，より豊かな世帯を流出させてより貧しい世帯を滞留させる傾向を見せてきました。老朽化し立地条件がよくない不人気団地では，困窮層の集中が指摘されています。1996年には公営住宅法が改正され，「標準世帯」の退去促進と貧困層や高齢者，障害者を積極的に受け入れる，「公営住宅の『福祉的性格』が強く打ち出され」ました。このような困窮層の集中は，住民間での新たな共同性を生むのでしょうか。目立ったものとしては，今のところ，孤独死対策や「買い物難民」問題への取り組みなど，定住高齢者間での活動に限られているようです。今日の郊外は，「周縁化された死」の影に脅かされています。

（西澤晃彦）

▷3　原口剛，2016，『叫びの都市——寄せ場，釜ヶ崎，流動的下層労働者』洛北出版．

▷4　西澤晃彦，2000，「郊外という迷宮」町村敬志・西澤晃彦『都市の社会学——社会がかたちをあらわすとき』有斐閣．

▷5　小田光雄，1997，『〈郊外〉の誕生と死』青弓社．

▷6　森千香子，2013，「分断される郊外」町村敬志編著『都市空間に潜む排除と反抗の力』明石書店．

就業形態の多様化

 ### 日本的雇用の新自由主義的再編

　日本的経営による雇用（日本的雇用）は，労使協調のもと正規雇用を基調としてきました。しかし，バブル経済が崩壊した1990年代，大企業はこのような日本的雇用モデルからの脱却を図ろうとします。まず，1995年の日経連による報告書，『新時代の「日本的経営」』がその先鞭をつけました。この報告書は，財界を代表する利益団体，日経連（現在の経団連）による政治への要望です。報告書は，日本の経営者がそれまで日本経済の原動力として喧伝してきた日本的経営を見直し，労働力を従来の正規雇用層である「長期蓄積能力活用型」の他に，契約社員などからなる「高度専門能力活用型」，パート，アルバイト，請負などからなる「雇用柔軟型」の三つの層に分けるとともに，「長期蓄積能力活用型」の各企業の雇用に占める割合を減らし，非正規雇用である「高度専門能力活用型」と「雇用柔軟型」を活用する提言をしました。

　これを契機に，特定の職種のみ派遣労働が可能であった労働者派遣法が段階的に規制緩和されます。製造業の派遣も2004年の改正で解禁となり，最終的には基本的にすべての職種で派遣が可能となりました。こうした労働世界の再編を日本的雇用の新自由主義的再編と呼ぶことができます。[1]

　さらに2000年代から，自分で事業を立ち上げるアントレプレナー（起業家）やフリーランスを称揚する言説が目立ち始めます。[2] またこれを支える「リスクをとれ」言説も目立ち始めます。[3]

　2018年から施行された「働き方改革」は，この方向を進め，副業を解禁し，個人請負や個人事業主を推奨することになりました。これによって宅配の請負など，さまざまな個人請負が出現しています。しかし，これらの「働き方」は労働基準法の適用外となり，最低賃金や雇用保険なども保障されず，仲介事業者の中間搾取からの保護も講じられていません。

 ### 非正規雇用のセーフティネットはどこに

　日本では雇用は，事実上唯一のセーフティネットとして機能しました。これが，雇用以外の社会保障がセーフティネットとして実質的に機能する他の福祉国家と異なる点です。そのため，非正規雇用層の拡大は，そこで働く労働者が，セーフティネットの網目からこぼれ落ち，貧困層に落ちる可能性が高まること

▷1　この一連の流れに応じて，非正規雇用へ誘導される者の割合が増えていった。非正規での労働は，日本の場合，労働条件，雇用の保障，社会保障（年金や健康保険）などの面で不利となる。

▷2　ピンク，D.，池村千秋訳，2002，『フリーエージェント社会の到来』ダイヤモンド社を参照。ピンクは，アメリカのフォーディズム時代の人間像である「組織人」（W. F. ホワイト）と対比させるかたちで「フリーエージェント」に期待を寄せている。

▷3　こうしたメッセージは，不安定で低所得な非正規雇用層に対してアピールしやすい。阿部真大は，バイク便ライダーの世界では，アルバイトとして雇用されているバイク便ライダーよりも，リスクはあるが成功報酬も大きい「個人事業主」バイク便ライダーの方がカッコいいとされ，憧れの対象となっていることを明らかにし，やりがいが「搾取」されるメカニズムを明らかにした。阿部真大，2006，『搾取される若者たち──バイク便ライダーは見た！』集英社新書を参照。

に直結します。非正規雇用の場合，いったん雇用のセーフィティネットからこ
ぼれ落ちると，他のセーフティネット（非正規雇用向けの社会保険や公的扶助）
が穴だらけなので，そこに引っかかることなく，生活困窮者にまでストンと落
ちてしまうのです。[94]

3　貧困ビジネスとブラック企業

　このように非正規雇向けのセーフティネットは機能していません。こうした
なかで，いわば擬似セーフティネットとでもいえるものが台頭してきます。そ
れが貧困ビジネスです。

　湯浅誠は，貧困ビジネスを「貧困層をターゲットとしていて，かつ貧困から
の脱却に資することなく，貧困を固定化するビジネス」と定義します。[95]たとえ
ば，「日雇い派遣」は，正規雇用で働くことのできない人々をターゲットとし，
ピンハネ（中間搾取）をすることで，労働者からマージンを取り，彼らに十分
な支払いをしないで，彼らが「貧困から脱却」することを妨げます。建設現場
や原発で働く労働者の多くが，こうした日雇い労働者です。

　しかし，いくらピンハネされようが，こうした仕事は彼らにとってある種の
「セーフティネット」です。というのも，生活困窮に陥る手前でとどまること
ができるのは，こうした「貧困ビジネス」のおかげだともいえるからです。湯
浅は他にも，生活保護の申請を請け負う代わりに月々の生活保護費の大半をピ
ンハネする「NPO」，融資の担保がない個人の足元をみて相対的に高い金利で
融資をする消費者金融などをあげていますが，貧困女性にとっての性風俗産業
を加えることもできます。これらは，利用者にとって擬似「セーフティネッ
ト」として現われるのが特徴です。[96]

　ブラック企業もこの同じ背景から拡大します。ブラック企業は正規雇用する
としても，新卒の若者を大量採用した後，自己都合退職というかたちで大量に
使い潰すという特徴があります。[97]新卒を正規雇用として採用する新興の成長企
業は若者にとって魅力的です。しかし，ブラック企業は，本人の資質や能力を
顧みず，新卒の若者に会社の求める即戦力となることを要求します。そしてこ
の要求水準に達することができなければ離職するというレールが最初から想定
されており，それを前提に大量採用をするのです。それにもかかわらず，正規
雇用が収縮するなかでは，擬似セーフティネットの側面をもっているので，若
者はそこに吸い込まれていくのです。

　このような状況のなかで雇用以外のセーフティネットを構築することが大き
な課題といえます。雇用以外のセーフティネットには大きく二つのベクトルが
あります。一つは，公的な社会保障を拡充する方向，[98]もう一つは，社会運動や
文化としてセーフティネットの厚みを作る方向です。[99]これらはいずれも「賃労
働」中心の価値観からの転換が必要になります。　　　　　　　（渋谷　望）

▷4　湯浅誠はこうした社
会を「すべり台社会」と呼
ぶ。湯浅によればすべり台
社会とは「うっかり足を滑
らせたら，どこにも引っか
かることなく，最後まで滑
り落ちてしまう」社会であ
る。湯浅誠，2008，『反貧
困』岩波書店，pp. 30-31.

▷5　湯浅誠，2008，「貧困
ビジネスとは何か」『世界』
10月号.

▷6　もちろんそこには，
公的なセーフティネットが，
民営化など一連の新自由主
義政策によって弱体化して
きたからという社会的な背
景がある。

▷7　今野晴貴，2012，『ブ
ラック企業——日本を食い
つぶす妖怪』文春新書.

▷8　一方で北欧が中心と
なって試みられている，失
業者に職業教育やスキルア
ップの機会を国が保障し，
成長産業での再雇用を目指
すアクティベーション政策
がある。他方で失業してい
るかどうかにかかわらず，
あらゆる市民（学生や高齢
者も含め）に平等に一定の
所得を保障するベーシッ
ク・インカム構想が新しい
試みとして注目されている。
武川正吾編著，2008，『シ
ティズンシップとベーシッ
ク・インカムの可能性』法
律文化社を参照。

▷9　現在，新自由主義経
済によって雇用が悪化した
地域では，時間銀行，地域
通貨，物々交換など，さま
ざまな工夫によって，「雇
用なしで生きる」運動・文
化が育っている。工藤律子，
2016，『雇用なしで生きる
——スペイン発「もうひと
つの生き方」への挑戦』岩
波書店を参照。

2　フォーディズムと労使関係

　フォーディズム と福祉国家

　20世紀初頭のアメリカで，大量生産を可能にする一つのシステムが発明されました。フォードの自動車工場が最初にこれを本格化したため，フォーディズムと呼ばれます。その特徴は，ベルトコンベアのアセンブリーラインに労働者を配置し，彼らは流れてくる未完成品に対して，細分化され単純化・標準化された作業を反復的に追加するというものです[1]。これによって，大量の非熟練労働者による規格品の大量生産が可能になりました。またフォードの工場は大量の労働者を確保するために，「日給5ドル」の高賃金を約束しました。

　しかし，このシステムは，労働者の側からすれば必ずしも満足のいくものではありません。かつての生産は職人的であり，親方の下で少人数の徒弟が，一から製品を完成させるものでした。職人は自ら生産する製品に対する知識と責任をもっており，自分の労働を自分でコントロールしていました。これに対して大量生産の工場の労働者は，製品に対する知識は必要ありません。窓ガラス担当は，窓ガラスをはめ込み続けてさえいればよく，その製品が何であるかはどうでもよくなります。これを構想と実行の分離といいます[2]。つまり，大量生産により標準化された規格品を製造するその労働は現場の「構想」を必要としない画一的なものになり，労働者は労働のリズムをベルトコンベアのリズムに合わせ，ひたすら「実行」しなくてはなりません。そこには労働に対する誇りや矜持などがもてなくなるという労働疎外の問題が生じます。

　しかしもう少し現実的な問題があります。ほとんどの労働者はかつて職人だったわけではなく，農村部出身農民——南部の黒人，東欧や南欧からの移民——であり，あるいは流動的な移動労働者でした。農村には農村の生活様式や文化やハビトゥスがあり[3]，移動労働者は支配されない自由を求めていました[4]。彼らをアセンブリーラインの労働者として働かせるためには，彼らのハビトゥスを解体し，自発的に機械のリズムに身体を合わせられるようにしなくてはなりません。そのためには，**規律訓練**[5]のテクノロジーが活用されるのです[6]。

　また労働者のやる気を引き出すには，さまざまなレベルでの妥協が必要となり，そのためには資本家側も変化せざるを得ません。資本家はかつてのような，労働者を使い捨てする態度を改め，賃金や労働条件の水準を上げることによって，労働者の側の抵抗や階級闘争の意思を和らげようとします[7]。さらに賃金の

▷1　F. テーラーはアセンブリーラインを効率的にするために，分割された作業工程の作業時間をストップウォッチで計測し標準作業時間を割り出した。このようなこのシステムはテイラリズムあるいは科学的管理法と呼ばれる。斉藤日出治・岩永真司，1996『都市の美学』平凡社を参照。

▷2　ブレイヴァマン，H.，富沢賢治訳，1978，『労働と独占資本——20世紀における労働の衰退』岩波書店.

▷3　バチェラー，R.，楠井敏朗訳，1998，『フォーディズム』日本経済評論社によれば，当時，移民の結婚式は何日も続くことがあり，その間，工場を欠勤することもあった。

▷4　ホーボーと呼ばれた移動労働者については，ロンドン，J.，川本三郎訳，1995，『ジャック・ロンドン放浪記』小学館を参照。

▷5　**規律訓練**
M. フーコー（Foucault, M.）の概念。近代的な監獄，軍隊，学校などの装置によって，不定形な民衆の身体を個別化し，主体化する権力。フーコー，M.，田村俶訳，1977『監獄の誕生』新潮社参照。

上昇は，労働者を消費社会の一員となるように誘導し，その結果，大量生産と大量消費の循環が確立します。成長しつつある広告産業がこの過程に一役買い，労働者にミドルクラスのライフスタイルを喧伝します。さらに社会レベルでも，一方で労働者の組合活動の権利を保障するとともに，年金，医療保険など社会保障制度を充実させ，戦後の福祉国家へと発展していくのです。[8]

　こうした資本の側の妥協によって，労働者の側も，体制内化・消費者化し，労使協調主義へとシフトしていきます。この労使関係のあり方は，政治のあり方も規定します。戦後のイギリスの保守党と労働党が典型的ですが，資本家階級の利害を代表する政党と労働者の利害を代表する政党が，福祉国家という基本枠組みについては合意しつつ，その内部で対立することになります。このように，大量生産，大量消費，労使の妥協によって成立した社会のあり方（体制）を広い意味でフォーディズムと呼ぶ場合があります。この体制は，戦後の高度経済成長を特徴づける生活様式と文化の基底といえます。

❷　日本の企業中心社会

　日本でも大正デモクラシー期の労働運動の高揚や米騒動などが，労働条件の改善など社会政策の必要を国家や資本の側に認めさせ，1920年に内務省に社会局が設置されます。これがのちの厚生省です。また総力戦体制は労使協調的な社会政策を後押ししました。

　戦後の新憲法には，社会保障の権利として，生存権が書き込まれます。労使関係についても戦後直後は労働争議が多発しますが，冷戦体制下のレッドパージの反動の後に到来した高度経済成長が，労使の妥協を可能にします。このように日本も大筋ではフォーディズム的妥協への道をたどります。

　しかし，日本の場合，この妥協が階層横断的にではなく，個別の企業内部で，つまり個々の企業経営者側と企業別の労働組合でなされた結果，大企業の労働者が有利となった点が他の福祉国家と異なります。これが日本的経営と呼ばれる日本型労使協調路線の特徴です。そのため，労使協調の恩恵からこぼれ落ちる層，つまり，中小企業の労働者やシングルマザーなど相対的に不利な層が生まれ，社会的ヒエラルキーが強まります。こうしたヒエラルキーを内包した日本社会はしばしば企業中心社会と呼ばれます。[9]

　このように日本では，雇用＝賃金を通じて生計を維持することが，基本的なセーフティネットとみなされ，他方，社会保障は残余的にのみ認知され，特に生活保護の受給は「自助努力」の欠如とみなされてスティグマ化されるのに対して，大企業への助成である公共事業などの便宜は問題ないものとみなされてきました。[10]

（渋谷　望）

▷6　チャップリンの『モダン・タイムズ』(1936年)は，当時のこの状況を風刺的に描いている。

▷7　先述したコミュニティの祝祭や移動労働などのハビトゥスもミクロな抵抗に含めることができる。

▷8　国家が経済の重要なアクターとなるこうした体制をケインズ主義的福祉国家と呼ぶことがある。また，一般に福祉国家の理念として，権利としての社会保障（社会権）が認められていることが重視されている。伊藤周平，1996，『福祉国家と市民権』法政大学出版局を参照。

▷9　大沢真理，1993，『企業中心社会──現代日本をジェンダーで読む』時事通信社．

▷10　現在，多くの国では，グローバル化を進める新自由主義政策によって，フォーディズム的妥協は大きく変わりつつある。雇用の流動化やグローバル化が進み，人件費の安い海外の工場に生産をアウトソーシングすれば，もはや自国の労働者を雇う必要はないからである。こうして労働者の力が弱まり，労働者同士がグローバルな競争を強いられる一方，企業の力が強まっている。このようななか，こうした競争を制限する福祉国家の役割があらためて注目されている。たとえば，イギリスのケン・ローチ監督のドキュメンタリー映画『1945年の精神』(2017年)を参照してほしい。

3　ポストフォーディズム

　フレキシビリティ

　大量生産を可能したフォーディズムに対して，ポストフォーディズムの特徴は，多品種少量ないし変量生産です。つまり，顧客のニーズに合わせて，さまざまなモデルを作り出すことのできるフレキシビリティ（柔軟性）が最大の特徴です。トヨタは，70年代の不況を乗り切るために，在庫というコストを削ぎ落とす，カンバン方式という生産上の工夫をしました。これは，あらかじめ数量目標を設定するのではなく，売れたものを売れた分だけ生産するというシステムです。通常，製造販売の流れは，川上（製造部門）から川下（販売部門）へと製品が流れると考えられています。これに対し，カンバン方式は，カンバン（生産指示票）を通じて「川下」からの発注が，リアルタイムで「川上」に伝わる情報の流れを利用します。これによって生産と販売を同期化することが可能になります。

　消費者から見れば，こうした仕組みは，欲しい物がすぐに手に入るので好ましいかもしれません。しかし，そこで働く労働者には，経営に能動的かつフレキシブルに「参加」する態度が求められます。ブルーカラー労働者についていえば，売れ筋の変化に伴うラインの変更，残業・休日出勤を引き受け，「カイゼン」，つまりQCサークルを通じてより効率的な働き方を自ら提案することが求められます。要するに「構想」と「実行」の結合を試みたわけです。それによって労働者の意欲が引き出されることもありますが，それは長時間労働の温床にもなります。

　こうした個人のフレキシブルな適応能力を「機能的フレキシビリティ」と呼ぶことがあります。これに対して，景気の変動に応じて従業員の人員を変化させるフレキシビリティを「数量的フレキシビリティ」と呼びます。日本の場合，大企業の中核労働力には「機能的フレキシビリティ」を担わせ，女性，期間工，出稼ぎ・日雇い労働者など周辺的労働力に対しては，景気の調整弁として「数量的フレキシビリティ」を担わせることで，1970年代後半以降の低成長を乗り切ってきたのです。しかし現在，新自由主義的な規制緩和によってアウトソーシングが可能となり，「数量的フレキシビリティ」を担う労働力はこれまで中核的労働力とみなされていた男性にまで及ぶことになりました。結果として非正規労働が拡大し，そのことによって格差社会を到来せしめています。

▷1　同期化を可能にするこうしたシステムをジャストインタイム（JIT）方式と呼ぶ。

▷2　熊沢誠, 1993,『新編日本の労働者像』ちくま文庫.

▷3　機能的フレキシビリティと数量的フレキシビリティについては，エスピン＝アンデルセンほか編, 伍賀一道ほか訳, 2004,『労働市場の規制緩和を検証する──欧州8カ国の現状と課題』青木書店を参照。

② 労働観の変化

　フォーディズムが社会のあり方を変えたのと同様，ポストフォーディズムも社会のあり方を変えつつあります。そこでは情報・知識・創造性の重要度が増し，従来の製造業中心的な労働観が疑問に付されます。

　労働はもはやモノを作ることだけを意味するわけにはいかなくなります。生産には売れ筋すなわち，消費者の好みなどの情報が不可欠です。しかも消費者の好みは，気まぐれに変化します。これに対応するために市場調査や不断のイノベーションが必要となります。さらにイノベーションの条件として，他者との「出会い」，いいかえればネットワークの形成が不可欠です。また同時に，労働者のやる気や自発性も重要です。それらは上司の「命令」によっては生じないからです。[4]

　さらに，商品が売れるためには，消費者の好みを知るだけでなく，「好み」を積極的に作り上げることが必要になります。つまり，さまざまな形態の広告を通じて，消費者の「好み」に介入し，「欲求」や「ニーズ」を生み出すのです。そうなると実際の製品の生産の重要性はますます低下し，商品やブランドのイメージを形成する仕事が重要性を帯びてきます。その結果，実際のものづくりは非正規労働に任されたり，人件費の安い国にアウトソーシングされます。そうなると，製造業の本社には製造現場で働く労働者はいなくなり，ブランド・イメージを管理したり，下請け企業を管理する仕事が本社の主な仕事となります。[6]

③ 希望か悪夢か，あるいはその両方か？

　アンソニー・ギデンズ（Giddens, A.）は，70年代以降出現した新しい時代を「後期近代」と呼びます。[7]それまでのフォーディズム的な社会では，労働者階級の子どもたちは労働者になることを疑いませんでした。[8]しかし，「後期近代」では再帰性が増大し，自明視されていた階級構造や性別役割分業が疑問に付され，人生の自己決定が可能になり，この点が評価されます。

　他方，バウマン（Bauman, Z.）は，[9]この新しい時代を「リキッド・モダニティ」と呼びます。「リキッド」とは，液体性＝流動性，不安定性，不確実性をイメージします。リキッド・モダニティにおける人生は，かつて当たり前であった長期的な雇用関係を前提とすることはできなくなり，短期的な雇用契約の連続を前提とせざるをえなくなり，人間関係やアイデンティティが常に短期的なもの，不安定なものとしてしか経験できなくなることを問題にします。[10]

（渋谷　望）

▷4　労働者が経営にチームとして「参加」することが求められるが，他方，経営者も労働者に命令を下すのではなく，労働者に「ヴィジョン」や働く「意味」を提示することが求められる。ボルタンスキー，L.・シャペロ，E.，三浦希ほか訳，2013，『資本主義の新しい精神』（上・下）ナカニシヤ出版参照。

▷5　このロジックを推し進めると，生産ネットワークに参加するあらゆる当事者は生産に関与していることになり，賃金を得ているかどうかに関わらず「労働者」といえる。ネグリ，A.・ハート，M.，水嶋一憲ほか訳，2003，『〈帝国〉』以文社がこの論点を展開している。

▷6　クライン（Klein, N.）が指摘するように，こうしたグローバル企業のエリートにとっては，「製造なんてくだらない」ということになるのである。クライン，N.，松島聖子訳，2009，『ブランドなんか，いらない』大月書店.

▷7　ギデンズ，A.，秋吉美都ほか訳，2005，『モダニティと自己アイデンティティ――後期近代における自己と社会』ハーベスト社.

▷8　ウィリス，P.，熊沢誠ほか訳，1996，『ハマータウンの野郎ども』筑摩書房参照。

▷9　バウマン，Z.，森田典正訳，2001，『リキッド・モダニティ』大月書店参照。

▷10　同様の懸念は，セネット，R.，斎藤秀正訳，1999，『それでも新資本主義についていくか――アメリカ型経営と個人の衝突』ダイヤモンド社でも論じられている。

4　感情労働

① ホックシールドの『管理される心』

　感情は個人の内面から自然に湧き出る心の状態やその表現と考えられがちですが，私たちは自分の感情を表現するだけでなく，感情をコントロール（管理）し，社会的に求められる感情をつくっています。ホックシールド（Hochschild, A.）が『管理される心』で焦点に当てたのは，感情のこの側面です。[1]

　その場で抱くべきとされる感情とは異なった感情を抱くことがあります。たとえば悲しむべき葬儀の場で，悲しい感情を抱かない自分を発見することがあります。このとき人は自分の感情を管理し，その場で適切とみなされる感情の状態に自分の感情を近づけようとします。葬儀の例は私的な場面での感情管理ですが，こうした感情の管理が労働の場（「公的」な場）でなされる場合，ホックシールドはこれを感情労働と呼びます。[2]

　ホックシールドは感情の管理を表層演技と深層演技の二つの様態に区別します。表層演技とは，作り笑いなど，いわば表面的な演技のことで，この場合，自分の感情と他者に向けられた感情は乖離することになります。これに対して深層演技とは，自分の感情に働きかけ，作り出す演技のことです。たとえば人は「感情記憶」を利用します。離別したパートナーへの思いを断ち切るべきなのに，断ち切ることができないとき，彼や彼女の冷淡さを繰り返し思い出そうとします。さらに「仮定法」も利用されます。好きになるべきではないのに好きになってしまいそうになるとき，その人に関する悪いことをでっち上げ，その人のことを好きではないと自分に言い聞かせたりすることもあります。

　私的な場面での感情管理と同じことは，仕事の場面で要求されます。旅客機の客室乗務員は，乗客の要求に業務上の笑顔（表層演技）で応えることもできますが，表層演技は客に察知されるので，会社は深層演技を要求し，それを手助けするような研修をします。ある航空会社の研修では乗客を「自分の家のリビングルーム」に招いた「友人」として「想像」することが求められます。嫌な乗客がいたとしても，「仮定法」を使って「初めて飛行機に乗る子ども」なのだと自分に言い聞かせれば，相手に対する許容範囲を広げることができます。

② サービス労働と「お客様社会」

　感情労働は，消費社会における対人サービス労働において比重が高くなりま

▷1　ホックシールド，A.，石川准・室伏亜希訳，2000『管理される心』世界思想社.

▷2　ホックシールドはこれを感情規則と呼びます。

▷3　バウマン，Z.，伊藤茂訳，2008，『新しい貧困──労働，消費主義，ニュープア』青土社.

▷4　森真一，2010『「お客様」がやかましい』筑摩書房．たとえば，ディズニーランドでは，客がコンタクトレンズを落とした際，閉園後に，さまざまな部署の「キャスト」が，「自発的に」総出で深夜まで探し，ついにこれを発見したことが，「力を合わせて奇跡を生んだ」ディズニーの伝説として語られているが，この自発性は深層演技によるものかもしれない。過剰なホスピタリティの要求は，働きすぎの一要因となる。今野晴貴・坂倉昇平，2014，『ブラック企業 VS モンスター消費者』ポプラ社参照。ディズニーランドの事例については，福島文二郎，2010，『9割がバイトでも最高のスタッフに育つディズニーの教え方』中経出版参照。

す。フォーディズムからポストフォーディズムへの変化を，バウマン（Bauman, Z.）は，生産社会から消費社会への変化として説明しています[※3]。フォーディズムの時代は，相対的に労働者が保護されていた代わりに，消費者の地位は低く，生産された画一的な製品やサービスを受動的に受け取るしかできませんでした。しかし，市場競争が激しくなり，消費者の地位が相対的に強くなると，消費者優位の消費社会が出現し，顧客への「気配り」が重視されるようになります。

この傾向は，顧客への過剰なサービスの追求を促すことになり，労働者の人権の侵害を伴うことがあります。森真一は，顧客や消費者の要求に敏感な社会を「お客様社会」と呼びます。森はこうした社会では，客が不満を感じる要因をあらかじめ解消することが当たり前となり，客の店に対する期待値は上昇し，それによりクレーマーが生み出されると指摘しています[※4]。

3 ケアと感情労働

消費社会化の傾向と並んで，伝統社会の枠組みの解体によって，地域や家族などの人間関係が希薄になり，生活上の問題を専門家に委ねる傾向が強まり，ヒューマンサービスへの要求や依存が増大する流れがあります。これによって介護・介助，看護などを始めとするケア労働への需要が拡大します。ところで，こうしたケア労働は，クライアントの感情，人格，人生を理解しながらそのニーズを満たすことが必要となります。つまり，ケア労働は，マニュアル的な表層演技ではなく，深層演技による感情管理が必要な感情労働の典型といえます。

ケア労働の特徴は，クライアントの生がケア労働の質に依存しているという点にあります。また，それゆえ，それに従事する労働者には「思いやり」や「誠実さ」という深層演技での感情管理が要求され，表層演技が忌避される傾向があります。そのため，患者の理不尽な要求があっても，表層演技で乗り切ることが難しくなります[※5]。それゆえ，こうした職種では極度のストレスや消耗が生じ，うつや「バーンアウト（燃え尽き）」が生じやすいと考えられています[※6]。

より一般的に感情労働に従事する労働者は，使用者側が「やりがい」を強調することで「熱心」な労働者になりやすく，搾取されやすい存在となります[※7]。ホックシールドも，先の航空会社の事例で，会社は乗客の不適切な行動を問題にせずに，労働者に「いかにして自分の中から怒りを取り除くか」ということだけを問題にするよう促すと指摘しています。これにより労働者にストレスが生じがちになります。したがって，組織としてバーンアウトから労働者をいかに守るかということが必要ですが，これもある種の「感情管理」といえます。また労働者どうしがつながり，孤立させずに感情の問題を話し合い，バーンアウトを避けることも，ある種の共同的な「感情管理」といえるでしょう[※8]。

（渋谷　望）

▷5　武井麻子は，看護職には「困った患者」でも患者に対して怒ってはいけないという感情規則があり，自責的な「反省」という深層演技が要求されがちであると指摘する（武井麻子，2001，『感情と看護——人とのかかわりを職業とすることの意味』医学書院）。

▷6　久保真人，2007，「バーンアウト（燃え尽き症候群）ヒューマンサービス職のストレス」『日本労働研究雑誌』No. 558.

▷7　本田由紀，2011，『軋む社会』河出書房新社参照。また，求職活動や就職活動も，自分のやる気を奮い立たせるという意味で，深層演技型の感情労働といえ，「燃え尽き」の経験も多い。たとえば，エーレンライク，B.，曽田和子訳，2007，『捨てられるホワイトカラー——格差社会アメリカで仕事を探すということ』東洋経済新報社を参照。

▷8　オルタナティブな「感情管理」があるとしたら，感情をトータルに管理しつくすというよりは，中動態的なものとなるだろう。中動態とは，能動的管理と受動的な自然発生の間の状態である。國分功一郎，2017，『中動態の世界——意志と責任の考古学』医学書院参照。

1　メディアとは何か

① メディア／コミュニケーション／情報

　メディア（media）とは，「中間の」という意味を表すラテン語の medium から派生した言葉で，媒体，媒介するものという意味です。したがって，私と私の経験する世界とを繋ぐもの，私と他者とを繋ぐものはすべてメディアということができます。

　メディアによって成り立つものがコミュニケーションです。コミュニケーションは，メディアによって成り立つとともに，どのようなコミュニケーションを行うことができるかは，メディアによって枠づけられます。

　メディアによって伝達されるのが情報です。人間社会には，特有の情報システムとして「言語」がありますが，人間は言語以外のさまざまな記号をも用いて意味を伝達します。

② マクルーハンのメディア論

　マクルーハン（McLuhan, M.）[1]は，メディアを「人間の拡張」として捉えました。マクルーハンは，人間が発明した物や道具は，身体器官の延長として考えることができると言います。たとえば，衣服は皮膚の拡張であり，自動車は足の拡張であり，望遠鏡は眼の拡張であり，電話は耳の拡張であり，これらは，人間の感覚能力や運動能力が外化したメディアであるというわけです。マクルーハンは，「メディアはメッセージである」と言い，人間の作りだしたメディアは，反作用して人間の感覚に影響を及ぼし，個人の経験や社会関係の形式を作り出すことを主張しました[2]。

③ メディアの発展史

　マクルーハンは，人類の歴史を，中心的なコミュニケーションメディアの交替の歴史として捉え，話し言葉，文字，電気の三段階にわたって記述しました。

○話し言葉の段階

　人類の最初の技術は，話し言葉という音声を中心としたメディアでした。口承による情報はごく狭い範囲にしか伝達されず，個人は小さな村社会＝共同体に埋め込まれた存在でした。

▷1　マーシャル・マクルーハン（1911〜80）。カナダのメディア論・文明論者。

▷2　マクルーハン，M.，後藤和彦・高儀進訳，1967，『人間拡張の原理』竹内書店／栗原裕・河本仲聖訳，1987，『メディア論』みすず書房.

○文字メディアの段階

　文字の出現は，人間の感覚の編成に大きな影響を与えました。文字は言葉を目に見えるようにするものであり，視覚が強調されます。特に表音文字であるアルファベットは，文字を意味や音から切り離すように，視覚を他の感覚から切り離します。

　しかしながら，印刷技術の登場以前は，書物は書写によって複製されるものであり，文字による情報の伝達は，まだ限定的なものに留まっていました。また，書写された書物（写本）は人々の前で朗読されたように，まだ口承的な性格を強くもっていました。

　ところが，印刷技術は，同じ書物を一度に大量に生産することを可能にし，情報の伝達範囲は格段に広がります。書物は，人間を近くの人々から切り離す一方で，同じ言葉を読み書きする遠くの人々を結びつけます。書物は，人々の前で朗読されるものから，個人が黙読するものになります。このように，印刷技術の登場は，近代社会における共同体から切り離された個人の析出と密接に結びついています。

　また，書物とそれを読むという経験は，均質性，画一性，線形性，連続性，反復可能性といった特徴をもっています。このことは，遠近法的な空間経験や，時系列的に出来事を配置する時間経験，因果関係といった近代社会を構成する科学的な観念を生み出す要素にもなりました。

　しかしながら，こうした文字メディアが生み出した文化は，個人を共同体から切り離すことによって，生の全体的な了解から個人が疎外されるようになってしまったと言われます。

○電気メディアの段階

　19世紀後半に，人類は新たなコミュニケーションメディアを発明しました。蓄音機，電話，ラジオ，無線，映画などに代表される電気技術によるメディアです。マクルーハンは，電気メディアの時代においては，再び音声メディアが主要なコミュニケーション手段となり，線形的で視覚的な文字メディアの形態から，包括的で触覚的な形態へと移行し，個人は解体へと向かうことを主張しました。

○オングによるメディアの発展史

　オング（Ong, W.）は，こうしたマクルーハンの分析をもとに，メディアの発展史を①口承的（oral），②筆記的（chirographic），③活字的（typographic），④電子的（electronic）の4つのモードが積み重なってできた過程として捉え，電子的なメディアを「二次的な声の文化」（secondary orality）として捉えました（図Ⅷ-1-1）。

　　　　　　　　　　　　　　　　　　（周藤真也）

▷3　オング，W. J.，桜井直文・林正寛・糟谷啓介訳，1991，『声の文化と文字の文化』藤原書店.

図Ⅷ-1-1　メディア変容の積層構造

出所：吉見俊哉，1996，「電子情報化とテクノロジーの政治学」『岩波講座現代社会学22　メディアと情報化の社会学』岩波書店，p. 21.

2 # 活字メディアと近代社会

グーテンベルクの「銀河系」

　グーテンベルク（Gutenberg, J., 1400頃〜1468）は，ヨーロッパで最初に金属鋳造の活字による組版印刷を行ったとされるドイツの印刷業者です。活版印刷と印刷機の発明は，それまで人間が書き写すこと（写本）によって作られていた書物を，一挙に大量に作ることを可能にしました。

　グーテンベルクの発明からわずか50年の間に，ヨーロッパ中の約350都市で1000以上の印刷所ができ，約３万種，推定900万冊の本が発行され，ヨーロッパの文明に一大変革をもたらしました。

2 活字メディアの発達と近代国民国家の形成

　印刷技術の発達は，人間の感覚を再編成し社会関係を大きく変容させました。[1]たとえば，かつては教会の聖職者にしか読まれていなかった聖書は，印刷され，大量に出回るようになり，一般の人々も読むようになりました。このことは，宗教改革というヨーロッパ社会の大きな変動の基盤になったと言われています。

　また，活版印刷を基盤とする出版資本主義は，それまで書物を扱っていた一部の知識人のみの市場から，一般民衆の読者たちの広大な市場を開拓していくことになります。

　それは，ヨーロッパ知識人たちの共通言語であったラテン語に対して，一般民衆の日々の生活を織り成しており，方言などの多様性と曖昧さを伴った多様な口語俗語を，少数の出版語に統合していく過程になります。すなわち，出版資本主義は，ヨーロッパ世界をいくつかの言語によって境界づけられる世界（＝国家）に分割していくことになります。[2]

　したがって，このことは，近代社会における国民国家（nation-state）[3]の生成にも密接にかかわっていることを意味します。なぜなら，少数の出版語への統合は，「国語」の形成でもあるからです。そして，「国語」は目に見えるかたちで，国民の範囲を定義することを可能にし，国民的な統合を生み出します。

　つまり活版印刷は，技術的革新においてだけでなく，近代の資本主義や，国民国家，ナショナリズムの歴史的な形成過程に密接に結びついているということが言えます。

▷1　マクルーハン, M., 高儀進訳, 1968,『グーテンベルクの銀河系』竹内書店／森常治訳, 1986,『グーテンベルクの銀河系』みすず書房.

▷2　アンダーソン, B., 白石隆・白石さや訳, 1987,『想像の共同体』リブロポート.

▷3　近代国家の一形態で，領域内の全住民を国民という単位としてまとめ上げて成立する国家のこと。国民的な統合において，しばしば民族的なアイデンティティが重要な要素となってきた。

▷4　マクルーハン M., 高儀進訳, 1968,『グーテンベルクの銀河系』竹内書店／森常治訳, 1986,『グーテンベルクの銀河系』みすず書店.

3 近代的自己の形成

　また，印刷技術による活字文化は，近代的な自己を形成する「個人主義の技術」であるとも言われます。話し言葉によるコミュニケーションでは，その場に人々が居合わせなければなりませんが，本であれば好きな時間に好きな場所で読むことができます。印刷技術は個人を共同体から切り離すことを可能にし，それとともに，共同体から切り離された個人の領域が重要なものになり，それを大切にする観念が生まれ，プライバシーという概念も生まれました。

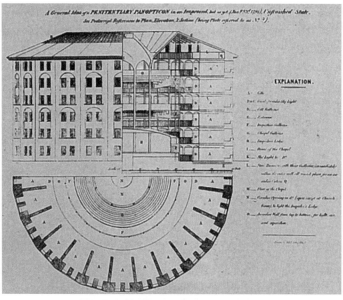

図Ⅷ-2-1　ベンサムの考案したパノプティコン

出所：フーコー，M.，田村俶訳，1977，『監獄の誕生』新潮社，図版17.

　また，近代社会において成立する学校教育も，印刷技術によって支えられています。大量に生産された書物は，国民すべてに同じ内容のものを与えることを通して，教育内容を均質化することを可能にし，それがまた国民としての同一性を生み出します。そして，近代社会における新しい教育においては，書物を読むだけではなく，文字を書くことも重視されるようになりました。書くことの教育，すなわち作文教育は，自己の内面を観照しそれを記述することが要請されます。このことを通して，自己の内面と自己のあり方が形成されていきます。

▷5　フーコー，M.，田村俶訳，1977，『監獄の誕生』新潮社.

　こうした近代社会における個人（自己）の生成を，フーコー（Foucault, M.）は，ベンサム（Bentham, J.）の考案した監獄施設である「パノプティコン（一望監視施設）」（図Ⅷ-2-1）に象徴させて，「規律訓練（discipline）」型と呼ばれる身体を中心とした権力の光学的な配置と微視的な作用によって成り立っていることを説明しました。近代社会において，刑罰の様態は，残忍な身体刑から，監獄という行刑装置による精神の矯正という形態に変化しました。監獄に収容された囚人は，「従順な身体」であることが求められるとともに，監視する権力の視線を内面化し，自らの犯した罪を懺悔し自己の精神を矯正していかなければなりません（図Ⅷ-2-2）。こうした自分を監視する権力の視線を内面化し，自ら自発的に主体化＝従属化することが求められる様態は，近代社会において，学校，工場，病院，軍隊といった施設（「監獄的なるもの」）において共通に見出されます。

（周藤真也）

図Ⅷ-2-2　独房のなかで中央の監視塔にむかって祈りをささげる囚人

出所：フーコー，M.，田村俶訳，1977，『監獄の誕生』新潮社，図版21.

3　情報化社会とその実現

　電子情報化とそのはじまり

　電子情報化とは，数値や文字データを中心に，さまざまな情報を入力して電子メディアに記録・蓄積しコンピュータで集中的に管理・処理するようになることです。「情報化社会」とは，この電子情報化が進展し，それを前提とした社会になることを意味し，コンピュータが実用化された1950年代に遡ります。コンピュータの計算速度や記憶容量の加速度的な進化とともに，電子情報化もしだいに進展してきていましたが，そうした「情報化社会」の様相に大きな変容がもたらされるのはインターネットの普及する1990年代のことです。

▷1　たとえば，国鉄（現JR）の座席予約システムは1960年に，銀行のオンラインシステムは1965年に稼働を始めています。

2　「情報化社会」から「高度情報化社会」へ

　インターネット（the Internet）は世界中に点在するコンピュータ・ネットワークを相互に繋いだネットワークであり，①参加・離脱が容易，②分散管理型，③グローバル，といった特徴を持っています。軍事目的で1960年代に開発がはじまったインターネットは，1990年に商用サービスが解禁になると，急速に利用が広がりました。

　1990年代に入るころから，先進諸国では，高度情報化社会（advanced information society）の実現に向かうことが国家的な課題となりました。アメリカにおいては，1993年に「情報ハイウェー構想」が発表され，日本でも1994年に内閣に「高度情報通信社会推進本部」が開設されると，全国に光ファイバー網を引いてインフラを整えました。

▷2　したがって，インターネットは，コンピュータ・ネットワークのネットワークであり，「インターネット」という名前のコンピュータ・ネットワークは，どこにも存在しません。

▷3　日本での解禁は1993年。

3　電子メディアの利用の普及

　電子メディアは，エレクトロニクス（電子工学）技術に基づいた情報媒体です。電子工学技術は，コンピュータによる電子情報化の基盤となる一方，従来からの電気機器の機能を制御したり補ったりするものとして私たちの生活に浸透してきていましたが，それ自体がメディアそのものとして焦点化したのは，パーソナル・コンピュータやインターネット，携帯電話などの利用が普及する1990年代に入ってからのことです。

　これらの電子メディアの家庭への普及は，1990年代後半から2000年代前半にかけて急速に進展しました（図Ⅷ-3-1）。なかでも，携帯電話は，1990年代後半

に急速に普及し，日本の携帯電話の加入者数は，2002年に8000万台，2007年に１億台に達し[4]，個人普及率でも2018年現在で84％に達しています[5]。

　インターネットを家庭で利用するための通信環境も，当初は電話回線を利用したダイヤルアップが主流でしたが，既存のメタル回線の活用や[6]，光ファイバーによる通信サービス[7]が普及するにしたがって，高速で常時の通信が可能になり，さまざまなインターネットの利用が試みられるようになりました。

4　電子メディアと現代社会

　電子メディアの利用の普及は，情報通信技術を誰でも気軽に利用できるようになったということを意味します。電子メディアは，私たちの生活に深く浸透し，それらの利用可能性が私たちの生活の前提となり，私たちの生活，経験，社会に新たな局面をもたらしました。

○インターネットとWWW

　インターネット利用の普及において大きな役割を果たしたのは，WWW（World Wide Web）とWebページ（いわゆるホームページ）です。WWWによって，映像や音声などのさまざまなデータも同時に取り扱うことができるようになり，インターネットの「代名詞」となりました。企業や行政などが次々とWebサイトを開設して情報提供をするようになり，さまざまな情報や商品がインターネットを通して入手できるようになっただけでなく，利用者が自ら情報を発信するツールにもなりました。

○携帯電話

　携帯電話は，多くの人にとってもっとも身近な電子メディアとなりました。携帯電話を使えば，いつでもどこでも連絡を取ることが可能であり，それを前提としたやりとりが行われます[8]。また，携帯電話は，単に電話としてだけではなく，電子メールや，WWWを中心としたインターネット接続，デジタルカメラ，オーディオ・プレーヤー，電子マネーや，PIM[9]など，さまざまな機能をもつようになり，複合的な電子メディアとして「ケータイ」と呼ばれるようになりました。　　　（周藤真也）

▷4　総務省「携帯・PHSの加入契約数の推移」『情報通信統計データベース』。

▷5　6歳以上の世帯構成員。総務省『平成30年通信利用動向調査報告書（世帯編）』p. 45。

▷6　ＡＤＳＬ（Asymmetric Digital Subscriber Line：非対称デジタル加入者線）など。

▷7　ＦＴＴＨ（Fiber To The Home）といいます。

▷8　たとえば，他者との待ち合わせにおいては，臨機応変に場所と時間を変更することもできるようになりました。

▷9　Personal Information Manager の略。アドレス帳やスケジュール，メモなどの情報を管理する個人向けのソフトウェアのこと。

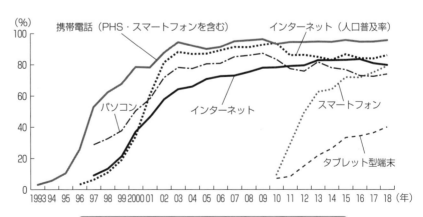

図Ⅷ-3-1　日本における主な電子メディアの世帯普及率

出所：総務省『通信利用動向調査報告書（世帯編）』（各年）に基づく。
注：インターネットの普及率には，携帯電話・スマートフォン等による接続を含む。人口普及率には家庭外（職場・学校など）での利用を含む。

4　スマートフォン時代のインターネット

① Web2.0

　Web2.0とは，2000年代中頃に流行した概念であり，それまでの Web にはない新しい技術や発想に基づいたサイトあるいはサービスの総称です。具体的なサービスとして，ウィキ（Wiki）[1]，SNS（ソーシャルネットワーキングサービス）[2]，ブログ[3]，ソーシャルブックマーク[4]などが挙げられてきました。これらは，技術的な知識のない利用者でも容易に情報を発信でき，さまざまな発信主体のもつ知識や情報が組み合わされて「集合知」を形成する点が注目されました。こうしたサービスで提供されるユーザー生成コンテンツ（UGC）は，2010年代のインターネットの基礎を築きました。

◑ Web 百科事典「Wikipedia」

　2001年に設立された Web 百科事典であり，世界の約300の言語で，総計約5000万件（日本語版は内約120万件）の記事が，約30万人のアクティブな編集者（日本語版は内約1万4000人）によって提供されています[5]。

◑動画共有サービス「YouTube」

　2005年にサービスを開始した動画共有サービスであり，2006年に Google 社に買収され，世界で月間19億人（日本では6200万人）のユーザーが視聴しているとされています[6]。2010年代に入ると，動画に広告を付ける収益化プログラムが一般公開され，YouTube で広告収入を稼ぐ YouTuber が現れました。ただし著作権法によって保護されるコンテンツが違法にアップロードされるなどの問題は当初から指摘されています。

② スマートフォンとタブレット端末の普及

　2010年代に急速に普及した電子機器にスマートフォンとタブレット端末を挙げることができます（図Ⅷ-3-1）。

　これらは，電力消費を抑えて小型の携帯端末でも動作するように設計されており，携帯電話（ケータイ）をさらに進化させるとともに，パソコンで行ってきたことをある程度代替できるまでになりました。機能を限定することによって利用者が簡便に操作でき，コンピュータであることを意識させない設計は，これらの端末の普及を推進させるとともに，日常的にこれらの端末を利用する人を増大させました。

▷1　Web サイトのコンテンツ管理システム（CMS）の一種で，複数人が共同してウェブサイトを構築していくことを前提に，簡便にページの修正や追加ができるよう設計されています。

▷2　人と人との繋がりを維持し促進するためのサービスが提供される会員制のサービス。日本では，2000年代に会員が1000万人を超えて流行した mixi（ミクシィ）で，知られることになりました。

▷3　投稿された記事が時系列順に整理されて表示される日誌的な Web サイト。専用サイトにおいて構築されるもののほか，インターネットサービスプロバイダー各社によって，一般向けにブログサービスが提供されています。

▷4　オンライン上で他者とブックマークを共有できるサービス。

▷5　2020年1月現在の数字。

▷6　『日本経済新聞』2018年7月6日付。

3 ソーシャルメディアとSNS

ソーシャルメディアとは，個人による情報発信や個人間のコミュニケーションによってコンテンツを作り出すWebサイトやサービスの総称です。▷7

スマートフォン時代のソーシャルメディアやSNSは，システムが直接的にユーザーとユーザーを接合することに特徴をもちます。これを支えるのが，記事を評価するシステム▷8，気に入った投稿者を「フォロー」するシステム▷9，ハッシュタグの活用などです。▷10

○ SNS「Facebook」

2004年にアメリカ・ハーバード大学の学生向けに運営を開始したSNSを起源としており，日本では2008年から登録受付が開始されました。顕名制と「友達」の登録，全世界で24億5000万人の利用者規模を特徴としています。▷11

○ 写真投稿サイト「Instagram」

2010年に誕生した写真投稿サイトで，現在はFacebook社によりサービスが提供されています。投稿画像は正方形を基本とし，さまざまな画像効果を加えて公開することができます。日本語版が2014年にリリースされると徐々に利用が広がり，2017年には「インスタ映え」が流行語になりました。

○ ミニブログ「Twitter」

2006年にアメリカ・オブビアス社（現Twitter社）によってサービスが開始されたミニブログサービスで，日本語版は2008年にサービスが開始されました。今していることや感じたこと，他の利用者へのメッセージなどを英数280字（日本語では140字）以内の短文で投稿することに特徴があります。▷12

○ インスタントメッセンジャー「LINE」

利用者間での短文や絵文字，「スタンプ」と呼ばれる画像のやり取りによるチャット（トーク）を基本とするメッセンジャーサービスです。音声通話やビデオ通話のサービスも提供されています。グループでの利用の支援，日記の公開などの機能があることから，SNSの一種に含める場合もあります。

4 ソーシャルメディア利用の弊害

こうした現代のソーシャルメディアの利用においては，いくつかの弊害があることが指摘されています。不用意に個人情報を公開してトラブルに巻き込まれたり，相手との関係や対応に苦慮したり，そうしたメディアへの依存が「SNS疲れ」を引き起こしたりなどが指摘されてきました。▷13 また，不用意な発言・投稿によって生ずる「炎上」▷14 によって，謝罪に追い込まれたり，社会的名誉が傷ついたりすることもしばしば発生しています。飲食店や小売店のアルバイト従業員による悪ふざけの模様の投稿は，発生した企業に大きな損失を与え，「バイトテロ」と呼ばれるようになりました。

（周藤真也）

▷7 具体的には，電子掲示板から，ブログ，動画共有サイト，SNS，ニュースサイトのコメント欄やショッピングサイトの口コミ欄まで含まれます。

▷8 Facebookの「いいね！」などが該当し，「ソーシャルボタン」と呼ばれます。

▷9 「フォロー」した投稿者の記事はシステムによって優先的に表示されます。

▷10 検索の便に供するために使用される「#」記号を先頭とする文字列。Twitterを発祥として，各ソーシャルメディアに広まりました。

▷11 2019年9月現在の月間アクティブ利用者数。日本国内では2800万人。

▷12 これを「ツイート」と呼びます。

▷13 ソーシャルメディアやSNSの利用の中心となるスマートフォンへの過度の依存も指摘されています。

▷14 非難や批判が殺到して収集がつかなくなった状態のこと。

5　情報化社会を捉える理論と方法

▷1　梅棹忠夫, 1988, 『情報の文明学』中央公論社所収。

▷2　その後,「情報化」を示す英語として informatization という語が定着することになりました。

▷3　トフラー (Toffler, A.) であれば, 第一の波（農業）, 第二の波（工業）につづく「第三の波」と言うでしょう。トフラー, A., 鈴木健次訳, 1980, 『第三の波』日本放送出版協会／徳岡孝夫監訳, 1982, 『第三の波』中央公論社.

▷4　ベル, D., 内田忠夫・嘉治元郎・城塚登・馬場修一・村上泰亮・谷嶋喬四郎訳, 1975, 『脱工業社会の到来』（上・下）ダイヤモンド社。なお, ベルが「脱工業社会」という概念を初めて使ったのは, 1962年とされます。

1　「情報社会」概念の誕生

「情報社会 (information society)」という語は, 1963年に梅棹忠夫の「情報産業論」を掲載した雑誌が行った座談会「情報社会のソシオロジー」において使用されたのが最初とされています。梅棹の議論は, 人類の産業の展開史を「農業の時代」,「工業の時代」,「情報産業の時代」の三段階を経て進んできているものと捉え, 情報産業の時代には, 精神の産業化が進むとしたものでした。こうした梅棹の議論は, 1960年代後半から1970年代はじめにかけて,「情報社会論」ブームを作りだし,「情報社会」という語は, 英語に翻訳されて欧米にもその概念が広まりました。[1][2]

2　「情報社会論」の特徴

「情報社会論」は, 産業の発達あるいは産業構造の変化を「社会の進化」として捉え, 工業化が限界近くまで発達した日本では, 今後は情報産業が発達するという未来予測を伴った発達段階論でした。たとえば, 当時の「情報社会論」の主要な論客の一人であった増田米二は,「狩猟技術」,「農業技術」,「工業技術」に続く, 人類が開発に成功した第四の社会的技術として「情報技術」が出現しようとしてきていることを論じました（図Ⅷ-5-1）。[3]

このように「工業化社会」以後の新たな社会のあり方として言われるようになった「情報化社会」は, 当時の人々に近未来の社会についての強いインスピレーションを与えました。[4]

3　技術決定論とその限界

「情報社会論」の基盤にあるのは, 情報通信技術が社会基盤を改革し, 新しい産業基盤となって社会変革が生じるという考え方です。この社会変革のことを情報革命と言い, こうした考え方は, (新しい) メディア技術が社会のあり方を決めるという意味で,「技術決定

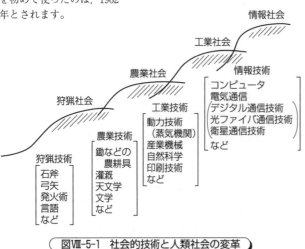

図Ⅷ-5-1　社会的技術と人類社会の変革

出所：増田米二, 1985, 『原典情報社会』TBS ブリタニカ, p. 19（公文俊平編, 2003, 『リーディングス情報社会』NTT 出版, p. 262に再録）.

論」と呼ばれます。

　しかしながら，新しいメディア技術は「夢の言説」を伴い[5]，構想通りに達成されて社会を変えるとはかぎりません。新しいメディア技術とは具体的にどのようなものであり，それを利用することによって再編成される人間の感覚，個人の経験，社会関係の形式はいかなるものであるのかに焦点を当てて議論することが重要です。

④　環境管理型権力とアーキテクチャ分析

　現代社会において，従来の「規律訓練」型の権力は[6]，十分に機能しなくなっています。このため，相手を強制的に従わせるのではなく，自らが望む行動を取ることが社会にとって望ましい行動になるよう，ソフトに監視しながら誘導するようになりました。この新しい権力の様態を，東浩紀はドゥルーズ（Deleuze, G.）の議論をもとにして[7]「環境管理」型と名付けました[8]。

　「環境管理」型の権力においては，誰も自分が支配されているとは思わないまま，すべては操作されているという状態が達成されます。こうした権力を実効させている環境を「アーキテクチャ（建築）」と呼びます[9]。

　この見方は現代の情報環境を考える上で非常に有効です。ソーシャルメディアを形成しているアーキテクチャは，ずばりコンピュータのプログラムです。たとえば，ミニブログ「Twitter」であれば，日本語で140文字までという制限は，通常のブログとは異なった特有のコミュニケーションを生み出しました。どのようにプログラムを設計し，実際にコーディングしたかが，そのメディアを利用する私たちの経験を規定しているのです。このような見方によるメディアの分析は，「アーキテクチャ分析」と呼ばれます[10]。

　一般の利用者は，プログラムをどのように書くかについて自由はなく，与えられたものの範囲内で利用するほかありません。アメリカの法学者レッシグ（Lessig, L.）は，こうしたところからネットにおける自由を考えました[11]。

⑤　「文字の文化」としての電子メディア

　私たちが考えなければならないことは，電子メディアがマクルーハンの言う「電気メディア」の性質とともに，「文字メディア」としての性質をもつことです[12]。現にインターネットでのメールやチャット，Web サービスはすべて文字をベースとしたメディアです。電子メディアは，電気メディアとして包括的で触覚的な性質をもつ一方で，文字メディアとして従来のそれよりも強く，私たちの経験の世界を規定して自由を奪います。複製によって劣化することがないデジタルメディアとしてのそれは，一方では私たちの主体性を拡散させ，他方では自己に疎外をもたらしているのです。　　　　　　　（周藤真也）

▷5　佐藤俊樹，2010，『社会は情報化の夢を見る』河出文庫．

▷6　Ⅷ-2参照．

▷7　ドゥルーズ, G.，宮林寛訳，1992，『記号と事件』河出書房新社．

▷8　東浩紀・大澤真幸，2003，『自由を考える』NHKブックス．東浩紀，2007，『情報環境論集』講談社．

▷9　このため「環境管理型権力」は，「アーキテクチャ型権力」とも呼ばれます．

▷10　濱野智史，2008，『アーキテクチャの生態系』NTT出版．

▷11　レッシグ, L.，山形浩生訳，2007，『CODE VERSION 2.0』翔泳社．

▷12　オング（Ong, W.）は，電子メディアを「二次的な声の文化」として捉えましたが，文字メディアとしての性質ももつことから，「二次的な声の文化」であるのは電気メディアとするべきだったと思われます．Ⅷ-1参照．

情報化社会の公共性

インターネットと公共圏

　インターネットは，新たな市民的公共圏を切り拓くとして期待されてきました。自由に情報を交換でき，既成の権威や権力構造と無関係に個人がコミュニケーションに参加して発言できるインターネットは，優れて民主主義を実現できる場であると考えられます。実際，インターネット上の至るところにコミュニティが出現し，地域共同体を活性化したり，ボランティアやNPOなどの活動を促進したりするといった側面も出てきました。

　かつてマクルーハンは，電気メディアの時代において電気的に媒介された同時的な場が地球規模で広がることを予測し，これを「グローバル・ヴィレッジ（地球村）」と名付けました。しかしながら，インターネット社会は，成熟するにしたがって，ローカルでドメスティックな方向に進展する一方で，ますますグローバルな企業による独占が強くなってきています。

　こんにち，インターネットは，公共圏の一部として社会においてさまざまな機能を果たす可能性をもつとはいえ，それは限定的であることがわかってきています。インターネットの大衆化は，誰もが電子メディアの恩恵に浴することができるようになるとともに，それによって構成される公共圏を政治・経済システムにコントロールされる疑似的なものに変えました。ハーバーマス（Habermas, J.）が言うところの「公共性の構造転換」による近代社会の創成を再現するものになっているのです。近代という「未完のプロジェクト」を完成へと近づけるためには，そうした構造転換を自己反省し，市民的公共性の涵養に努めることが重要です。

電子情報化と超パノプティコン

　コンピュータに象徴される電子情報化の進展は，一方で監視社会化という現代社会の様相を作りだしています。

　電子情報化は，収集した個人情報を集積し，データベース化することによって，一元的に個人情報を管理することを可能にしました。コンピュータを中心とした電子情報化は，個人の生に対して，体系的，集中的な注視を向けます。それは「電子の目」によって個人を監視することです。そして，コンピュータのネットワーク化により，個人情報のやりとりが瞬時に行われることは，そう

▷1　マクルーハン, M., 森常治訳, 1986,『グーテンベルクの銀河系』みすず書房.

▷2　ハーバーマス, J., 細谷貞雄・山田正行訳, 1973,『公共性の構造転換』未來社.

▷3　ハーバーマス, J., 三島憲一訳, 2000,『近代──未完のプロジェクト』岩波書店.

▷4　ライアン, D., 河村一郎訳, 2002,『監視社会』青土社。

▷5　ポスター, M., 室井尚・吉岡洋訳, 1991,『情報様式論』岩波書店。

▷6　ベック, U., 東廉・伊藤美登里訳, 1998,『危険社会』法政大学出版局。

▷7　これにMicrosoftを加えて「GAFAM（ガーファム）」と呼ばれることもあります。「Windows」などパソコン用の基本ソフト（OS）において寡占的な地位にあるMicrosoftは，1990年代後半から2000年代にかけて，アメリカやヨーロッパにおいて独占禁止法違反に問われました。

した監視の強化にほかなりません。

　ポスター（Poster, M.）は，フーコーが記述した近代社会を象徴する権力関係の様態であるベンサムのパノプティコンに対して，電子メディアの時代においてはこうした電子的な超パノプティコンになることを指摘しました。

③ 現代社会における監視社会化

　しかしながら，監視社会化は，必ずしも悪意や強制力を伴って行使されるわけではありません。監視社会化は，安全で快適な生活を送るために不可欠なものとなっており，私たちが進んで受け入れているという側面ももっているのです。たとえば，クレジットカード会社同士が，不払いの顧客の情報を交換することは，クレジットカードのシステムが破綻することを防ぎ，快適な消費生活を送る上で人びとの了解が得られるかもしれません。しかしながら，過去に性犯罪を行った者の情報を地域社会に公開する場合はどうでしょうか。過去の犯罪歴でもってその人をいつまでも犯罪者として扱い，社会的な差別をすることにつながる可能性が懸念されます。

　このように，情報化社会における監視社会化は，未来に起こるかもしれないリスクの管理において，さまざまな個人にとって不利益な情報が体系的に収集され管理されることを通して，不寛容な社会となることが懸念されています。しかしながら，この懸念もまた，監視社会化を問題視するというセキュリティへの配慮であり，ベック（Beck, U.）のいう「リスク社会」の一側面であると言えます。

④ グローバル経済と市場の独占

　今日のインターネットに対して，「GAFA（ガーファ）」に代表される少数のアメリカの多国籍企業が，市場を独占し支配することに対して懸念の声もあります。この言葉は，Google，Amazon，Facebook，Apple の頭文字に由来しますが，これらはいずれも商品やサービス，情報を提供する基盤を提供するプラットフォーム企業であり，世界中の多くの人がこれらの会社が提供するサービスを利用せざるを得ない状況にあります。これらの企業には，世界中の顧客の利用状況などの個人情報が集まっており，これらの「ビッグデータ」を解析し活用することで，優位な地位を築いてきました。

　これとは対照的に，社会主義体制の中に資本主義を導入した中国では，これらのグローバル企業の一部を市場から排除し，「金盾」により外国へのアクセスを制限することで，BAT に代表される国内のインターネット企業を保護してきました。中国のインターネットはそうした環境において独自の発展を遂げてきています。

（周藤真也）

▷8　検索エンジンやオンライン広告事業はじめ，スマートフォンの基本ソフト（OS）である「Android」を提供し，動画共有サイトの「YouTube」を運営しています。

▷9　オンライン書店を起源に，世界最大のインターネットショッピングサイトを運営しています。

▷10　世界最大のSNS「Facebook」を運営するほか，写真投稿サイト「Instagram」などを運営しています。

▷11　スマートフォン「iPhone」や，タブレット端末「iPad」，パソコン「Mac」などのハードウェアメーカーとして知られています。

▷12　中国政府に不都合な情報へのアクセスできないようブロッキングやフィルタリングが行われており，グレート・ファイアウォール（GFW）と呼ばれます。

▷13　中国の大手インターネット企業3社，百度（バイドゥ），阿里巴巴（アリババ），騰訊（テンセント）の頭文字に由来する言葉。

▷14　ミニブログの「微博（ウェイボー）」やインスタントメッセンジャーの「微信（ウィーチャット）」など，中国独自のアプリが知られています。

1　階級と階層

　「もつ者」と「もたざる者」

　「もつ者」と「もたざる者」との間の序列関係は，どのような社会にあっても
その社会のかたちを決定してきたし今も決定しています。階層（単数形は
stratum だが序列関係のまとまりは stratification が用いられる）や階級（class）は，
社会を広く捕捉する序列関係上の地位あるいはそのような地位にある人々の集
合を示す概念であるといえます。

　もつ，もたないといっても，どのような財をどの程度もつ，もたないことが
序列を決定することになるのかは，時代によりまたは社会により異なります。
ここでいう財とは，多くの人が求めてはいるけれどもしかし常に希少で，不均
衡にしか分配されていない何かです。収入や資産はもちろん財です。権力もま
た財です。捉え難いけれども確実に影響力をもっている財として，威信があり
ます。職業，肩書，経歴・学歴，あるいは家柄などには，多くの人がたちどこ
ろに偉さやうらやましさ，場合によってはうらやましいがゆえの妬みや憎しみ
を感じ取ってしまう要素が付着しています。好感，非好感の感情が，対象とな
るその人が財をどの程度もつのかによって枠づけられているという事実は，そ
こここでみることができるはずです。たとえば，恋愛感情も，そうした力から
自由に生じるものではないでしょう。このような，地位に結びついた社会的評
価を高める要素のことを威信といいます。何であれ有名であることが「かっこ
いい」「すごい」と思わせるものであるのだとすれば，有名性も威信のヴァリエ
ーションとして財に含めてよいでしょう。すでに述べたように，どのような財
をもつことが社会的地位の高さと結びつくのかは，社会によって時代によって
変化します。また，複数の財が特定の人々に併存，集中することもあれば，富
を多くもつことが社会的尊敬を受けることには結びつかないような社会もあり
ます。

　階層や階級は，そうした財の分布状態を捉える概念です。そして，そこにお
ける序列関係がある程度固定されてしまい，人々の振る舞いや意識・無意識を
集合的に強く拘束しているとすれば，「もつ者」と「もたざる者」の関係をその
社会の社会構造として捉えて論じることができます。たとえば，「ブルーカラ
ー（階）層」「高学歴（階）層」「資本家階級」などといった言葉は，ある特定の財
に着目して，序列関係の中のある階層・階級を括り出したものと考えてくださ

▷1　階級・階層概念双方
を捉え，その用法について
まとめたごく最近の文献に
ついては照会できる適切な
ものをあげることができな
い。階層論者からの整理と
しては，盛山和夫・原純輔，
1999，『社会階層——豊か
さの中の不平等』東京大学
出版会．をあげておく。ま
た，階級概念に限定して概
念の検討を行ったものとし
て，橋本健二，2006，『階
級社会——現代日本の格差
を問う』講談社選書メチエ．
をあげておく。しかしなが
ら，ここでの整理は，それ
らにおける議論に基づくも
のではない。

い。ブルーカラー–ホワイトカラー間関係をいう人は職業的地位の違いによって，高学歴–低学歴間関係を論じる人は学歴の差によって，資本家階級–労働者階級間関係を強調する人は生産に関する資本の動員力の格差によって，序列化されつつ関係づけられている階級・階層間の関係を社会構造の中核的要素とみなすわけです。その上で，人々の社会生活や意識・無意識の状態が，構造における地位と関連づけられ説明されていくことになります。

　以下，階層と階級という二つの概念が含みもつ視角の違いについて述べていきたいと思います。同じ「もつ者」と「もたざる者」に関する現象を論じていても，階層概念が前提する社会観と階級概念が前提する社会観は異なるといってよいと思います。「思います」などと曖昧な表現をせざるを得ないのは，これらの概念の用いられ方には長い論争の歴史があるし，研究者の間での使われ方も多様であるからです。一貫した階級論者や階層論者もいれば，階級の補助概念として階層を用いる（同一階級内部での「もつ者」と「もたざる者」の差異をいうときに階層概念を用いる）人や二つの概念を時代状況によって使い分ける人もいます（かつては階層であったものが今日では階級化した，といったように）。ここではそのような複雑な議論にはなるべく入り込まないで，階層と階級という二つの概念の背後にある社会認識の違いを大づかみにまとめてしまうことにします。

❷　階層

　階層概念は，地位の相対的な固定・流動，開放・閉鎖を論じるための概念です。階層概念は，近代化・産業化が一定程度進行した社会において，概ねその人が有する能力によって地位が決定される制度・メカニズムが備わっていて——例えば，学歴のような人々の達成を測定する指標が共有されていて——，多くの人を巻き込んでの競争が実現されている状態を仮定しています。その社会は，「個人の能力の有無が地位を決定する」社会といえます。基本的には開放的な社会が想定されていますので，そこに発見された諸傾向も，あくまでも「程度問題」として測定されます。より多くもつ者とより少なくもつ者が切れ目なく積み上げられている，それが階層社会のイメージと言えるでしょう。

　もちろん，どのような社会においても，不平等や不公正は根強く存在し続けています。ですから，「個人の能力の有無が地位を決定する」社会のイメージも理念というよりないのかもしれません。しかしながら，そのような理念に照らし合わせれば，現実に存在する不平等・不公正（とその大小）を発見し，それをもたらす要因について考えることができます。実際，階層概念を用いて，社会学者たちは，社会が個人の能力をまっすぐに地位へと反映させる方へと向かっているのか，あるいは地位の移動障壁が高まってしまい逆の方へと向かっているのかを測定してきました。そうした研究は，社会移動研究と呼ばれていま

す（社会移動研究については Ⅸ-2 参照）。

 階級

　同じく「もつ者」「もたざる者」とその序列関係を把握する概念でありながら，観点が異なっているのが階級概念です。「個人の能力の有無は地位を決定しない」ことが社会にとってはそもそも常態なのかもしれない，個人にとってはどうにも突破できない絶対的格差があるのではないか，階級概念を通して認識するということはそのように社会を見てみるということなのです。「もつ者」と「もたざる者」がそれぞれ閉鎖的に階級を構成し，それが断絶されつつ序列を与えられている，それが階級社会のイメージということになります。

　長らく階級概念の理論的バックボーンであり続けてきたのは K. マルクス（K. Marx）でした。マルクスが19世紀のヨーロッパの人であったという歴史的限定を付した上でその考えについて述べると，資本主義社会においては，資本家階級と労働者階級の二大階級に分極化し，前者による搾取によって後者は窮乏化し，階級は固定化されるとするものです。そして，その関係は対立的に展開し，階級闘争が不可避になると展望されました。このような階級構造を生み出す搾取のメカニズムについて説明しましょう。価値の根源は労働にあります。労働者たちは，労働の対価として賃金を受け取りますが，労働者が労働によって生み出す価値は実は賃金以上のものです。生み出された価値から賃金分を引いた部分を剰余価値といいますが，この剰余価値についてはそっくり資本家たちが手にしていてそれがいっそうの資本増殖のための投資へと向けられていきます。その結果，労働者たちの賃金は生活を維持する上でぎりぎりの水準（これ以上に上げれば十分に資本が蓄積されないし，これ以下に下げれば富の源泉である労働力が調達できないという水準）まで引き下げられつつ，階級が固定されるというわけです。このようなメカニズムは今日においてももちろん残存していますが，先進産業社会においては，20世紀を通じて，福祉国家による再分配（社会保障・社会福祉）のシステムが整備され，また労働組合が積極的に合法化され制度に組み込まれることによって，見えにくいものになりました。逆にいえば，再分配が行き届かない，労働組合の組織化が進まない領域においては，搾取の力に直接晒されることになります。

　今日，マルクスに説得力がないように見えるとすれば，二大階級という把握が現実的ではないからでしょう。労働者階級という捉え方は，網目が粗すぎるのです。現実には，資本主義の発達と組織化の進展によって，事務系の労働者であるホワイトカラーと現業系の労働者であるブルーカラーとでは随分と社会的な位置づけも暮らしぶりも意識やライフスタイルも異なっています。そして，学歴主義と結びついて，高学歴の人々はホワイトカラーへと配列される流れが定着しています。また，正規雇用と非正規雇用とでは同じ労働者であっても待

遇がまったく異なっています。つまり，労働者階級は，いくつかの階層に分化しており，イギリスで高学歴の豊かなホワイトカラーがミドルクラス（中間階級）と呼ばれるように，いくつかの階級に分断されているとさえいえるのかもしれません。労働者階級が，何によってどのような階級あるいは階層へと分かれているのかは今日的にも議論になるところです。

4 社会的排除

　今日的な階級・階層分化をもたらすメカニズムとして，社会的排除について述べておく必要があるでしょう[2]。社会的排除とは，財や権限をもつ階級・階層，集団やそれらに支持された国家権力が，特定の社会的カテゴリーを資格外とみなし財や権限から締め出すことをいいます。社会的排除は，多数派の常識・通念に訴えかけて正当化されながら「当たり前の」あるいは「仕方がない」こととしてなされています。職場や討論の場などからの女性や外国人の排除はそのわかりやすい例です。ジェンダーやエスニシティ，国籍，年齢などをそのまま階級や階層として扱うことはできませんが，それらのカテゴリーへの帰属をもって排除の対象とされた人々が，偏った階級・階層的地位に吸収されていくことはままあります。

　学歴のような，一見，個人の達成を示すものであるかのようなカテゴリーも社会的排除と関連しています。そもそも学歴競争は，カテゴリーによる有利・不利がはっきりとあるので，個人の達成とみせかけた排除となっている可能性があります。また，20歳より前に一生の地位が決定されているのだとすれば，その後の60年間，学歴によるメリットをもたない人々が学歴による社会的排除を受け続けることを宿命化してしまっているともいえます。

　社会的排除がそのまま貧困を帰結するとはいえません[3]。たとえば，女性は，経済的にゆとりのある男性と結婚することによって，貧窮を逃れることができました。この場合，結婚によって女性は社会的に包摂されていたともいえます。しかし，労働市場において，女性が排除されやすいカテゴリーとなっている事態が変わらなければ，女性であることは潜在的に貧困予備軍であることを意味します。実際，日本の母子世帯の貧困率は高く，その背景には母親たちが中核的労働者への道を断たれている排除の現実があります[4]。

　社会的排除論は，誰が排除されているのか——誰が貧者として選び出されているのか，誰か窮乏化されるのか——を問います。「同じ労働者階級」がいくつもの断絶した層に分解されている今日的現実を説明するアプローチとして有効であると思われます。

（西澤晃彦）

▷2　岩田正美, 2008,『社会的排除』有斐閣. 西澤晃彦, 2019,『人間にとって貧困とは何か』放送大学教育振興会.

▷3　社会的排除がもたらす貧困については，IX-4 も参照のこと。

▷4　母子世帯の貧困については，IV-3 を参照。

日本の階級・階層構造とその変動

1　社会移動

　IX-1 でも述べたように，階層概念は，身分秩序が解体されて属性ではなく達成によって地位が決定され，能力あるものによる支配（メリトクラシー）が成立した社会を前提としています。そして，「もつ者」と「もたざる者」の間で序列関係があったとしても，その間の壁はある程度開放されていて移動が存在していると考えます。この，階層間での移動として示すことができる人（びと）の地位の変化のことを社会移動といいます。社会移動には，人生において生じる世代内移動と親世代と子世代の間で生じる世代間移動があります。社会の状態を表す指標としては，特にこの世代間移動が重要です。前近代的な身分制社会の場合，親の地位と子の地位の間の変化はきわめて少ないのに対し，身分制が解体した近代社会においては，親の代と子の代では職業などの社会的地位の変化が生じるようになりました。社会移動研究は，そうした社会移動に着目し，社会の状態が開放的になっているのかあるいは閉鎖的になっているのかを統計データに基づいて観測するものといえます。また，移動の可能性の高さ，あるいは社会の開放性の高さは，希望や不安，満足と不満足，政治意識などの指標と関連づけて論じられ，社会の「天候」が分析されてもきました。

　このような社会移動研究はアメリカで活発化しましたが，それには背景があります。「アメリカンドリーム」などといわれる機会平等のイデオロギーを，事実かどうか検証してみようということなのです。日本においては，社会学者たちの手によって，1955年以来10年おきに社会階層と社会移動全国調査（SSM調査）が行われており，社会移動の分析が蓄積されてきました。[1]

2　戦後日本の社会移動

　戦後日本の社会移動に関する動向と格差のあり様を大づかみにまとめておきたいと思います。[2]

　終戦後の経済混乱期を経て，1955年前後に高度経済成長期が始まります。このときの経済成長は，産業化（工業化）により主導され，それと同時に農業人口を減らしていくものでした。工業が発達するに伴ってブルーカラー層とホワイトカラー層がともに増加し，また，企業組織が大きくなるにつれホワイトカラーの需要も増大したため高学歴化も進展していきました。こうなると，職業

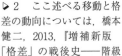

▷1　2015年実施のSSM調査の報告書はインターネットにおいて公表されている。2015年社会階層と社会移動（SSM）調査研究会，2018，「2015年SSM調査報告書」（http://www.l.u-tokyo.ac.jp/2015SSM-PJ/report.html）.

▷2　ここ述べる移動と格差の動向については，橋本健二，2013，『増補新版「格差」の戦後史──階級社会　日本の履歴書』河出ブックスによる整理に依拠している。橋本は，その理論に従って，階層ではなく階級カテゴリーを用いている。にもかかわらず，階級カテゴリーを用いながら社会移動の測定を行い，階層間の移動と同様の分析がなされており，そこに見出される知見も階層論的な社会移動論による知見と大きく異なるものではない。

上の地位に関する社会移動は活発化します。しかし，もちろん，農業人口の縮小に伴う移動の高まりは，「子が親よりも豊かになった」ことをそのまま意味するわけではありません。そこで，賃金格差やジニ係数など格差に関する指標をあわせて見てみると，高度経済成長期には全体としては格差がやや縮小していたということはできそうです。

しかし，高度経済成長が終焉した1980年代以降，賃金格差やジニ係数は上昇に転じ，今にまで至ります。社会移動に関する指標について述べると，SSM 調査のデータに基づく階級・階層の閉鎖性の高まりが指摘されるようになったのは，それよりは遅く1995年調査からでした。一貫した階級論者である橋本健二は，非移動率（親子間での社会移動が生じなかった率）の増加と「出身階級による大学進学率格差」の拡大はこのときから生じたとしています[3]。また，佐藤俊樹は，専門職・管理職におおむね相当するホワイトカラー上層について，1985年まで開放化が進んできたこのカテゴリーが閉鎖に転じて「知識エリート」の世代継承性が明らかになり，「新たな中流階級」が成立しつつあるとしました[4]。「知識エリート」階層が階級化したというのです。

戦後の日本社会を全体としてみると，高度経済成長による「豊かさ」とその時期における格差の縮小はあったとしても，石油危機後まで含めれば格差は縮小しているとはいえないし，「相対的な移動機会は拡大し続けているとはいい難い」[5]，それどころか移動機会はむしろ絞り込まれていきつつあるのが現実でしょう。

③ 「総中流社会」の神話

客観的事実がどうあれ，高度経済成長がもたらした「豊かさ」によって「総中流社会」が実現したという主観的認識は広く共有されていたといえます。経済成長期というパイの拡張期においては，その拡張部分に食い込む社会移動も目に見えました。学歴を得てホワイトカラー化するブルーカラーや農民の子どもたちもいましたし，大企業では「同期入社」組がそろって組織内で地位を上げていくこともありえました。今よりも「新規参入」の機会はあったといえるでしょう。しかし，もちろん，目に見えたことは多かったことを意味しません。高度経済成長期においても，低学歴の両親をもつ子どもが高い学歴に到達することは難しかったのです。たいへんに運のいいことだったと言い換えてもいいかもしれません。それでも，そうしたそこここの小さな成功譚が，誰もが努力をすれば豊かになれるとの国民的な物語を補強していきました。それでも，実体として「総中流社会」ができあがったというのはあまりにも過剰な表現，認識だったといわなければなりません。格差がもっとも縮小した1980年代前半の日本が他国と比較して特に平等だったわけではありませんでした。たとえば，職業への機会不平等の度合いは「階級社会」といわれがちなイギリスとほとん

▷3　橋本健二，2013，『増補新版 「格差」の戦後史——階級社会　日本の履歴書』河出ブックス.

▷4　佐藤俊樹，2000，『不平等社会日本——さよなら総中流』中公新書.

▷5　盛山和夫・原純輔，1999，『社会階層——豊かさの中の不平等』東京大学出版会.

▷6　橘木俊詔編, 2004,『封印される不平等』東洋経済新報社, p. 14における佐藤俊樹の発言.

ど差がなかったともいわれています。[46]

　ささやかな「豊かさ」は, 消費生活を活発にし, 大量生産大量消費の大衆消費社会を成立させて, 人々を新しい「世間並み」の生活の追求へと向かわせました。「三種の神器」と呼ばれたテレビ, 洗濯機, 冷蔵庫は, 商品化されて15年足らずの間に世帯普及率が9割をこえました。洗濯機や冷蔵庫を買うことが利便性で説明できたとしても, テレビはそういえません。消費という行為は,「必要なものを買う」ためだけのものではなく,「地位を買う」要素をそもそも含みもっています。高度経済成長期においては, 誰もが「世間並み」という地位を買うことに熱中し, その結果として,「中流」であることが視覚的に自己証明されていったということができるでしょう。後にも先にも誰もがこれほど同じものを買うことに熱を上げていた時代はありませんでした。もちろん, 格差も貧困もありました。しかし,「世間並み」の集合的追求によって「見た目」において文化的に均質化したこの人々においては, そのような事実は無視・忘却され, 総ぐるみでより豊かな未来へと向かっているかのような楽観的なストーリーが受容されていったのです。

　佐藤俊樹は,「過去-現在-未来をつらぬく傾向性への信憑こそが, 階層性のリアリティをつくりだす」としつつ, かつての「『総中流』社会」について述べています。「現実には生活水準の差があっても」,「上昇の可能性を共有しているかぎり,『みんなが中流』と考えても決しておかしくない。その意味で, 日本は『総中流』社会だったといえよう」。期待への信憑が「誰もが『中流』」という認識を作り出していたのであり, そのような期待が成立しなくなったのであり, どうなるのでしょうか。「知識エリート」になることが「がんばること」の目的であったならば, これは「がんばることの無意味化」が生じかねない事態です。なぜならば,「知識エリート」が, 何らかの有利さゆえに親から子へと継承されやすい地位になってしまっているのだとしたら, 後からそこに入り込もうとする人々は出発点において不利であり, そもそも公平な競争とはいえないからです。競争にならない競争はあきらめをもたらし競争からの離脱を促すでしょう。[47]

▷7　佐藤俊樹, 2000,「『新中間大衆』誕生から二〇年──『がんばる』基盤の消滅」『中央公論』5月号(「中央公論」編集部編, 2001,『論争・中流崩壊』中公新書ラクレに収録).

4　グローバリゼーションと労働市場の変容

　1970年代半ば, 先進国における高度経済成長が終焉し, 経済グローバリゼーションが本格化しました。これ以降, 世界経済の中心部においては急激に脱産業化(脱工業化)が進み, 周辺部への資本移転も展開していきます。かつて先進国の大都市には工場が集中していましたが, 地方へ, 海外へと安い労働力を求めての移動が進んでいきました。代わって, 中心部には, 中枢管理部門と, それと強く結びついた金融, 情報・知識に関連する業種が集中していくことになります。世界は, 中心と周辺の二重構造から, 中心・半周辺・周辺の多重構

造へと変化しました。その動きと連動して，80年代以降は，新しい情報技術の開発・普及が進みました。これにより，物理的距離や時差の障壁なしに，グローバルな経済活動の運営も可能になっていきます。

　日本を含む中心部においては，製造業部門の流出によって雇用が大きく減少し，少数の専門職エリートと大規模な非正規の周縁的労働力のニーズが増すという傾向が生じます。1995年，財界団体である日経連（当時の日本経営者団体連盟，現在は日本経済団体連合会）は，報告書『新時代の「日本的経営」』を発表しました。そこでは，終身雇用や年功序列といった慣行からなるいわゆる「日本的経営」を，幹部候補生の労働者に限って温存しつつ，非正規雇用労働者を大規模に活用する転換が，正当化され推奨されました。これに呼応するかのように，労働者派遣法が次々と改定され，労働力のフレキシブル化は一挙に進みました。絞り込まれた正社員の領域から締め出された非正規雇用の労働者は，大きく増加しました。このようにして変容した労働市場は，当然，今日的な貧困問題の背景をなしています。

▷8　新・日本的経営システム等研究プロジェクト編著，1995，『新時代の「日本的経営」──挑戦すべき方向とその具体策』日本経営者団体連盟.

5　脱福祉国家化

　高度成長経済の終焉は，国家的な財政危機を深刻化させました。英米においては，サッチャー主義，レーガン主義とも呼ばれる新自由主義的「改革」が進められ，「小さな政府」が主張されました。それに加え，「民営化」「規制緩和」「グローバル・スタンダード」，そして，個人の「自己責任」や「自立」が新自由主義のキーワードになりました。日本の「改革」は，バブル経済が崩壊し財政危機が露呈した1990年代になって全面的に展開しました。福祉予算や公共事業を削減し，既得権益を剝奪していくとすれば，当然不満は広範に鬱積するでしょう。そこで，そうした不満を別の方向にそらしたりあるいは納得させて解消してしまう，「改革」を正当化する論理が作られ主張されるようになります。それが新自由主義のイデオロギーでした。新自由主義は，可能な限り多くを市場に委ねることを是とし，「自己責任」を当然のこととする論理です。そこにおいては，かつてのような総ぐるみで豊かな未来へ向かうストーリーなど成立しようがありません。「負け組」は，救済の対象ではなく，「税金泥棒」と罵られかねない地位に突き落とされます。Z. バウマン（Z. Bauman）は，そのような状態を貧困の犯罪化と呼びました。

▷9　バウマン，Z.，伊藤茂訳，2008，『新しい貧困──労働，消費主義，ニュープア』青土社.

　職が失われて再分配（累進課税と社会保障・社会福祉のシステム）が弱められる，階級が閉じられ「がんばることの無意味化」が進む，「自己責任」のイデオロギーによって人々の連帯が破壊される，そうしたことの行きつく先は，個人化された階級社会ということになってしまいます。不幸せを少なく抑え込む鍵は，見捨てられ孤立した人々を社会へと統合する，新たな連帯の構築に求められなければならないと思います。

（西澤晃彦）

3 階級再生産とメリトクラシー

1 メリトクラシー

　近代社会は,「能力のある者による支配」を支配の体制としています。支配は,支配する者による権力行使とまがりなりにもそれを受容する支配される者のセットによって成立しています。前近代においては,多くの期間において,血筋や家柄が「上に立って権力を行使する」ことを決定し,残りの人々は支配の伝統性や神秘性によってその支配を正統視するような社会でした。しかし,近代化とともにそのような支配の正統性が失われ,能力ある者が選抜され支配を行う体制が一応確立されるようになっていきます。そのような体制のことをメリトクラシーといいます。そこでは,建前として,そして制度としても,選挙を通じて政治エリートが選抜され,市場での競争を通じて経済エリートが選抜され,公教育を通じた機会の平等がある程度保証されるようになり試験を通じてある種の能力が測られ官僚が選抜されるという,そういう体裁が作り出されています。もちろん,実際には,個人の能力・努力がまっすぐに地位につながる社会など存在しません。国民国家による公教育普及後の学校も,個人の能力・努力を見極める仕組みとしては不徹底なものでしかなかったのです。なぜなら,能力を発揮しやすい環境や努力がなされやすい条件は,社会的に不均衡だからです。高学歴の両親をもつ子どもほど高学歴になりやすく,都市部の子どもは農村部の子どもよりも進学において有利なのは今もなお統計的な事実です。国会議員の世襲も,メリトクラシーの建前を嘘くさいものにしています。そのような不平等があらわになることで,メリトクラシーは,その支配の正統性を不安定にします。

2 階級再生産

　P.ブルデューは,身体化された文化——言語の用法や感受性などが含まれます——のことをハビトゥスと呼びましたが,学校は,子どものハビトゥスを評定する装置としての側面をもってしまっています。ブルデューらによれば,低い階層の子どもよりも高い階層の子どもの方が,学校から求められる文化的価値に近いところにはじめからいます。家庭でも用いられている論理的な言葉,蔵書と読書習慣,芸術作品の身近さ,そして高等教育への親近性は,高い階層の子どもには自然なこととしてもたれやすいというのです。高い階層の子ども

▷1　竹内洋, 1995,『日本のメリトクラシー——構造と心性』東京大学出版会.

▷2　ここでのブルデューの議論については,以下の2冊をあげておく。ブルデュー, P., 石井洋二郎訳, 1990,『ディスタンクシオン——社会的判断力批判』(Ⅰ・Ⅱ)藤原書店. ブルデュー, P.・パスロン, J.C., 宮島喬訳, 1991,『再生産——教育・社会・文化』藤原書店.

たちにとっては学校教育は家庭の文化に連続しており，それゆえ，余裕をもって学校での課題に対処できます。一方，低い階層の子どもたちは，学校を不慣れなものがあふれた不自然な場所として体験することになりやすいのです。また，低い階層の子どもたちは，生活に密着した有用性につながる価値に重きを置くことによって，高い階層においては価値が認められる洗練性を退屈なものとみなしがちです。しかし，子どもたちが自分たちのその価値に従ってまっすぐに「役に立つ」ことを求めれば，競争から降りることにつながるかもしれないのです。

文化資本——社会的地位の維持や上昇に寄与する文化のことです。「資本」ですから，それによる利得が期待できるという意味を含みます——は，そもそも不均等に配分されています。学校教育制度は，もちろん平等で均質な国民を生み出すための大規模な仕掛けではあったのですが，教育内容が「正統文化」に対応しており上位の階層が有する文化資本に高い価値をもたせているため，結果的に，高い階層の子どもを高い階層へ，低い階層の子どもを低い階層へと配列する装置として機能している側面があります。そして，そのメカニズムを通して，階層は閉鎖され，階級として固定されてしまいます。ブルデューは，その事態を，階級再生産と呼びました。ブルデューのこの議論は，メリトクラシーの建前に対して，真正面から異議を突き付けているといえます。

③ 「コミュニケーション能力」の陥穽

それにしても，これまでなぜメリトクラシーが維持できたかといえば，政治における選挙のような，試験という制度があったからだとやはりいえます。選挙による民主主義も試験の平等主義も建前といえば建前ですが，その結果は受け入れるよりないところがあります。学力という努力と結びつけやすい能力は，それを結果として示すことで，尊重しようという態度を多くの人々にもたらしてきたわけです。ところが今日，就職活動の現場において（あるいは大学のAO入試などにおいても），「コミュニケーション能力」だの「人間性」だのといった新しい能力が求められています。非社交的な「ガリ勉」タイプは排除されるということです。実は，こうした新しい能力は，努力によってではなくその人が接してきた文化的な環境によるところが大きい能力なのです。[3] つまり，それらは，学力よりもいっそう文化資本としての性格を色濃くもつのです。しかも，「コミュニケーション能力」や「人間性」における「能力がない」という判定には心から受け入れることが難しいところがあります。これらの新しい能力観に基づくメリトクラシーは，果たして正統性を得ることができるのでしょうか。人間を測定する価値が広範な人々を説得する力がないままに序列づけに用いられるようになった一方，階級化といってもよいような社会的分断が進行している，これは支配の正統性の危機を予感させる事態でしょう。　　　　　（西澤晃彦）

▷3　本田由紀，2005，『多元化する「能力」と日本社会——ハイパー・メリトクラシー化のなかで』NTT出版.

4　社会的排除と貧困

① 貧困基準

　そもそも貧困とは何なのか，その定義は曖昧です。その一方で，政策の立案や援助方法を構築する必要から貧困基準が作り出され，統計表の上に「線を引く」ことはなされてきました。たとえば，相対的貧困率というものがあります。これは，一国内で世帯単位の所得を一つのものさしの上にのせて中央値の半分のところに線（いわゆる貧困線，これが貧困基準です）を引き，それ以下の人々の比率を測定するものです。2015年現在で，日本の貧困率は15.7％，子どもの貧困率は13.9％となっています[1]。こうした一定の基準によって，時系列的に貧困層の増減が観察されたり，あるいは国際比較がなされたりすることはきわめて重要です。ちなみに，同様の基準で貧困率を計測している OECD 諸国内で比較をすると，日本は，税や社会保障による再分配がなされない状態では中位ですが，所得再分配後の数値ではアメリカに次ぐ貧困率の高さになります[2]。日本の社会福祉・社会保障は，貧困対策としては弱いことがわかります。

② 社会学的概念としての貧困

　貧困基準の有用性を強調した上で，貧困への社会学的アプローチを試みるために，社会学的な貧困概念を準備しておきたいと思います。貧者であることは，社会的なスティグマ（烙印）です。ひとたび貧者として認識されれば，それは否定的なイメージを伴う烙印となり，その人はその烙印を通してしか理解されなくなります。そして，スティグマから自由になるための自己呈示は，往々にして社会的に拒絶されます。誰もがそうであるように貧者もまた，「今の私ではない私」を模索し「そうありたい私」を自己呈示して他者からの承認をとりつけようとする存在ですが，貧困はそのようなアイデンティティへの欲望を挫く圧として貧者によって体験されます。貧しい人々のささやかな「ぜいたく」を非難する攻撃性はそこここで見受けられますが，そのようなぜいたくは貧困の現実から身をよじるようにして「今の私ではない私」を見出そうとする試みであることも多いのです[3]。

　貧困が共有されそれゆえに連帯・相互扶助が成立した時代・状況とは異なる近代の個人化された社会においては，貧困は孤立と結びつきやすくなります。正規雇用よりも非正規雇用がそうであるように，貧者は，組織の外部・周縁に

▷1　厚生労働省，2017，『平成29年版厚生労働白書』（https://www.mhlw.go.jp/wp/hakusyo/kousei/17/backdata/01-02-01-18.html）.

▷2　厚生労働省，2012，『平成24年版厚生労働白書』（www.mhlw.go.jp/wp/hakusyo/kousei/12/dl/1-05.pdf）.

▷3　西澤晃彦，2019，『人間にとって貧困とは何か』放送大学教育振興会.

位置づけられやすく，流動性の高い生活を強いられ低家賃の住宅や寮，簡易宿泊所，福祉施設などの居住者であることも多いため，地域社会からも疎外されやすいのです。そして，家族を維持することができなかったり結婚をすることが難しかったりで，単身化しやすいといえます。さらには，日本の場合，自らの境遇を恥じ，自己を責める貧者が多く，それもまた孤立を深めています。貧者には自己を承認してくれる他者が得難く，それゆえに自らの存在がどうにも否定的なものに思われてしまう，それが困難としての貧困の核心にあります。アイデンティティはあくまでも他者からの承認によって成立可能であるので，困難としての貧困体験も，貧者に用意された社会関係に捕われながら体験されることになります。貧困への社会学的なアプローチは，困難の核心を捉えながら，貧者の社会関係のあり様とそのアイデンティティ構築の過程に焦点をあてて議論するものになるでしょう。そして，それは，経済的な生活状態についての研究を強く補完するものにもなるでしょう。

▷ 4　西澤晃彦, 2019,『人間にとって貧困とは何か』放送大学教育振興会.

③　社会的排除と貧困

　社会的排除とは，「もつ者」たちが，ある社会的カテゴリーへの帰属を根拠として「もたざる者」を締め出す関係を指し示す概念です。ジェンダーやエスニシティ，国籍，年齢などといったカテゴリーに含まれるというそのことをもって，通念化したイデオロギーによって正当化されつつ，排除は遂行されていきます。今日的な貧困層の現実は，さまざまなカテゴリー間関係における排除の帰結ともいえ，「誰が貧者となるのか」を説明し，その人々の貧困体験について理解する上で，社会的排除はキーとなる概念であると考えられます。

　社会的排除は，ある種の関係を指し示す概念です。労働市場において，大卒と高卒は排除‒被排除の関係にあります。正規雇用の社員と非正規雇用の社員も排除‒被排除の関係にあります。あるいは，新卒採用の大学生とフリーターも排除‒被排除の関係にあります。いずれも，前者のカテゴリカルな利益は後者の不利益を前提とするからです。後者を排除することによって，前者のパイは守られます。男性と女性，エスニックな多数派と少数派もまた同様に論じることができます。こうした直接的な排除関係は，貧者あるいは双方の自己認識・アイデンティティのあり様に影響を及ぼします。社会のさまざまな場面において，私を排除する他者のまなざしに晒され，自らが締め出された者であることを思い知らされるとき，貧者のアイデンティティ構築は困難に突き当たるのです。

▷ 5　岩田正美, 2008,『社会的排除』有斐閣.

④　誰が非正規雇用労働者になるのか

　パート，アルバイト，派遣労働者などの非正規雇用労働者の全雇用者に占める比率は，1980年代以降，急激に上昇しました。1985年に約16％であったもの

▷6　厚生労働省職業安定局，2014，「非正規雇用対策・若者雇用対策について」（http://www8.cao.go.jp/shoushi/shoushika/meeting/taikou/k_2/pdf/s9-1.pdf）.

が，2000年には約26％，15年には37.5％に達しています。人数でいえば，1990年には881万人だった非正規雇用者は，近年では2000万人に近づいています。非正規雇用の労働者を前提とする経済に転換していったことは明らかです。社会的排除論の視点からすると，ここで重要なのはその内訳です。

　高度成長経済終焉後に脱産業化（脱工業化）とともに新しく生み出されていった仕事は，パート労働者として女性，特に既婚女性を吸収しました。専業仕事人の男性と専業主婦の女性という組み合わせからなる近代家族のかたちは高度経済成長期を通じて最大限浸透しましたが，専業主婦化して潜在していた労働力が，パート労働者として労働市場に回収されたということになります。女性雇用者の内の非正規雇用の比率は増え続け，1985年が約32％，2000年には約46％，2003年に50％を突破して2015年には56.3％にも達しています。ちなみに，2015年の男性における非正規雇用比率は21.9％です。もちろん，女性の高学歴化・専門職化やエリートとしての職場進出もこの時期に進みましたが，それは，女性というカテゴリーと周縁労働力との間の強い結びつきを消すものではありませんでした。

▷7　内閣府，2016，『男女共同参画白書 平成28年版』（www.gender.go.jp/about_danjo/whitepaper/h28/zentai/index.html#honpen）.

　1980年代後半以降には，外国人労働者の数が増大し始めました。日本へと移住する人々を送り出した国は偏っていて，単純に近い国から来たというわけでもありません。外国人が就く職種・地位や居住分布も国籍により異なります。また，移動が開始された時期も違います。中国人の増加は1980年代前半の留学生受け入れをめぐる政策を契機としていますし，ブラジル人は1990年の改正入管法施行から一気に流入します。中国人留学生たちは日本語学校の立地に規定されて大都市部での「アルバイト」労働力になっていきましたし，ブラジル人たちは「寮」や公営団地に集住しつつ工場の非正規雇用労働に従事しました。

　今日では，技能実習制度を通じて入国した外国人人口も増加しています。特に急増ぶりが目立つのはベトナム人で，法務省入国管理局による在留外国人の国籍・地域別人口の集計結果では，台湾を含まない中国，韓国，フィリピンに次ぐ第3位で，ブラジル人，フィリピン人を上回ります。技能実習生は，帰国を義務づけられた出稼ぎ労働者といえますが，転職の自由が保証されず雇用先に管理されており異議申し立ても困難で，労働問題や人権問題について放任を招きやすい逃げ場のない環境に置かれています。このように，外国人の移動のあり方とその後の日本での生活は，国籍ごとに違い，それぞれの生活のあり方にはパターンがあります。こうした事実は，政府によってなされた，労働市場をにらんだ政策的介入と直接的に相関してもたらされたものです。

▷8　法務省入国管理局，2019，「平成30年末現在における在留外国人数について」（www.moj.go.jp/nyuukokukanri/kouhou/nyuukokukanri04_00081.html）.

⑤　非正規雇用の若者たち

　2000年代になって急激に非正規雇用比率が増大したカテゴリーが「若者」でした。在学中を除く15歳から24歳の非正規雇用比率は，2000年から2002年の間

に 7 ％上昇して30％を突破し，2013年の数値では32.3％となっています。1993年時点と比較して約20％強も上昇しており，全年齢階級中最大の上げ幅になっています。少なくとも 4 半世紀前までは，どの年齢層よりも15歳から24歳の非正規雇用比率は低いものでした。しかし，若者は，企業組織にとっては，正社員となるまでは残酷にもなれる「よそ者」です。そして，学卒時に組織社会・企業社会に入ることに失敗すれば，非正規雇用労働者の地位からの自力での脱出は難しいのです。一時的な景気浮揚とこれまで企業組織が多数抱え込んできた年齢層が定年を迎えることによって，新卒学生の就職率が上がるということはもちろんあります。しかしながら，若年層の非正規雇用比率は今日でも高い水準のままですし，幸運な世代の新卒学生がうまく就職できたとしても，新卒時に正規雇用の地位を獲得し損ねた人が正規雇用職に参入することが難しい状況は変わらず，「見捨てられた」世代の貧困層は蓄積されたままに置かれています。

　では，若者たちの中で，職業世界から排除されて周縁労働力として位置づけられやすいのはどのような人々なのでしょうか。何よりも，低い学歴は大きな要因です。大卒より高卒が，高卒より中卒が，非正規雇用労働者になりやすいのです。加えて，学歴は貧困を背景として学習環境や学習への動機づけを欠く子どもたちほど低く，またそうした子どもたちほど職業生活の始まりから非正規雇用労働者になりやすいということになります。まさにそのようにして貧困は世代的に連鎖しているのです。

6 潜在的貧困層

　カテゴリカルな排除によって，誰が非正規雇用労働者として「選ばれている」のかをみてきました。しかし，正確にいえば，非正規雇用の労働者の増大は貧困化とパラレルであるとは言えません。女性が潜在的貧困層であることが家族の中に紛れ込めば見えないように，それぞれの家庭にフリーターの息子や娘がいるからといって，貧困層の増加には直結しません。しかし，非正規雇用の労働者となった多くの若年層は，家族の経済力や家族からの離脱の程度に応じて，時間的経過とともに貧困化していくことが容易に推察されます。いずれにせよ親の死は避けられません。多くの日本の家族は，高度経済成長時やバブル経済時の貯えを吐き出して存続を図る局面にあると思われます。また，生涯未婚比率の上昇が続いており，単身世帯の増加も顕著です。家族という保護膜が失われていくことによって，潜在的貧困層であった非正規雇用労働者も，はっきりと貧困層として立ち現れることになります。　　　　　　　　(西澤晃彦)

▷ 9　厚生労働省職業安定局，2014，「非正規雇用対策・若者雇用対策について」(http://www8.cao.go.jp/shoushi/shoushika/meeting/taikou/k_2/pdf/s9-1.pdf)．

　「エスニシティ」とは何か

　エスニシティ研究

「エスニシティ（ethnicity）」とは，英語圏で行われてきた研究を中心に使われてきた概念で，文化的・心理的特性に基づいた，社会集団の社会的・政治的な分類の基準として用いられています[1]。

❍エスニシティへの着目

1950年代半ば以降，アメリカの各地で黒人による公民権運動が盛り上がりを見せたこと，そして1960年代後半から1970年代にかけてヨーロッパでも地域主義運動が活発化したことなどから，こうした社会現象を説明するための概念としてエスニシティは用いられるようになりました。

当時は，人種や民族をめぐる紛争や対立というのは，主として発展途上国で起こるものであり，先進国では，近代化，産業化の過程でみられなくなるのではないかと考えられていました。しかし，こうした見方に反する諸問題が続発したことで，これらを分析し，説明するための概念が必要になったのです。

エスニシティという概念が注目される大きなきっかけを与えたのは，ネイサン・グレイザー（Glazer, N.）とダニエル・モイニハン（Moynihan, D. P.）共編の *Ethnicity: Theory and Experience*（1975）という著作です[2]。この著作が発表されて以降，エスニシティという概念を用いた論文や著作が増えていきました。

❍人　種

「人種（race）」は，人々を肌の色や毛髪の色などの生物学的な特徴により分類するために用いられている概念です。一見客観的に思える身体的・生物学的特徴による分類ですが，実際には人々の認識体系に基づいて社会的に構築されている分類です。19世紀には，イギリスやフランスなどの西欧を中心とした価値観により，人々の生物学的特徴は文化的特徴や心理的特徴と結び付けて捉えられるようになり，「白色人種」をもっとも上位におく序列がつくりあげられました。そうした人種主義学説は20世紀には，ナチス・ドイツによるユダヤ人虐殺にもつながりました。

❍エスニック・グループ

人種概念が生物学的な特徴という客観的で固定的な差異に基づく分類であると信じられるなかで，それに代わり人々の集団を文化的な特徴で分類しようと用いられだしたのがエスニック・グループという概念です。エスニシティは，

▷1　エスニシティという概念は，社会科学の学術用語として，世界中の研究者に受け入れられているわけではない。たとえばフランスでは，エスニシティは人種差別につながるような概念であると考えられており，共和主義的平等の理念もあり，特定の属性にこだわる集団は，普遍主義に反する前近代的な存在であるとみなされる傾向も強く，使用されることは稀である。

▷2　グレイザー，N.・モイニハン，D. P.，内山秀夫訳，1984，『民族とアイデンティティ』［抄訳］三嶺書房.

そうしたエスニック・グループが表出する特性の総体を指しています。

2 エスニシティの諸定義

エスニシティは，複雑で多元的な性格をもっているため，定義するのが難しく，これまで提出されてきた定義も一様ではありません。

顕在的な文化的特性や心情（共通の祖先や出身地域，慣習，言語，宗教，共通の価値観など）に基づいてエスニシティを規定しようとする立場では，共通する特徴を基準に形成されるエスニック・グループは実体のある社会集団であるとみなされ，研究では，その文化的内容が問われることになります。

そうした実在論的視点に立ったエスニシティ研究を大きく転換させることになったのが，人類学者フレデリック・バルト（Barth, F.）のエスニック境界論です。エスニック・グループの境界を示す文化的な特徴は固定的なものではなく，時とともに変化することが考えられます。また，成員の文化的特性も変化するかもしれないものです。そのことから，集団の文化的内容を問題にするのではなく，他の集団との相互行為のなかで集団間の「境界」がいかに生成され，維持されるのかに研究の焦点をあてたのがこの理論です。

非実在論的な視点を採用して，エスニック・グループは社会的に構成されるものであるという立場をとるアプローチでは，エスニシティを定義する際，自らをある集団の成員であると考える過程や，他者からある集団の成員であるとみなされる過程，あるいはある集団へ帰属していると自ら考え，他者からもそのようにみなされる過程に焦点をあてます。

今日の定義の特徴は，客観的な基準と主観的な基準の結合がみられることです。エスニック・アイデンティティも，単にエスニック・グループの成員の主観的な意識によってのみ決まるのではなく，顕在的特徴に基づいて判断する外部との相互作用によって規定されるものでもあること，また固定的なものではなく戦略的に選択される流動的なものであることが強調されます。

エスニシティはこのように，社会学に新しい視点をもたらすことに貢献した概念であるといえるでしょう。

3 日本におけるエスニシティ概念の受容

日本でも，1980年代後半以降に外国人労働者が急増したこともあり，この概念を用いたさまざまな研究がみられるようになりました。しかし，日本社会におけるエスニシティをめぐる問題は，最近になって新しくあらわれたのではありません。アイヌ民族や沖縄の人々，在日韓国・朝鮮人など，さまざまなかたちで差別され，抑圧されてきた人々がいることを忘れてはならないのであり，エスニシティという概念は，このように以前から存在している問題を分析するのにも有効であると考えられています。　　　　　　　　　　　　　　（中力えり）

2　国民国家とその課題

① 「国民国家」の成立

　国民国家（nation-state）の歴史をみてみると，この国家形態が最初に成立したイギリスとフランスの場合でも，わずか200年あまりにすぎないことがわかります。つまり，国民国家とは近代になって登場した制度なのです。

○「国民国家」とは何か

　では，国民国家とはどのような国家を指すのでしょうか。それは，「国境線に区切られた一定の領域から成る，主権を備えた国家で，その中に住む人々（ネイション＝国民）が国民的一体性の意識（ナショナル・アイデンティティ＝国民的アイデンティティ）を共有している国家」です。[1]

○ネイション＝国民

　国民国家の成立において，さまざまな面で大きな影響を与えたのがフランス革命です。それまでの身分制階級社会が崩壊し，代わって平等な市民社会の成立が目指されるようになったことは，人々の意識にも大きな変化をもたらしました。市民として国家に参加する道が開かれるようになった人々は，主体的な意識をもつようになっていったのです。国家主権の担い手としての国民という意味でネイションが用いられるようになるのも，こうした変革を経てのことです。[2]

　国民国家は，ネイションがまず先にあって国家が形成されたのではありません。歴史的には，まず国家が形成され，そのあとでそのなかに住む人々が国民として創り出されていく過程がみられました。独立を果たして国民国家を形成しようという場合にも，その目的のためにネイションが仕立て上げられていくことになります。したがって，ナショナリズムも近代に入ってからの想像上の産物であり，民族意識が覚醒されたものではないということができます。

○想像の共同体

　ベネディクト・アンダーソン（Anderson, B.）によれば，国民とは「イメージとして心に描かれた想像の政治共同体（imagined political community）」です。[3]

　本来の共同体（コミュニティ）というのは，人々が日々顔を合わせる機会があるような，村の組織などを指していました。しかし現在では，大多数の同胞を知ることもないのが現状です。それでもなお，一人ひとりの心のなかに実際には存在しない共同体がイメージされているのです。たとえば，サッカーの国際試合で日本代表チームをなぜか応援してしまうというのも，想像の共同体が

▷1　木畑洋一，1994，「世界史の構造と国民国家」歴史学研究会『国民国家を問う』青木書店，p. 5.

▷2　ネイションは他に国家や民族という意味でも使用される。

▷3　アンダーソン，B.，白石隆・白石さや訳，1987，『想像の共同体——ナショナリズムの起源と流行』リブロポート.

心のなかでイメージされているからといえるでしょう。

○ナショナル・アイデンティティ

　国民による国民的一体性の意識の共有は，国家の成立時からみられるわけではありません。それは，領域内に居住する多様な集団が，国民へと加工されていく過程で創り出されていくものです。

　多様な要素を統一して国民に形成していくためには，さまざまな方法が駆使されますが，なかでも重要な役割を果たすものの一つが学校教育です。歴史や地理の教育，そして言語の教育などを通して，人々は次第に共同性の意識をもつようになっていくのです。

2　国民国家の問い直し

　国民国家形成の過程で同化を強要された人々の間では，不満や要求がたまっていきました。それがさまざまなかたちで噴出したとき，国民国家の虚構性が次第に明らかになっていったのです。

　国民国家の典型といわれたフランスでも，1960年代後半から1970年代にかけて，独自の言語や文化をもつ地域で地域主義運動が盛り上がりをみせ，少数言語の復権や経済的な格差の是正など，さまざまな権利要求がなされていきました。それは，国民国家の自明性をゆるがし，社会の実態を顕在化させる出来事でした。

　アフリカでも，植民地が独立し，国民国家システムが移植された際，国内の対立や紛争が続発しました。それは，近代化の遅れから説明できるものではなく，むしろ現実の地域社会の構造を考慮に入れずに，帝国主義時代に西欧列強が恣意的に画定した境界がそのまま引き継がれたために起こった問題でした。複雑な民族構成をかかえた国家がほとんどであるにもかかわらず，国民国家モデルがもちこまれることにより，さまざまな矛盾が対立や紛争というかたちであらわれたのです。

　今日，人や物，資本，サービス，情報が国境を越えて移動することがますます多くなっています。欧州連合（EU）が地域統合により国境の壁を低くする試みを続けるなど，国民国家の従来のあり方は，一方では変容を迫られるようになっています。定住する外国人労働者などによりもたらされる多様性も，いかに尊重していくのかが重要な課題となっています。

　しかし他方では，差別と排除の論理をかかげながら，国境の壁を高くしようとする動きや，外国人を排斥する動きも一部でみられます。グローバル化の恩恵にあずかれていないと感じている人々，自分たちの意見が政治に反映されていないと考える人々の不満や不安をあおることで，その支持を得ようとする政治家の台頭もみられます。こうした流れがもたらす諸課題にいかに対処するのかも，問われるようになっています。

（中力えり）

　難民・移民をめぐる諸問題

近年，国境を越えて移動する「難民」や「移民」の問題が，大きな注目を集めるようになっています。

　難　民

「難民」の定義としてよく参照されるのは，国連の「難民条約[1]」です。それによれば，難民とは「人種，宗教，国籍もしくは特定の社会的集団の構成員であることまたは政治的意見を理由に迫害を受けるおそれがあるという十分に理由のある恐怖を有するために，国籍国の外にいる者であって，その国籍国の保護を受けることができない者またはそのような恐怖を有するためにその国籍国の保護を受けることを望まない者」のことを指します。

武力紛争を逃れるために国境を越えて他国に庇護を求める者は，難民条約では難民として想定されていないものの[2]，今日では難民として保護と援助の対象となることが多いです。国連難民高等弁務官事務所（UNHCR：The Office of the United Nations High Commissioner for Refugees）は，国境を越えないで自国内での避難生活を余儀なくされている「国内避難民」も，支援の対象としています。

　移　民

「移民」に関しては，国際的に合意された定義はありません。たとえば，国際移住機関（IOM）は「当人の　(1)法的地位，(2)移動が自発的か非自発的か，(3)移動の理由，(4)滞在期間に関わらず，本来の居住地を離れて，国境を越えるか，一国内で移動している，または移動したあらゆる人」と定義していますが，国連統計委員会への国連事務総長報告書（1997年）では，「通常の居住地以外の国に移動し，少なくとも12ヶ月間当該国に居住する人のこと（長期の移民）」と定義されています。

注意が必要なのは，移民と難民を明確に区別できるとはかぎらないことです。たとえば，経済的な理由で他国へ移住する者は経済移民であるとされますが，その背景に特定の集団の経済基盤の破壊を意図した措置があったという場合も考えられます[3]。

移民のなかには，はじめから永住を目的として，アメリカやカナダなどの移民国家に移住する者と，当初は一時滞在を予定して移動したけれども結果的に定住化する者がいます。就労を目的とした移動で，当初は短期滞在を予定して

▷1　1951年の「難民の地位に関する条約」と1967年の「難民の地位に関する議定書」の両方をあわせて難民条約と呼んでいる。

▷2　その他の国際条約，たとえば戦争の犠牲者の保護に関する1949年のジュネーブ諸条約などによる保護が受けられると考えられている。1969年にアフリカ統一機構（OAU）が採択した難民に関する条約では，国際連合の難民条約で挙げられている者に加え，「外部からの侵略，占領，外国の支配又は出身国若しくは国籍国の一部若しくは全部における公の秩序を著しく乱す事件の故に出身国又は国籍国外に避難所を求めるため，常居所地を去ることを余儀なくされた者」も難民として定義されている。

▷3　国連難民高等弁務官（UNHCR）駐日事務所，2015，『難民認定基準ハンドブック──難民の地位の認定の基準及び手続に関する手引き』［改訂版］.

いた場合でも，実際にはその滞在が長期化する傾向にあることはよく指摘されるところです。こうした人々の定住化は，当人たちの意思だけではなく，受け入れ国側の事情にも左右されています。

たとえば西ヨーロッパ諸国では，1960年代の高度経済成長の時期に，労働力の不足を補うために，多くの外国人労働者が，ヨーロッパ以外からも，二国間協定などによって受け入れられました。しかし1973年の石油危機以降は低成長期に入ったため，新たな外国人労働者の受け入れは停止されていきました。こうした措置は，すでに国内に居住していた外国人労働者の定住化と家族の呼び寄せを引き起こすことになりました。

今日，世界的な規模で国際移動は活発化してきています。難民の大量流入や移民の受け入れをめぐる摩擦など，国際社会が協力して解決すべき課題も多く生じています。そうしたなか，2018年に合意された国連の「難民に関するグローバル・コンパクト」や「安全で秩序ある正規移住のためのグローバル・コンパクト」（通称「移住に関するグローバル・コンパクト」）は，法的拘束力はないものの，連携を進めるための新しい国際的枠組みとして注目されています。

③ 日本における外国人労働者の受け入れ

日本は長年，外国人労働者は専門的・技術的分野においてのみ受け入れるという方針をとってきました。しかし，労働力の不足が深刻化していることから，経済界の強い要望もあり，2019年4月1日より施行された改正出入国管理法により，新たな在留資格「特定技能」を設け，一定の技能と日本語能力をもつ外国人労働者（政府は「外国人材」という用語を使用）に介護や外食業など特定の産業分野での就労を認めることになりました。

従来の方針を大きく転換することになったわけですが，建前上の方針とは異なり，実際にはそれ以前から，日本は外国人非熟練労働者を受け入れてきました。国内では賃金が低く，労働条件が厳しい職業が敬遠されており，外国人の労働に頼らなければ成りたたない中小企業も少なくありません。そうしたなか，多くの日系人や技能実習生，またアルバイトの留学生（週28時間までの資格外活動が認められている）がいわゆる「単純労働」に従事して，日本の多くの人々の暮らしを支えているのが現状です。

しかし，技能実習制度では，最低賃金以下で長時間労働を強いられるなど，これまで多くの人権・権利侵害が報告されています。新しい在留資格で働く外国人にも同様の問題がおきないか，懸念されています。

外国人労働者は，労働者であるだけではなく，生活者でもあります。地域社会における共存や社会保障の問題なども，重要な課題として提起されています。

（中力えり）

▷4 「出入国管理及び難民認定法及び法務省設置法の一部を改正する法律」により，「特定技能1号」「特定技能2号」の在留資格が新設され，法務省の外局として出入国在留管理庁が創設された。
「技能実習2号」を修了した者は，「特定技能1号」の技能・日本語の試験が免除となる。「特定技能1号」では，在留期間は通算で上限が5年で，家族の帯同は基本的に認められない。

▷5 1990年6月に施行された「出入国管理及び難民認定法の一部を改正する法律」により，日系二世には「日本人の配偶者等」，日系三世には「定住者」という，在留中の活動に制限がない在留資格が与えられたため，合法的に日本で働くことが出来るようになった。

多文化社会とその課題

 共生へ向けての課題

　経済のグローバル化がすすみ，人の国際移動も活発化するなかで，さまざまな文化的背景をもつ人々の共生は，検討すべき重要な課題となっています。政策面において適切な対応が期待される問題が多くありますが，多文化社会においてお互いを尊重しながら共生していくためには，認知構造の面についても考えていく必要があるでしょう。

　○エスノセントリズム

　自文化の視点を基準にしてあらゆるものごとを判断し，自分の文化が他者の文化よりも優れていると無批判に考える偏見的態度のことをエスノセントリズム（自民族中心主義，自文化中心主義）といいます。

　社会における支配集団がこのような視点を採用した場合，自らの価値体系とは異なる規範をもつ他者は劣った集団であるとみなされることになり，教育や強制によって矯正されるべき対象，あるいは差別や抑圧を受けてしかるべき対象として位置づけられることになります。このような態度はしたがって，他者と接する際に，その文化を尊重する姿勢を妨げることになるといえるでしょう。

　○オリエンタリズム

　自らをどのように規定するのかは，自らの認識によってのみ決まるのではありません。それは，自らが他者によってどのように規定されているのか，そしてそのなかで自らをどのように規定するのかによって決まっていくのです。支配的な集団がつくりだす認識枠組みは，したがって構造化された権力であるということもできるでしょう。

　エドワード・サイード（Said, E. W.）は，「オリエンタリズム」という概念を提出し，「西洋」と「オリエント」の二分法がつくりだされた言説であること，前者が後者を捉える際の視線に偏見がひそんでいること，そしてそのような認識枠組みがヨーロッパによる植民地支配を正当化するためにいかに利用されていったのかということを明らかにしました。

　「西洋」は，帝国主義時代に「オリエント」を他者として位置づけ，自らとの差異を強調するかたちで描いていきました。そこでは，「オリエント」の後進性に対する「西洋」の優越性が繰り返し主張されることになり，「オリエント」の多様性は，支配的集団の認識枠組みに基づく知識や単純化されたイメージが

▷1　サイード, E. W.,
板垣雄三・杉田英明監修,
今沢紀子訳, 1993, 『オリエンタリズム』（上・下）
平凡社.

生み出されていくなかで，無視されていきました。その結果，植民地は劣った地域であり，そこに住む人々も劣った人々であるため，支配してもよいという考えが浸透していくことになったのです。このような植民地支配の論理を支える視点は，他者自身によっても共有されていきました。

このような思考様式は，「西洋」と「オリエント」の間の関係だけではなく，さまざまな関係においてあてはまる見方です。私たち自身も，たとえば外国人に対して，「オリエンタリズム」の視点を採用していないか，考えてみる必要があるでしょう。

◯ステレオタイプ

今日，私たちはさまざまなメディアを通して，多くの情報を入手することができるようになりました。しかし，そうした情報は，それを発信する側の視点を含んでいることにも十分留意する必要があるでしょう。さまざまな情報を単に受動的に受け止めるだけでは，画一的で固定的なものの見方，すなわち「ステレオタイプ」を無批判に受容してしまう危険性があるのです。

ステレオタイプに基づいた知識とイメージによって，他者に対して早急な判断を下すことは，さまざまな問題をより根源的に考えることを妨げてしまいます。また，それが差別につながったり，就職の際の不利益につながったりすることもあります。

多文化社会における共生を実現していく上では，もちろん人々の「心がけ」だけが問題なのではありません。さまざまな権利が侵害されることなく認められるためには，たとえば国際的な条約の批准や国内法の整備を通して，また権利が擁護される制度の確立により保障していくことも不可欠となっています。

② 国際社会学

社会学は，その誕生以来，国民国家を単位とした社会を分析の対象としてきましたが，国民国家の虚構性が次第に明らかとなるなかで，新しい視点を導入していく必要性に迫られているといえるでしょう。

地域統合による超国家的な枠組みの模索，国民国家の枠組みに縛られない非政府組織の活躍，多国籍企業の活動，また人の国際移動の活発化などに伴い，現代の社会では，国民社会の枠組みでは捉えられない，国境を越えた現象や主体がみられるようになっています。そうしたなか，地域社会，国民社会，そして国民国家の集合体にとどまらない国際社会は，相互の関係のなかで捉えられ，分析されていくことが求められるようになっています。

近年日本で発展してきた国際社会学は，「国際社会・学」，「国際・社会学」そして「地域研究」の3つの視点から国境を越えた社会現象や社会問題を分析していこうとしていますが，その必要性はますます高まっていると言えるでしょう。

（中力えり）

▷2　馬場伸也, 1993,「国際社会学」森岡清美・塩原勉・本間康平編『新社会学事典』有斐閣.

日本の現状

 日本における外国人と出入国管理政策の変遷

　戦後日本の外国人政策は，敗戦とともに始まりました。敗戦の結果，日本は植民地や軍事占領地を失いますが，その際，日本国内に居住していた旧植民地（朝鮮・台湾）出身者の法的地位が問題になりました。この人々がどの国家のメンバー（であるべき）かという問題に，答えられる組織はありませんでした。他方，第二次世界大戦直後から1950年代前半にかけて，世界規模の冷戦を背景に朝鮮戦争が勃発します。日本の出入国管理政策は，このような国内外の状況が絡み合う中で，外国人を治安上の脅威と見なし管理する体制として出発しました。

　1952年，日本は連合国の占領から脱します。そのとき，日本政府は旧植民地出身者がもっていたとされる日本国籍を一律に剝奪しました。[1]戦後日本の「外国人」政策は，エスニック・マイノリティを出入国管理の主な対象とした点で特徴的でした。エスニシティと国籍とは別のものであるにもかかわらず，国籍とエスニシティとを国家が一致させたのです。

　世界的な潮流と日本国内の状況が，この体制を徐々に変化させていきます。ベトナム戦争の激化に伴い，1970年代後半に日本はインドシナ難民を受け入れ，難民条約を批准しました。[2]1980年代後半からのバブル景気によって，人手不足に苦しんだ産業界は，低賃金かつ不安定な状況でも雇用できる外国人労働者を求めました。そして1990年の改定入管法（出入国管理及び難民認定法）の施行と定住者告示によって，90年代以降，日本社会に多くの外国人が労働者として到来しました。

　しかし，その後の景気後退や保守政権によるバックラッシュは，新たに来日した人々が権利の主体となる発想を蝕みました。その代わりに採用されたのは，外国人の定住を可能なかぎり防ぎ，しかしなるべく低賃金で使いたいという発想に基づく出入国管理政策です。[3]1980年代まで，日本における外国人労働者の中で非正規に滞在しながら不安定・低賃金で過酷な労働を担っていた人々は珍しくありませんでした。しかし，南米から日系人が到来し，技能実習制度が整備されていく中，非正規滞在者は治安悪化の要因として否定的に捉えられていきます。さらに，留学生のアルバイトや技能実習生によって短期的かつ帰国を前提とした就労が増えるに従い，日系人も地域住民との軋轢やマナーの悪さが

▷1　大沼保昭, 2004, 『在日韓国・朝鮮人の国籍と人権』東信堂.

▷2　さまざまな権利から排除されていた旧植民地出身者は，粘り強い運動と難民条約の批准によって，国民健康保険や国民年金など社会保障の権利を獲得していきます。

▷3　梶田孝道・宮島喬編, 2002, 『国際化する日本社会』東京大学出版会.

言挙げされ，リーマン・ショック後の不景気の中で帰国を奨励されました。今日の日本の出入国管理政策は，就労を目的とした在留資格者より，留学や技能実習など，就労を目的としない資格で就労している外国人労働者が多い点が特徴的です。2019年から特定技能1号・2号という在留資格が設けられました。これにより，製造業・建設業などこれまで非熟練労働と見なされてきた分野や，介護・宿泊業といったサービス業にも，外国人労働者が受け入れられるようになります。外国人を働ける間だけ日本に滞在する，低賃金で管理しやすい労働力として利用する政策を，日本は採り続けています。

❷ ヘイトスピーチと「日本人」

ところで，かつて出入国管理制度の対象だった旧植民地出身者は，1991年に特別永住権を得て以来，在留資格が相対的に安定しました。しかし，この人々を攻撃する虚偽を流布させたり，旧植民地出身者のもつ特別永住権を「特権」と呼び長い差別と排除の歴史を無視したりする言論が，今でもインターネット上や街頭で行われています。2016年にヘイトスピーチ解消法が成立しましたが，この法律はあくまで自治体に対して，日本以外にルーツをもつ人々への差別を扇動する言論（ヘイトスピーチ）を行う団体に対処を求める，理念的な法律にとどまっています。旧植民地出身者を主な標的とする「日本型排外主義」は，植民地支配の責任をうやむやにしてきた戦後日本の歴史認識と，東アジアの地政学に端を発します。多様なルーツや在留資格をもつ日本人でない人々を，「外国人」と一括する出入国管理政策が，日本型排外主義を成立させているのです。

日本国籍をもつ人々の中にも，日本国籍を取得した人々や，両親のどちらかが外国籍である人々のように，多様な民族的・歴史的ルーツをもつ人々がいます。このような人々は，しばしば国籍に関係なく「外国人」や「ハーフ」と呼ばれています。彼らの日常経験を支えているのは，現在の日本社会において何となく共有されているかのような二つの「常識」ではないでしょうか。一つは「人間は日本人であるか，そうでないかのどちらかに分けられる」，もう一つは「誰かがなにじんであるかは明確だ」というものです。

この二つはどちらも間違っています。日本の国籍法は出生に基づく重国籍を容認しています。国籍の点において「日本人でもあり，外国人でもある」人々は多数いるのです。私たちが誰かを「日本人」ないし「外国人」であるとみなすとき，その定義は何に基づいているのでしょうか。国籍でしょうか。エスニシティでしょうか。誰かを「日本人か外国人か」の二つで識別するのは，識別する側のもっている「日本人」イメージの貧しさを示すものに他なりません。そして，誰かを外国人と名指すとき，名指す側の立場性は不問にされていることがあまりに多いのです。

(朴　沙羅)

▷4　正式には「本邦外出身者に対する不当な差別的言動の解消に向けた取組の推進に関する法律」。

▷5　樋口直人，2014，『日本型排外主義——在特会・外国人参政権・東アジア地政学』名古屋大学出版会．

▷6　奥田安弘，2017，『家族と国籍——国際化の安定のなかで』明石書店．

▷7　吉野耕作，1995，『文化ナショナリズムの社会学』岩波書店．

▷8　本文では，日本社会における「外国人」あるいは「非日本人」のおかれてきた歴史と現在の状況を，ほんの少し紹介しました。かぎられた記述ですが，いわゆる「在日外国人問題」の背景を二つ指摘したいと思います。一つは，外国人に対する憲法の基本的人権の保障は，外国人在留制度の枠内で与えられているにすぎないという認識です（通称「マクリーン事件」判決，民集第32巻7号1223頁）。これは，日本社会の中に基本的人権を保証されない人間集団を生み出しています。もう一つは，国籍・エスニシティ・人種の混同された「日本人」イメージです。これは，誰かを排除するには役立ちますが，包摂するには役立ちません。

誰かの人権を保証しない制度をもつ社会は，それ以外の人々の人権を十分に保証するのでしょうか。「彼ら」の問題は，排除され，差別される集団として「彼ら」を作り続けている「私たち」の問題です。

デモと民主主義
社会運動は社会を変える

世界のデモ，日本のデモ

　デモ，あるいは抗議デモと聞いたとき，皆さんは何を思い浮かべるでしょうか。見たことないけど何だか不穏なもの，時々どこかの国でやっているのを見る，何か怖い，あんなことやって意味あるのか——多くの人は，自分とは関係ないし関わることはないと思ったのではないでしょうか。

　現実の世界をみると，歴史的にみても現代をみても，デモは政治に大きな影響を及ぼしてきました。広場に集まる人々の力が独裁的な政権を倒したアラブの春（チュニジア，エジプト等）。2008年の経済危機によりヨーロッパで発生し，政権交代までもたらした反緊縮運動（ギリシャ，スペイン等）。隣の韓国では，ろうそくデモと呼ばれる抗議行動により朴槿恵前大統領が辞任しました。それ以外にも，オキュパイ運動（アメリカ），ひまわり運動（台湾），雨傘運動（香港），黄色いベスト運動（フランス），地下鉄値上げ反対運動（チリ）など，大規模なデモが毎年発生しています。

　こうした国々はいわば例外で，デモなんてそうそう起こるものではない。そう考えた人は，半分は正しく半分は正しくないというのが，社会運動研究からの回答となります。確かに，大規模なデモが起こる国は多くありませんが，図XI-1-1は日本が例外に属することを教えてくれます。これは，ISSPという国際比較調査の結果を示したもので，もっとも高いスペインとフランスでは，人口の半数が過去に一度はデモに参加した経験があります。日本は，図の一番右側にありハンガリー，ポーランドと並ぶ低さで，7％の人しかデモに参加したことがありません。過去1年に限っていえば1％と，調査した国の中で最下位になります。

　なぜ日本はデモが少ないのでしょうか。デモと

▷1　大畑裕嗣ほか編，2004，『社会運動の社会学』有斐閣.

▷2　抗議デモが発展して革命に至る例は，世界史を学べば容易に思い浮かぶだろう（スコッチポル，T.，牟田和恵監訳，2001，『現代社会革命論』岩波書店）。

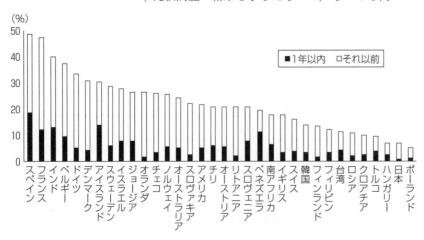

図XI-1-1　デモ参加経験者の比率

出所：ISSP（2013年実施）。

は常日頃の不平不満が爆発したものであり，日本にはそこまでの問題はないからではないか。しかしそれでは，日本より経済状況の良いドイツ，スウェーデン，オランダでデモが盛んな理由を説明できません。あるいは，デモは政治が民意を反映しないから起こるもので，日本の政治はきちんとしているからデモを必要としないのではないか。実際には，日本人が政府を信頼する度合いは他の国と比べてかなり低く，むしろデモは多くなるはずです。

よく持ち出されるのは，1960〜70年代の学生運動が仲間内でのリンチや警察との銃撃戦といった悲惨な結末を迎えたことです[3]。それまで社会運動に共感を抱いていた人も，社会運動を社会の敵とみるようになったのではないか，と。この説が正しいとすれば，暴力を目の当たりにした世代（1940〜50年代生まれ）が，一番社会運動を嫌いになりそうなものですが，現実にはそうではありません。デモを直接知らない若い人ほど，社会運動に対して怖いイメージをもっています[4]。

では何が正解なのでしょうか。日本にデモが少ない理由，そして世界にデモがあふれている理由を，東日本大震災以降の状況をもとに考えていきましょう。

❷　東日本大震災と大規模デモ

◯福島第一原発事故と反原発デモ

日本にデモが少ないと書きましたが，あくまで他の国に比べればという意味であり，近年になってデモは復活したという見方が強くなっています[5]。そのきっかけとなったのは，2011年に発生した東日本大震災に伴う福島第一原発事故でした。大規模な原発事故は決してこれが初めてではなく，1979年にはアメリカのスリーマイル島原発，1986年にはソ連（現ウクライナ）のチェルノブイリ原発で大規模な事故が発生しています。

特に，チェルノブイリ原発事故は半径30km以内での居住が今でも禁止されており，影響の大きさゆえに世界的な反原発運動を生み出しました。今は特に問題なく動いている原発も，ひとたび事故になれば取り返しのつかない事態が生じてしまう。このような将来のリスクに対する不安が社会運動の原動力になると述べたのは，ドイツの社会学者であるベック（Beck, U.）でした[6]。彼が示した「リスク社会」という捉え方は，社会学の重要概念の一つとなっています。

日本でも，1980年代後半には反原発運動が盛り上がりましたが[7]，原発への依存度は高まっていきました。しかしこれは，事故の確率を低く見積もり，被害を甘くみたという意味で，原発のリスクを過小評価した政策といわざるをえません。福島第一原発事故という誰の目にも明らかな事態を受けて，2012年の首相官邸前抗議を中心に全国各地でデモが発生しました[8]。

このように書くと，原発事故の前では誰もが一緒，あるいは震災の影響を強く被った人ほど怒りに駆られて抗議デモに行くのではないか，そう思われるか

▷3　学生運動に関する近年のまとまった研究としては，小杉亮子，2018，『東大闘争の語り——社会運動の予示と戦略』新曜社を参照。

▷4　山本英弘，2016，「社会運動は怖いのか？——社会運動に対する態度を捉えるための試論」『山形大学紀要（社会科学）』47(1).

▷5　Chiavacci, D. and Obinger, J. eds., 2018, *Social Movements and Political Activism in Contemporary Japan: Re-Emerging from Invisibility*, Routledge.

▷6　ベック，U., 東廉・伊藤美登里訳，1998，『危険社会——新しい近代への道』法政大学出版局.

▷7　長谷川公一，1991，「社会紛争——なぜ原子力をめぐる合意形成は困難か」吉田民人編『社会学の理論でとく現代のしくみ』新曜社.

▷8　この時期の反原発運動については，以下の文献を参照（平林祐子，2013，「何が『デモのある社会』をつくるのか——ポスト3.11のアクティヴィズムとメディア」田中重好・舩橋晴俊・正村俊之編『東日本大震災と社会学——大災害を生み出した社会』ミネルヴァ書房. 町村敬志・佐藤圭一編，2016，『脱原発をめざす市民活動——3.11社会運動の社会学』新曜社. 小熊英二，2017，『首相官邸の前で』集英社インターナショナル）.

▷9　スリーマイル島原発事故後の反原発運動に関する調査では，こうした見方を支持する結果となった（ウォルシュ，E.・ウォーランド，R.，大畑裕嗣訳，1989，「スリーマイル島原発事故と市民の対応」塩原勉編『資源動員と組織戦略──運動論の新パラダイム』新曜社）。これによると，事故の影響の認知が強いほど運動に参加していたという。

▷10　こうした古典的な社会運動論の集大成として，スメルサー，N.，会田彰・木原孝訳，1973，『集合行動の理論』誠信書房を参照。

▷11　調査は科学研究費によるものであり，2017年12月に首都圏在住の楽天モニター7万7084名に対して行われた。結果について詳しくは，以下の文献を参照（佐藤圭一ほか，2018，「3.11後の運動参加──反・脱原発運動と反安保法制運動への参加を中心に」『徳島大学社会科学研究』32．樋口直人・松谷満編，2020，『3.11後の社会運動』筑摩書房）。

▷12　反安保法制運動についてまとまった研究はないが，SEALDsの中心メンバーのメッセージや自伝は，以下で読むことができる（奥田愛基，2016，『変える』河出書房新社．高橋源一郎・SEALDs，2015，『民主主義ってなんだ？』河出

もしれません。何かを奪われたことへの怒りが，人を社会運動に駆り立てるという見方は，時代遅れの理論といわれつつも，一定の支持を得てきました。しかし，私を含むグループで実施した世論調査では，そうした常識とは異なる結果となっています。

では，何がデモ参加ともっとも強く関連しているのでしょうか。それは，過去のデモ参加経験です。ここで図XI-1-2をみると，左側では震災以前にデモに参加した人が全体の約3％いることがわかります。その意味で，デモ経験者は少ないのですが，興味深いのは図の右側で，経験者の33％は反原発デモに参加していました。これは，未経験者の1％以下しかデモに参加していないのと比べると，非常に大きな違いです。

震災に伴う原発事故は，東北地方だけでなく首都圏を含む関東地方にも多大な影響を及ぼしました。その結果，反原発の世論が高まったことは，各種調査からも明らかです。とはいっても，聞かれれば反原発と答えるけど特に何もしない人，食べ物に気を付ける人，関心をもって情報を集める人，署名活動に応じる人などさまざまです。そうした温度差があるなかで，デモに行くかどうかを決める最大の要素は，過去のデモ経験でした。

○反安保法制デモと若者

反原発デモのピークから3年たった2015年，それまで認められていなかった集団的自衛権を盛り込んだ安全保障法制（安保法制）に反対して，国会前で大規模なデモが再び組織されました。このときは，SEALDs（自由と民主主義のための学生緊急行動）という学生グループが，ラップ調の「クールなデモ」で注目を集めました。若者は，社会のあり方に疑問をもち反抗する存在とされてきましたが，日本では学生が政治を避ける傾向が強かっただけに，大人には新鮮に映ったのでしょう。

こうしたデモは，反原発デモに参加したものの伝統的なデモのスタイルについていけない若者が，現代的な抗議方法として編み出したものです。つまり，反安保法制でのクールなデモには，確かに新しい要素がありました。しかしそれは，反原発デモに参加した経験を踏まえたものであり，決して無から生み出されたわけではありません。

ここで図XI-1-3をみてください。これは，震災以前のデモ経験，反原発デモへの参加経験の有無により，反安保法制デモに参加した比率を示したものです。震災以前のデモ参加経験が反原発デモへの参加に影響したことは，すでに述べた通りです。さらに，反原発デモに参加した経験者の8割以上が，反安保法制デモにも続けて参加していました。こうした

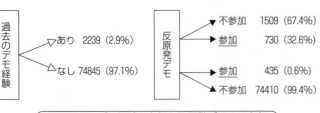

図XI-1-2　デモ経験の有無と反原発デモへの参加

注：数値は人数。

効果は未経験者についても該当し，反原発デモに参加するまでデモには無縁だった人の約半数が，反安保法制デモにも行っていました。

これは何を意味するのでしょうか。原発や安保法制にかぎらず，さまざまな問題に関心をもち意見をもつ人はたくさんいます。しかし，そうし

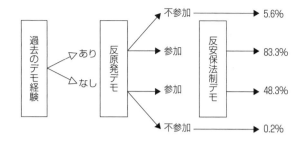

不参加 → 5.6%

参加 → 83.3%

参加 → 48.3%

不参加 → 0.2%

図XI-1-3　反原発デモへの参加が反安保法制デモへの参加に及ぼす影響

た人の多くは，デモを恐れて参加しないというよりは，デモという形で意見表明することが思い浮かばないといった方がよいのでしょう。それに対して，いったんデモを経験した人は，何かあれば比較的気軽にまたデモに行くわけで，要は慣れの問題だと考えられます。

③ 民主主義社会における社会運動の役割

では，最初に挙げた問いに戻りましょう。日本でデモが少ない理由は単純で，そもそもデモが少ないからです。拍子抜けする答えですが，決して皆さんを煙に巻いているわけではありません。日本の抗議活動は，1970年前後をピークとして衰退し，1995年には最盛期の4分の1程度まで減少しました[14]。これは，ある時点までは暴力のもたらす負の効果によっていたかもしれません。しかし，その記憶が薄れてからもデモが増加しなかったのは，デモがないのが当たり前の社会になったからだと考えられます。

そうした事態を変えたのが東日本大震災で，原発を稼働し続ける政府の政策に反発する人が集まることによりデモが復活しました。世界的にみれば規模が大きいとはいえませんが，その後の反安保法制デモを呼び込む形で，「デモがデモを生む」ようになりました[15]。その結果，デモがなかった日本で少しずつデモをしやすくなっているのが，2010年代の日本の状況です。

社会運動研究は，こうした現状を全体として望ましい事態だとみなします。その理由は第一に，昔はデモを不満の爆発した異常事態とみていたのに対し，現在ではデモを政治参加の一形態と捉えるからです。日本にかぎらず投票率が低下し，民主主義の危機が叫ばれるなかで，民意を目に見える形で示すのがデモというわけです[16]。

第二に，社会運動は現在の社会より半歩進んでものをみることができる，「未来の予言者」としての性格をもっています[17]。LGBTQといった性的マイノリティに対する認知を進める上で，社会運動はきわめて大きな役割を果たしてきました。一見奇妙に映るかもしれませんが，デモの主張に耳を傾けることで現在の問題を，そして将来の社会のあり方をみることができるのです。

（樋口直人）

書房新社）。

▷13　ケニストン，K.，庄司興吉・庄司洋子訳，1973，『ヤング・ラディカルズ』みすず書房．アメリカにおける近年の若者の社会運動については，以下が包括的に論じている。Milkman, R., 2017, "A New Political Generation: Millennials and the Post-2008 Wave of Protest," *American Sociological Review*, 82(1).

▷14　Nishikido, M., 2012, "The Dynamics of Protest Activities in Japan: Analysis Using Protest Event Data," *Ningen Kankyo Ronshu*, 12(2).

▷15　個々のデモは孤立したものではなく，相互に関係して一連の抗議サイクルを形成する（タロー，S.，大畑裕嗣監訳，2006，『社会運動の力——集合行為の比較社会学』彩流社）。

▷16　社会運動がこのように定着することについては，以下の文献を参照。Meyer, D. and Tarrow, S. eds., 1998, *The Social Movement Society: Contentious Politics for a New Century*, Rowman and Littlefield.

▷17　トゥレーヌ，A.，梶田孝道訳，1983，『声とまなざし——社会運動の社会学』新泉社。

2 社会運動
新しい社会運動とユニオン運動

新しい社会運動と新しい労働運動

　ここでは，社会運動の今日的な動きとして非正規労働者，女性労働者，移住労働者など未組織労働者を組織化しているユニオン運動を取り上げます。

　19世紀に生まれた労働組合は労働者が自らの生活・権利を守るために団結し，その目的達成のために，社会変革を求めて労働運動を展開していました。しかし20世紀にはいると労働組合は，「労使協調」のもとでの労働者の賃金要求，労働時間や労働条件について交渉するアメリカ型のビジネス・ユニオニズムと，労働者全体の福祉の向上を目指すヨーロッパ型のソーシャル・ユニオニズムとの二つの方向に制度化されていきます。1960年代以降，環境運動，フェミニズム運動，マイノリティの異議申し立てなどに代表される「新しい社会運動」が台頭し，既存の労働運動の制度化そのものが批判されるようになります。

　1990年代以降，新自由主義経済への抵抗軸として，南北アメリカ，南アフリカ，韓国，第三世界の開発経済国家を中心に，労働者のなかでもっとも立場が弱い人たちの労働運動の新しい動きが生まれています[1]。従来の労働運動の目的が組合員の経済的利益の追求と権利を守るという制度内のものだったのに対して，この新しいタイプの労働運動は，その特徴として，非正規労働者や移民労働者を組織化するなかで，労働者とコミュニティの人々を同じ側に団結させて地域社会へ大きな影響を与えるコミュニティ・ユニオニズムといえます。

　今日，反グローバリゼーションの動きのなかで，新しい社会運動においても，以前よりも経済問題や労働運動の役割の重要性が認識されています。労働運動のほうも労働運動の領域を超えた社会運動への志向性をもち，社会正義（social justice）の追及という意味で，社会運動的労働運動（social movement unionism）へ向かう動きがあります[2]。以下では，日本国内のコミュニティ・ユニオンを通して，草の根のローカルな社会運動的労働運動の特徴を紹介します。

コミュニティ・ユニオンのローカルな労働運動

　コミュニティ・ユニオンとは，コミュニティに根ざし，職場単位だけでなく個人加入も可能な労働組合です。1980年代以降，各地で結成されたコミュニティ・ユニオンの「コミュニティ」には多様な意味が込められてきました。それは，働く労働者一人ひとりの生活圏としての地域コミュニティ，職場単位での

▷1　Offe, Claus, 1985, New Social Movements: Challenging the Boundaries of Institutional Politics, *Social ReSearch*, 52(4): pp. 817-868.

▷2　大畑裕嗣, 2004, 「モダニティの変容と社会運動」曽良中清司ほか編著『社会運動という公共空間』成文堂, pp. 156-189. 鈴木玲, 2005, 「社会運動的労働運動とは何か」『大原社会問題研究所雑誌』562-563：pp. 1-18.

労働者の連帯を意味する職場コミュニティ，派遣ユニオン，ヘルパーユニオンなどの職能コミュニティで，労働市場から周辺化された女性労働者，障がい者，外国人などマイノリティを包摂するコミュニティを意味します。1990年には，各地で活動するユニオンが集まりコミュニティ・ユニオン全国ネットワーク（以下，CUNN）が結成されました。

コミュニティ・ユニオンが社会的に認知されたのは，1995年の阪神・淡路大震災後の「阪神・淡路大震災・労働雇用ホットライン」の開設と東海・関西地域のCUNNのネットワークが中心となった「被災労働者ユニオン」の設立でした。その後，被災地のユニオン活動が地域をまきこむ社会運動へと展開していきました。さらに，2000年代にはいると，若者の貧困問題が社会問題化していくなかで，アルバイト，フリーターのユニオン，女性ユニオンなど新しい役割を担うユニオンが相次いで生まれていきます。そのなかで，CUNNのネットワークは「労基法改悪NO！全国キャラバン」（1998年から実施）など労働法制をめぐるキャンペーンや「年越し派遣村」（2008年12月末）など反貧困の社会運動との連帯をつくるユニオン運動を展開していきました。

❸　ローカルな労働運動から社会をつくる運動へ

なぜ，近年，このようなユニオン運動が生まれたのでしょうか。その理由は，既存の労働組合の機能低下に求めることができます。第一に，経済グローバル化による企業間競争の激化によって，労働組合が企業の競争力に協力する労使協調型になったことが挙げられます。第二に，産業別・企業別の労働組合に組織されない非正規労働者が増加したことが挙げられます。

ここで取り上げたコミュニティ・ユニオンは，地域の小さな事業所や町工場で働き生活する労働者が自分たちの生活や仕事を守るために，一人，また一人と集まって動きだし，社会へ問いかけ，働きかけ，社会を変えていこうという方向に向かう新しいタイプの労働組合です。ユニオン運動に参加する人々は，個別の労働問題の解決を目指すだけでなく，その運動の過程で，同じようにしんどい働き方，生き方を強いられている他者の経験を共有し，あるいはユニオン運動に参加しなければ決して出会うことがなかった他者の存在を知り，他者との新たな関係性をつくっています。具体的に，ユニオン運動に参加する日本人組合員は労働相談を通して，地域のなかで働く外国人実習生や移住労働者と出会い，女性労働者の職場のハラスメントの相談に耳を傾けるなかで労働市場のジェンダー問題に気付き，ユニオンの団体交渉を通して，仲間の労働問題を自分の問題として引き受けていくなかで，個別問題解決で出会った弁護士や地域社会の多様な市民団体，運動団体と連携・協力関係をつくっています。このように，ローカルな運動がゆっくり，ゆっくりと社会を変え，社会をつくる運動へ向かっているといえます。

（文　貞實）

▷3　32都道府県下で79のユニオンが参加し，組合員数は約2万人にのぼる（https://cunn.online/）。

▷4　遠藤公嗣編緒，2012，『個人加盟ユニオンと労働NPO』ミネルヴァ書房，pp. 1-32.

▷5　文貞實編著，2019，『コミュニティ・ユニオン──社会をつくる労働運動』松籟社.

3　NPO/NGO と市民社会

 NPO/NGO って何？

　NPO や NGO という言葉を聞いたことがありますか。NPO は Non-Profit Organization（非営利組織），NGO は Non-Governmental Organization（非政府組織）の略です。日本では慣習上，NPO は国内で，NGO は国外で活動する組織を指すことが多いですが，基本的には NPO も NGO も，ともに「営利目的」でも「政府」でもない（Non）組織という点で共通です。今，これが大変に注目されています。それはなぜか，ということを考える上で，まず，Non（それじゃない！）といわれている「営利」「政府」について考えてみましょう。

② 国家の失敗と市場の失敗

　まず P の「営利」。要するに利益追求のことで，この目的に基づいて経済活動が行われる領域を「市場」と呼びます。その一番の主役は企業で，各企業は自分たちの利益を最大化するために経済活動を行います。個人もこの領域では，〈経営者〉や〈労働者〉や〈消費者〉になりながら，自分の利益のために活動します。ただし，この領域は放っておくと貧富の格差が際限なく広がってしまうし，人々が必要としながら利益にならないサービスは供給されません。

　これらの問題の解決を期待されるのが G の「政府」であり，「国家」の領域です。先進国では，国家は福祉国家として国民や企業から税金を集め，格差が広がらないように再配分したり，市場では十分に供給されないサービス（福祉や教育など）を提供します。個人は〈国民〉として，国家に生命・財産・権利を保障される一方，国家の法に服し，管理・統治される立場となります。

　さて近代社会では，市場と国家が大きな役割を果たしていたわけですが，1960年代の後半から，さまざまな問題が指摘されるようになりました。まず国家に対し，人々を画一的に管理し，標準的な生き方を押し付けているという批判が大きくなりました。同時に，福祉国家の仕組みに対しても，高い税が経済活動を停滞させるとか，非効率で柔軟性を欠くなどといった非難が行われました。他方，市場の広がりは，世界中で貧富の差を拡大し貧困状態を悪化させると同時に，環境問題や公害問題を地球規模で深刻化させています。従来，この市場の横暴を規制する役割を求められていたのは国家でしたが，現在は，国家を超えて問題がグローバル化しているために限界があります。

▷ 1　たとえば，税金が安く規制の少ない国に移動することで福祉国家の基盤を揺るがす多国籍企業も，増え続ける二酸化炭素も，さらには貧困や戦火から逃れてくる難民も，一国だけで対応できる問題ではない。

▷ 2　トクヴィル（Tocqueville, A.）
19世紀のアメリカ社会を分析した『アメリカの民主政治』において，個人と国家の間に立つ中間集団の自律性が，民主主義を実現する条件だとする知見を示した。これは現在に至るまで，民主主義論，大衆社会論，市民社会論などに非常に大きな影響を与えている。

▷ 3　特定非営利活動促進法
1998年に成立した通称 NPO 法と呼ばれる法律で，これによって NPO/NGO は容易に法人格を取得できるようになった。この結果，契約や財産管理を法人名義で行えるようになり，社会的信用が増すなどのメリットが指摘されている。2019年 9 月末までに 5 万1415団体が認証された。

3 市民社会と NPO/NGO

　この中で注目されてきたのが「市民社会」です。市民社会概念は多様ですが，ここでは**トクヴィル**[42]に端を発し，現在に至るまで大きな影響力をもっている概念を示しておきます。それによると市民社会とは，国家と市場と個人の間に位置する領域で，個人はそこで〈市民〉として，社会的な立場を問わず，理念に基づいて共同で公共的な活動を行うとされます。重要なのは，国家や市場に比べると決定的に弱い個人も，この領域で共同することで大きな力をもてるという点です。ここから，市民社会は民主主義の実現において重要だとされます。

　この市民社会において，〈市民〉が共同で活動するための組織こそが NPO/NGO であり，国家や市場の問題を解決する主役として期待されています。NPO/NGO は非営利のため，事業によって収益が出た場合もスタッフで分配せず活動費などに充てます。また国家のように煩雑な手続きや国益に縛られません。よって，より理念に基づいた活動が可能とされます。日本では，**特定非営利活動促進法**[43]によって認められたものを法制上は NPO 法人と呼びます。ただ，通常 NPO/NGO を指すときは，法人格をもっていないものも含みます。規模は，年間収入がほとんどないものから数億円を超えるものまで多様で，収入源も事業収入，政府の補助金，寄付など組織によってさまざまです。この多彩な実態を反映するように，定義も確定していません[44]。活動内容も一概にいえませんが，理念型（モデル）的に例を示すと，国家や営利企業が十分に作り出せない社会サービスを提供する事業や，政府や企業の活動を監視して被抑圧者の人権を擁護するアドボカシー活動等が挙げられます。実際には，社会運動組織と重なるものから，政府や自治体の下請け組織に過ぎないものまで多種多様です。

4 NPO/NGO の課題

　日本では，公共領域が国家・政府の領域だとみなされてきた経緯があり，別のかたちの公共性を生み出す NPO/NGO の活動は重要です。しかし，いくつかの課題があります。紙幅の都合上，重要な二点だけ確認します。第一に，NPO/NGO は国家に比べ，公平な再配分や福祉の財源確保を行う上で限界があります。NPO が福祉に携わる場合も，国家が人々の社会権を保障する責任[45]を十分に果たさなければ，根本的な問題解決には至りません。国家の責任を，NPO/NGO に押し付けるような「連携」には問題があります。第二に，国家と関係を強めることで，NPO/NGO の自律性[46]が失われ，政府に従属せざるを得なくなるという恐れがあります。こうなると，有効なアドボカシーや政策提言は困難となります。いずれの問題も，市民社会と国家・市場との関係をどう再定義していくかという大きな問題に関わっており，さまざまな知恵を結集させていく必要があります。

（仁平典宏）

▷4　たとえば，著名な NPO 研究者のサラモン（Salamon, L.）は，利潤の非分配，非政府，組織的体裁，自己統治，自発性等7つの要件をあげているが，この定義に従うと，多くの病院や私立大学も含まれる一方，協同組合等が含まれないことから，日本では一般的な用法とはいえない。

▷5　日本では，現役世代向けの福祉支出の割合が小さい上に，福祉削減の動きもあるので注意が必要である。財源を政府が確保しつつ，社会サービスの供給を NPO が担うといった選択肢が考えられる。

▷6　NPO/NGO への寄付に対する税制優遇制度を充実させることで，市民社会内部で財源を調達可能にしたり，政府からの補助金を得ても，自律性が保てるような仕組みが必要である。

（参考文献）

田畑稔・大藪龍介・白川真澄・松田博編著，2003，『アソシエーション革命へ――理論・構想・実践』社会評論社.

坂本治也編，2017，『市民社会論――理論と実証の最前線』法律文化社.

サラモン, L. M., 江上哲監訳，2007，『NPO と公共サービス――政府と民間のパートナーシップ』ミネルヴァ書房.

藤田研二郎，2019，『環境ガバナンスと NGO の社会学――生物多様性政策におけるパートナーシップの展開』ナカニシヤ出版.

4 後期近代におけるボランティア活動

1 融解する近代とボランティア・ブーム

ボランティア活動とは何でしょうか。これに答えることは結構難しく，その定義の曖昧さが一つの特徴といえるほどです。よく使われる定義は，「自発的」に「無償」で行われる「公共的」な活動というものですが，こういわれても具体的によくわかりません。ボランティア活動が行われている領域は，福祉，海外援助，地域活動，教育，環境，安全などじつに幅広く，その形態も，行政が推進するものから，企業が募集するもの，NGO や社会活動に関わるものまでさまざまです。ボランティアがもつ魅力とあやしさは，それが何かを明確に定義されないまま一括して〈善い〉とされる，その語られ方にあります。

現在，ボランティア活動率[2]は上がり，盛んになったといわれます。この背景はいろいろ考えられますが，ここでは機能領域の相互浸透という点に注目しましょう。近代という時代には，政治・経済・教育などの境界は明確でした。ところが，私たちの生きる後期近代では，その境界が流動化し各領域が相互浸透します。ボランティア活動は，その曖昧な領域に多く見出されるようになります。たとえば，最低賃金を下回る低額な報酬で介護を行うボランティア活動は，労働と社会参加の区別が曖昧な領域で行われています。また，まちづくりや学校づくりに参加するボランティアは，議会や行政の委員会等の公的な決定機関を通さずに，公的領域に影響を与えますが，これは「政治的なもの」が従来の範囲を超えて，社会参加との区別を曖昧にしていく中で生じています。

これには正負の両面がありますが，そこに参加するボランティアは誰かという点には注意が必要です。正当な賃金を得るべき人がボランティアとして働かされていないでしょうか。逆にゆとりある人ばかりが，まちづくりに参加していないでしょうか。〈善い〉イメージを一度カッコに入れ，問う必要があります。

2 後期近代における自明性の喪失とボランティアの動機

次に，個人の意味のレベルに目を向けましょう。ここで注目したいのは，近年のボランティア活動に特徴的な動機です。その代表的なものは，社会正義への意志や宗教的動機ではなく，ボランティア活動を通じて自己実現したい，自分探しをしたい，いろいろな世界を経験したいというものです。

これを別の角度から見ると，自分の本分とされる役割，つまり「主婦」や

▷1 たとえば，学校でのボランティア体験は「自発的」といえるのか，交通費や食事代，低額の謝礼をもらうことは「無償」といえるのか，自分が所属する集団のために行う活動は「公共的」といえるのかなど，曖昧な部分が生じる。これらの定義は普遍的なものではなく，社会によって変わる。日本でも，ボランティアの捉えられ方は時代によって大きく変化してきた。

▷2 ボランティアの数や活動経験率は，ボランティアをどう定義するかで異なる。たとえば，2011年の内閣府『社会生活基本調査』によると，過去1年間にボランティア活動を行った人（20歳以上）の割合は26.5%だが，2012年の「日本版 General Social Surveys」（大阪商業大学）によると「ボランティアのグループ」に加入している人の割合は8.6%だった。さらに「ボランティア活動」ではなく，「奉仕活動」や「慈善」など異なる言葉で尋ねた場合も，分布が異なる。

「サラリーマン」や「母親」や「学生」や「バイト」といった役割や活動だけでは，十分に満たされていないということです。これは，近代社会，特に後期近代におけるアイデンティティのあり方として，一般性をもっています。

　ギデンズ（Giddens, A.）によると，近代社会とは，自明性（当たり前さ）が喪失し，すべての意味が絶えず問い直される社会です。近代以前の伝統社会では，伝統や慣習が人々に生きる意味や指針を与えてくれていました。近代社会に入ると，その伝統や慣習が疑問に付されるようになります。その一方で，家族や学校や会社のよき一員であることが，よりよい生活や幸せにつながるという信頼は未だ共有されていました。しかし，近代の論理が社会の隅々まで浸透した後期近代では，その自明性すらも懐疑の対象になります。自分のアイデンティティは絶えず問い直され，このまま主婦／学生／今の仕事…を続けていいのだろうか，という不安が常に生じえます。この中で，日常とは別の世界，人間関係，価値観に触れられるボランティア活動が魅力的な選択肢として浮上してくるというケースが，広く生じていると考えられます。

　これに対しては，せっかくこれまでとは違う生き方があることに気づいた人も，ボランティア活動をすることで一時的に満足して，結局，既存の秩序や日常に戻ってしまうという批判もあります。ただ，ボランティアをきっかけに，既存の秩序を変えるラディカルな運動やNGOを支える活動に深く関わる人もおり，ボランティア活動と社会運動が連続している面も否定できません。

▷3 Ⅰ-9 を参照。

❸ 誰の声に応えているのか

　最後に一点だけ，問題を指摘しておきます。自明性が喪失する後期近代は，あらゆる選択肢にリスクがあると認識されるリスク社会でもあります。今の自分の立場は自明ではないという感覚は，別の生き方を指し示すと同時に，その立場に対する保守的な態度も生み出します。つまり「今の生活水準，今の家庭，今の仕事，今の人間関係があることは自明ではない。だからこそ守らなくてはならない」というものです。この意味づけのもとで生まれる代表的なボランティア活動に，地域の安全パトロールがあります。現在，全国で組織化が進んでいますが，地域住民や子どもたちの安全を守ることを目的とするこの活動は，時に，地域のホームレスや精神障害者を危険な存在として監視・排除することがあります。これは社会的弱者を支援するタイプのボランティア活動とは異なり，自分たちこそが弱い立場にあるという認識を出発点にしています。

　このように後期近代は，他者との間に開かれた関係性を作り出す活動を生み出す一方で，他者を排除しうるボランティア活動も生み出します。この中で，ボランティア活動をひとからげに評価することは困難です。その活動は誰の声に応えようとしているかという観点から，個別に吟味していくことが必要です。

（仁平典宏）

（参考文献）
ギデンズ，A.，秋吉美都・安藤太郎・筒井淳也訳，2005，『モダニティと自己アイデンティティ——後期近代における自己と社会』ハーベスト社.

中野敏男，2001，「ボランティアとアイデンティティ」『大塚久雄と丸山眞男——動員，主体，戦争責任』青土社，pp. 249-300.

仁平典宏，2005，「ボランティアとネオリベラリズムの共振問題を再考する」『社会学評論』222：pp. 485-499.

仁平典宏，2011，『「ボランティア」の誕生と終焉——〈贈与のパラドックス〉の知識社会学』名古屋大学出版会.

三谷はるよ，2016，『ボランティアを生みだすもの——利他の計量社会学』有斐閣.

5　東日本大震災と NPO・ボランティア

▷1　1995年の阪神・淡路
大震災において注目された
のが，全国各地から駆けつ
けたボランティアであった。
行政が機能不全に陥るなか
で，ボランティアによる災
害対応・被災者支援は被災
地の復興に多大な貢献をし
たといえる。そのことが，
1998年の特定非営利活動促
進法の成立へとつながって
いった。さらに災害以外の
分野においても，NPO や
ボランティアなどの市民セ
クターが社会を支える／社
会を変える大きな力として
定着するきっかけとなった。
阪神・淡路大震災における
ボランティアについては，
山下祐介・菅磨志保，2002，
『震災ボランティアの社会
学』ミネルヴァ書房，菅磨
志保ほか編，2008，『災害
ボランティア論入門』弘文
堂を参照。

▷2　震災前から宇部市と
は，同じ産炭地であること
などつながりがあった。ま
た，宇部市自身はこれまで
も水害被害の経験があり災
害対応のノウハウを蓄積し
ていた。

　2011年3月11日に発生した東日本大震災では全国各地から NPO・ボランティアが駆けつけ，支援しました。ここでは，東日本大震災において活動した NPO・ボランティア活動について具体的に紹介しよう。

1　東日本大震災における NPO・ボランティアの取り組み

　東日本大震災では被災三県を中心としてさまざまな NPO，ボランティアによる災害支援，復興支援活動が行われています。ここでは震災被災地である福島県いわき市周辺でどのような NPO・ボランティア活動が展開していたのかを紹介しておこう。

　まず紹介したいのはいわき市勿来（なこそ）地区災害ボランティアセンターです。近年の災害対応においては被災市町村の社会福祉協議会が災害ボランティアセンターを立ち上げ，運営するのが一般的であるのに対し，このセンターは地域の民間 NPO が運営しているところに特徴があります。地元の NPO が主体となり，山口県宇部市からノウハウも含めた各種支援を得て活動していました。被災した自宅の片付けなどの応急対応は2011年5月20日に終了し，その後はなこそ復興プロジェクトとして，勿来地区の復興支援活動を展開しています。この活動は，地域住民主体の災害ボランティアセンターの活動可能性を示すものとして重要です。

　次に紹介するのは，とみおか子ども未来ネットワークです。原発事故により全域避難を余儀なくされた福島県富岡町からの避難者により立ち上げられた当事者団体であり，その後 NPO 法人格を取得しました。広域避難するなかで，避難者である自分たちの声が避難元自治体や中央政府に届いていないという危機感から，全国各地でタウンミーティングを開催して避難者の声を集め，それを自治体や政府に伝えていきました。そのほか，広域避難のため富岡町の記憶が子どもたちに伝わっていかないという危機感から，「おせっぺとみおか」という同じ町民への聞き書き活動を行っています。この NPO の取り組みは，同じ町民への支援という側面もある一方，当事者として原発避難に向き合い，それを克服していこうとするところに意義があります。

　同じく広域避難に対応する取り組みとして，NPO 法人みんぷく（「みんなが復興の主役」の略称から命名）を取り上げます。この団体はもともと，3.11被災

者を支援するいわき連絡協議会として，いわき市内における各種支援団体の中間支援団体として発足しました（NPO 法人格を取得したのは2017年）。2015年からは福島県内に建設された原発避難者向けの復興公営住宅を対象とした，生活拠点コミュニティ形成事業を福島県から受託しています。具体的には，団地ごとにイベントを開催して入居者同士の交流を進めたり，自治会形成支援などの活動を通じて，団地内における人間関係づくりに取り組んでいます。そのような活動に対してこの団体に限らず復興庁など国からの各種助成金が出されています。孤独死対策や心のケアを含めて，長期にわたる被災者の生活再建ならびに被災地復興に対して公的セクターと民間セクターが役割を分担しつつ取り組みを行っています。

　最後に紹介するのが東日本大震災全国ネットワーク（JCN）です。この団体は直接いわき市で活動しているわけではありません。これまで災害救援に実績のある支援団体が集まり，情報収集や支援地域の調整を行うための連絡組織として立ち上げられたものであり，2011年3月30日に設立されました。2018年8月時点で612団体が参加しています。これまで全国各地でミーティングを開催することを含めて，全国的な災害支援 NPO の中間支援組織だといえます。東日本大震災は広域に被災地が広がっていますが，JCN はそれに対応する各地の災害 NPO の活動を調整する初の全国的なプラットフォームであり，その活動の意義は大きいものです。[4]

❷　東日本大震災における NPO・ボランティア活動の課題

　ここでは4つの取り組みについて紹介しました。それ以外にも，東日本大震災においては活動内容，活動時期，活動地域の点で多様な NPO，ボランティア活動が行われています。

　最後に，東日本大震災における NPO・ボランティア活動の課題を二点ほど確認しておきましょう。第一に，阪神・淡路大震災と比較して現地に入ったボランティアが少なかったという指摘です。被災地が遠いという問題だけでなく，被災地の行政や災害ボランティアセンターが規制をしたこと，そもそも被災地にボランティア活動を支える NPO が少ないといった理由が挙げられます。[5]

　第二に，NPO・ボランティア活動の活動基盤の問題です。震災をきっかけとして多くの NPO・ボランティア活動が生まれ，それに対する政府や民間企業などからの助成金も整えられました。しかし現在，多くの活動が運営資金の問題で活動から撤退しつつあります。被災地で活動する NPO が少ないことも含めて，被災から復興へ至る長期の過程のなかで団体をどのように支援していくかが大きな課題となっています。[6]

（高木竜輔）

▷4　菅磨志保，2016，「災害ボランティアをめぐる課題」関西大学社会安全学部『東日本大震災——復興5年目の検証』ミネルヴァ書房．

▷5　仁平典宏，2012，「3.11ボランティアの『停滞』問題を再考する」長谷部俊治・舩橋晴俊編『持続可能性の危機』お茶の水書房．

▷6　ただし，NPO やボランティアによる東日本大震災への支援活動はまだ継続しており，新たに発生した災害への対応も必要である。みなさんも東日本大震災を含めた災害被害の現場に目を向けて，自分にできる支援があるかどうか，考えてみてください。

1　環境をめぐる社会学

　環境社会学の源流

　世界のあらゆる地域で，深刻な公害・環境問題が噴出した1970年代，日本で
この問題に社会学から取り組んだのは，保健社会学，地域社会学，農村社会学
などの研究者でした。なかでも，1960年代後半から，水俣病の被害者に地域社
会構造が与える影響について調査を開始し，後に「被害構造論」を提出した飯
島伸子は，1970年代後半までは，社会学者のなかでは孤軍奮闘に近いかたちで
公害研究を行っていました。飯島は当時のことを，公害問題を社会学的に研究
することの妥当性や科学性に対する周囲の疑問や批判の厚い壁に悩まされたと
述懐しています。

　一方，アメリカでは1978年に社会学者のキャットン（Catton, W. R. Jr.）とダン
ラップ（Dunlap, R. E.）が，従来の社会学の人間中心主義的な考え方を批判する
新しい理論（New Ecological Paradigm）を発表し，世界的に非常に注目を集め
ます。それまで社会学では，人間が特例視され，動植物を含む自然環境は，人
間の管理下に置かれることを前提として，問題設定がされていました。これに
対し，ダンラップらは，人間も地球上の生物種の一つにすぎないという発想の
転換のもとに社会分析を行うことを主張したのです。この主張は，**ディープ・
エコロジー**という自然環境主義的な考え方と連なります。アメリカの環境社会
学は，こうした自然環境保護運動を基盤として発展しました。

　1980年代以降のアメリカでは，ブルーカラー層やマイノリティなど社会的弱
者が環境負荷の多い地域などに居住し，不平等な状態に置かれている事実に目
を向ける環境的公正（Environmental Justice）の課題に関心が寄せられました。
さらに1990年代に入ってからは，環境破壊の元凶としての政治体制や近代産業
社会システムを批判するラディカル環境社会学が注目されるようになりました。
これらの考え方は，日本の公害問題の分析の視点にも見出されるものです。

　日本の環境社会学は，ダンラップらの提唱する環境社会学から刺激を受けな
がらも，基本的には，公害問題の社会学研究をその源流とし，独自の展開を見
せています。

　環境社会学の研究領域

　環境社会学とは，自然環境と人間社会の相互関係に関して，その社会的側面

▷1　ディープ・エコロジ
ー
この運動の典型としては，
動物の生存権訴訟などがあ
る。

に注目して研究する学問です。相互関係のあり方には，人間社会が自然環境に過度の負荷をかけたことによる公害・環境問題の発生とその解決，そして，自然環境と人間社会の共存の実現，という二つの文脈があります。したがって，環境社会学の研究領域も〈環境問題の社会学〉と〈環境共存の社会学〉という二つに大きく分けられます。

〈環境問題の社会学〉とは，公害・環境問題が作り出される社会的仕組みや，問題によって被害を受ける人々の社会的な特徴を明らかにしたり，被害を社会的側面から総合的に把握したり，被害を克服するための問題解決の道を探求しようとするものです。

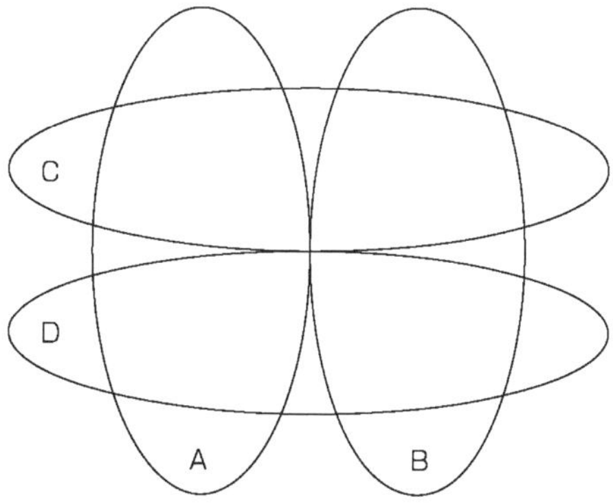

〈環境共存の社会学〉とは，環境と人間との共存が可能であるとしたら，それはどのような社会のあり方なのか，という問題意識のもと，自然環境と調和して共存してきた社会の特徴を，さまざまな時代や文化，地域に照らし合わせて検討するものです。また，環境破壊が進む地域社会の歴史・文化を含めた環境の保全・復元・再生の可能性について探求するものです。

この二大領域と交差するかたちで〈環境行動の社会学〉と〈環境意識・環境文化の社会学〉の二つの研究領域があります（図XII-1-1）。

〈環境行動の社会学〉は，日常的な環境負荷軽減の行動から，深刻な健康被害を受けた人々の生存をかけた反公害運動に至るまでの広い範囲の環境行動・運動を扱うもので，〈環境意識・環境文化の社会学〉は，いかにして，環境に関する価値意識が形成されうるのか，その意義や効果はどのようなものか，などを研究するものです。

環境社会学では，これらの領域が重なり合って，実証研究を積み重ね，理論を形成してきました。そのため環境社会学は，環境問題の解決への志向性を有していることを特徴としています。

A　環境問題の社会学
B　環境共存の社会学
C　環境行動の社会学
D　環境意識・環境文化の社会学

図XII-1-1　環境社会学の研究領域

出所：飯島伸子，2001，「環境社会学の成立と発展」飯島伸子ほか編『講座環境社会学１』有斐閣。

3　環境社会学の代表的理論

環境社会学の最初の代表的な理論として，「被害構造論」「受益圏・受苦圏論」「生活環境主義」「社会的ジレンマ論」の四つをあげることができます。「被害構造論」「受益圏・受苦圏論」は工業や開発による，いわゆる産業公害の分析を行うときに有用性を強く発揮する理論です。事実，水俣病や新幹線公害の分析を通じて形成されてきました。他方，「生活環境主義」は，自然の破壊に対する分析を通じて形成されてきた理論で，生態学を中心として発達してきたエコロジー論の批判の上に築かれたものです。それらに対し「社会的ジレンマ論」

は，ゴミ問題や合成洗剤による水質汚染など日常生活の分析を行うときに繁用されます。

○被害構造論

これは被害の実態を構造的に把握する考え方です。この場合の構造とは，被害者の視点に立って見た場合の，その被害を構成している要因の総体を指しています。たとえば「水俣病患者の被害」というとき，医学的レベルの被害だけではなくて，そこから派生する精神的被害，失業，経済的困窮，家族関係の悪化，地域社会での孤立や差別なども，分析の重要な対象とみなします。この理論の応用として，「加害構造論」やその両者の関連性に視点を定めた「被害‐加害構造論」などがあります。環境社会学者が，公害・環境問題の発生している現場で行う最初の調査は，おそらく被害構造論的な分析になるでしょう。それほど環境社会学では基本的な理論といえます。

○受益圏・受苦圏論

新幹線公害や清掃工場建設問題などの事例研究を通して，梶田孝道・長谷川公一・舩橋晴俊らの研究グループから創出された概念です。公害問題では，受益圏とは，一定の事業や施設や意志決定によって何らかの受益を享受する人々や組織の総体で，受苦圏とは，逆に，それらによって損害や苦痛を被る人々の総体です。たとえば受益圏・受苦圏がある一定の範囲内に納まっている「**東京ゴミ戦争**[2]」などの清掃工場建設問題の場合，地域内の社会的合意を形成するための場を設けやすいといえます。しかし新幹線公害では，新幹線を利用する乗客（受益圏）は全国に拡がっているのに対して，騒音と振動に苦しむのは（受苦圏）沿線住民に限られています。このような大規模開発の場合，範囲が拡大することで狭く深い受苦圏と広く薄い受益圏が生まれ，問題の解決を困難にしています。

○生活環境主義

生活環境主義というモデルは，嘉田由紀子・桜井厚・鳥越皓之・古川彰・松田素二などが，総合開発にからむ琵琶湖調査から，生み出したものです。

生活環境主義の考え方は，「**近代技術主義**[3]」や「自然環境主義」と比較するとわかりやすいでしょう。たとえば，日本における森林の扱いについて，自然環境の保護を最重視するエコロジー論に依拠した「自然環境主義」との違いを比べてみます。日本では，知床半島や白神山地などの一部の「原生林」を除いて，ほとんどが人による「利用」と「保全」によって維持されてきた「天然林」（2次林）と，植林による「人工林」で占められています。自然環境主義は，森林の生態系を重要と考え，原生林がもっとも価値ある森林とみなします。しかしながら，日本の森林の大部分が，人手によって守られてきたということを考えるならば，森林を守っていく担い手をいかに確保していくかということが，政策として重要となってきます。つまり，それは森林の担い手の「生活」を保障

> **▷2　東京ゴミ戦争**
> 1970年代，清掃工場の設置に反対する杉並区に対して，東京23区のゴミを受け入れていた江東区は，杉並区のゴミを拒否し，結果的には自区内処理を原則として，杉並区に清掃工場が設置される。

> **▷3　近代技術主義**
> 近代技術に信頼をおく考え方。近代技術が環境破壊をもたらした事実をいったん留保し，さらなる技術革新に問題解決を委ねる。環境悪化のスピードにテクノロジーの開発の速度が追いつかない場合は，問題先送りに終わる。

することを意味します。生活環境主義は，「生活」に重点を置いた分析を行う有効な分析モデルとなっています。

○社会的ジレンマ論

1970年代前後から，日照権，騒音，悪臭などのいわゆる生活公害，合成洗剤による水質の悪化や，自動車の排ガスによる大気汚染，エネルギーの浪費による資源の枯渇といった，新しいタイプの環境問題が出現します。それは被害者が同時に加害者というタイプになります。これらの新しいタイプの公害の分析に有効なのが，この社会的ジレンマ論です。

社会的ジレンマ論は，個人が合理的な行動をすればするほど，その結果として，社会全体が非合理になってしまう現象を分析するモデルです。複数の行為主体が，お互いに何の規制もなく自分の利益を追求していくと，その行為の集積結果が，環境に係わる「**集合財**[4]」の悪化を引き起こし，各行為主体あるいは他の主体にとって，望ましくない結果を生み出すとき，そのような構造をもつ状況を社会的ジレンマといいます。

社会的ジレンマ論は，新しいタイプの環境問題の解決がなぜ困難になるのかを説明するものですが，その原型は「共有地の悲劇」モデルに示されています。「集合財」あるいは「共有地」を望ましくない結果，悲劇に終わらせないためにはどのようにすればいいのか。近年，「コモンズ」や「入会」という集団管理・共有のあり方に積極的評価が与えられ，社会的ジレンマを解決する鍵として，期待されています。

❹ 環境社会学の研究戦略

これまでの日本の環境社会学は，個別の問題事例の研究を大切にし，そこで得られる知見を一般化して理論概念の形成を試みるという努力を積み重ねてきました。舩橋晴俊は，深く詳しい実証研究を通して一般性のある理論形成を志向するという「T字型の研究戦略」を提唱しています。

Tは Theory（理論）の頭文字です。この研究戦略のポイントは，理論的一般性を獲得するために，限定された対象について深く徹底的に実証研究に取り組むべきだという逆説的な方法の提唱で，Tの横線を理論概念，縦線を実証研究になぞらえて説明しているのです。この研究戦略は，理論形成に至るまでに非常に長い迂回路をたどることとなりますが，そのようにして形成された理論には独創性が備わることを強みとしています。日本における環境社会学の有力な諸理論は，いずれもこのような研究方法に立脚して発展してきたといえます。

環境社会学は，社会学の中でも新しい学問領域であり，一つの理論的体系を築く途上にあります。研究者たちは，率先して環境問題の発生している現場に足を運び，徹底したフィールドワークを通じて理論構築しようと格闘しています。環境社会学の魅力と面白さは，そこにあるといえます。　　　（原田利恵）

▷4　**集合財**
「集合財」とは，一定の範囲の複数の主体にとって共用可能であり，かつ，それが悪化というかたちで負の方向に変化した場合は，それを使用・享受するいずれの主体にも，影響が及ぶような財のことで，共有環境，共有資源，共有施設などがこのタイプの集合財である。

▷5　新しい研究動向については，関礼子，2005，「環境社会学の研究動向」『社会学評論』55(4) などを参照されたい。

（参考文献）
飯島伸子・鳥越皓之・長谷川公一・舩橋晴俊編，2001，『講座　環境社会学1──環境社会学の視点』有斐閣.
舩橋晴俊・宮内泰介編，2003，『新訂　環境社会学』放送大学教育振興会.
長谷川公一，2003，『環境運動と新しい公共圏──環境社会学のパースペクティブ』有斐閣.
鳥越皓之，2004，『環境社会学──生活者の立場から考える』東京大学出版会.

教育をめぐる社会学

① 教育社会学とは

◯教育社会学の定義

　教育社会学とは，社会現象の一つとして展開する教育の事実や教育問題などを社会学的に研究する学問領域です。といってもわかりづらいので，みなさんが「教育」という言葉から連想する事柄について，多くのデータを集めて，実証的に，そして客観的に考える学問だと思ってください。[1]

▷1　本書Ⅰ章参照。

　教育はそれが行われる場所（家庭，学校，地域，企業など）や，関係する人の立場や役割（子ども，親，教師など）によって分類されますが，教育が他者への意図的な働きかけであることは同じです。しかし子どもたちはテレビを見たり大人の話を聞いたりしていつの間にかいろいろなことを覚えてしまいます。そこには教育しようという意図はありません。これを形成作用と呼んで教育とは区別するのが一般的です。形成作用を非意図的な教育とみることもできます。教育社会学は意図的・非意図的，両方の教育を研究対象とします。

◯教育社会学のはじまりと発展

　教育社会学がいつ誕生したかははっきりしませんが，教育社会学の創始者と呼ばれるデュルケム（Durkheim, É.）を忘れることはできないでしょう。[2]

▷2　研究者紹介2を参照。

　教育は時代や社会によって大きく変わります。だから教育社会学も時代や社会・国によって独自の発展をしました。たとえばアメリカでは文化人類学，社会心理学，行動科学などの影響を受けて，豊富な実証的データを蓄積しながら社会階層と教育との関係や社会システム論などの方向に多様な理論が発展しました。イギリスでは解釈学的な方法を用いて，階層，社会的統制などを中心に研究が蓄積されています。日本では1949年に日本教育社会学会が創設され，1951年には機関誌『教育社会学研究』が刊行されて体系的な研究が進められています。しかし研究の対象や方法についての論議がくりかえされていることをみても，教育社会学はまだまだ発展しつづけている学問領域だといえます。[3]

▷3　『教育社会学研究』第64集（1999年）は「教育社会学の自省と展望——学会50周年によせて」という特集を組んで教育社会学という学問のあり方そのものを問おうとしています。

② 教育社会学の問題群：広い研究領域

◯教育っていいことですか

　みなさんは教育を受けるのはいいことだと思っていませんか。教育は生まれてきた子どもを社会に適応させる働き（社会化）で，人間にとってなくてはな

らないものです。だからといって，実際の教育が子どもたちにとって本当に意味のあるものだとはかぎりません。「教育とは○○であるべきだ」とか「理想的な教育とは○○である」という規範的教育理解だけではなく，「現実の教育は△△である」とか「教育は△△の機能を果たしている」という客観的・実証的な検討も必要です。

○教育って誰のためですか

教育は誰のために行われるのでしょうか。まずは一人ひとりの子どものためでしょう。しかし教育は社会の維持・発展を支えてもいます。これは当たり前のようですが，たとえば戦前・戦中の日本の教育は天皇制教学体制と呼ばれ，国のため天皇のために行われ，子どものことは忘れ去られていました。時代や国を問わず，支配的な立場にいる人たちに都合のいい教育が行われたというのが教育の歴史の一つの側面です。そこで教育の社会統制機能や思想統制機能の分析などが求められます。

○学校に行かなきゃだめですか

みなさんは毎日学校に行くのは当然だと思いますか。もしそうなら不登校になってしまった子どもたちはどうすればいいのでしょう。そうした事柄を研究するのも教育社会学の役割です。ただ何人の子どもが学校に行っていないかという数字だけではなく，なぜ行かないのか・行けないのか，クラスの人間関係や教師との関係はどうかなど，考えるべき点は多くあります。

○いじめはよくないことですが…

たとえば，いじめが原因で学校に行けなくなってしまうということがあります。いじめの構造を考えると，①いじめられる子ども，②いじめる子ども，③いじめる子どもの仲間，④いじめに加わらないけれど止めることもしない多くの子ども，という四つのグループあるいは役割が存在しています。それぞれの特徴は何か，互いの関係はどんなものか，そもそもなぜそのようなグループができてしまうのか，などを研究することが求められます。

○お金がなければだめですか

日本国憲法第26条はすべての国民に教育を受ける権利を保障しています。そのために義務教育は無償（授業料や教科書代など，直接お金を支払わなくてもよい）とされています。それでも学校には多くのお金がかかります。また就学前教育や高校以上は義務教育ではないので，より多くのお金がかかります。教育を受けることは権利だといわれても，実際にはお金がなければ進学できないということが多くあるのです。日本の社会は平等な社会だといわれますが現実は決してそうではありません。経済的にも社会的にも階層化された社会なのです。そしてどの階層の家庭に生まれるかによって受けられる教育の年限や質も変わってしまうのです。また親が教育についてどんな考えをもっているか，家庭にどれだけの本があったかなども子どもの教育に大きな影響を与えます（家庭の

▷4 住田正樹・高島秀樹編著，2018，『変動社会と子どもの発達』［改訂版］北樹出版.

▷5 保坂亨，2019，『学校を長期欠席する子どもたち——不登校・ネグレクトから学校教育と児童福祉の連携を考える』明石書店.

▷6 内藤朝雄，2001，『いじめの社会理論——その生態学的秩序の生成と解体』柏書房. 和久田学，2019，『いじめの科学』日本評論社.

▷7 日本国憲法第26条第1項 すべて国民は，法律の定めるところにより，その能力に応じて，ひとしく教育を受ける権利を有する。第2項 すべて国民は，法律の定めるところにより，その保護する子女に普通教育を受けさせる義務を負ふ。義務教育は，これを無償とする。
教育基本法第5条第4項 国又は地方公共団体の設置する学校における義務教育については，授業料を徴収しない。

▷8 松岡亮二，2019，『教育格差』筑摩書房. 菊池城司，2003，『近代日本の教育機会と社会階層』東京大学出版会. 苅谷剛彦，2001，『階層化日本と教育危機』有信堂高文社.

▷9 **文化資本**
一人ひとりがもつ文化的な資産のこと。話し方，感じ方などの身体化された様態，絵画，書物などの客体化された様態，学歴，資格などの制度化された様態に分類できる。ブルデュー，P.，石井洋二郎訳，1989，『ディスタンクシオン』新評論などを参照。

▷10　ウィリス, P., 熊沢誠・山田潤訳, 1996, 『ハマータウンの野郎ども』ちくま学芸文庫.

▷11　教育現場ではよく「教師は生徒と同じ目の高さで教育をする」という意味のことがいわれます。しかし教師は教師という立場にいるだけで生徒たちに大きな影響力をもちます。これは教師の人格・人間性や教師自身がそのことを自覚しているかどうかには関係なくそうなのです。「見えづらい」といったのはそういう意味です。

▷12　久冨善之編著, 2003, 『教員文化の日本的特性』多賀出版. 山崎準二, 2012, 『教師の発達と力量形成——続・教師のライフコース研究』創風社. 竹石聖子, 2010, 『学校文化の継承と再創造——教員文化と生徒文化の二項対立を超える』青木書店.

▷13　バーンスティン, B., 萩原元昭編訳, 1981, 『言語社会化論』明治図書. バーンスティン, B., 久冨善之他訳, 2000, 『「教育」の社会学理論』法政大学出版局.

▷14　**学習到達度調査（PISA）**
義務教育修了段階（15歳, 日本では高校1年生）において, これまでに身に付けてきた知識や技能を, 実生活のさまざまな場面で直面する課題にどの程度活用できるかを測るもの。読解力, 数学的リテラシー, 科学的リテラシーの3分野（実施年によって, 中心分野を設定して重点的に調査）。あわせて, 生徒質問紙, 学校質問紙による調査を実施。

文化資本[9]）。

イギリスの労働者階級の子どもたちの教育に関する興味深い研究があります[10]。労働者階級の子どもたちは「どうせ俺たちは労働者になるんだから教育を受けたってしょうがない」と思いこまされていて, 教育や学校を価値のあるものとは思えない。その結果, 高い学歴を必要とする職業には就けず, 親と同じような職業に就く（階層の再生産）というのです。階層と教育機会の格差を研究するのも教育社会学の重要なテーマです。

○生徒と教師は仲好しですか

教師は独裁者で生徒たちを支配し, 生徒たちは教師のいうことに従順に従っていればいい, などというと驚いてしまいますか。ここまで極端ではないにせよ, 教師と生徒の関係はある種の上下関係, 一種の権力関係なのです。ある種の, 一種のと書きましたが, 軍隊のように上官・部下のような権力関係ではなく, 目には見えづらい権力関係がそこにあるからです[11]。「何だか気に入らないな」と思いながらも教師のいうことを聞いている生徒がいるとして, それはなぜなのか考えてみてください。「成績を評価するのは先生だから」「内申点に響くから」。逆に教師が「君には力がある, やればできるんだ」と励ましたり, 言葉にはしなくてもそう思っていたりすると, その生徒の成績がアップするということがあります（ピグマリオン効果）。その逆もあります。「教師–生徒関係」論も重要な課題です。

他にも, クラスの子どもたちの人間関係や教師集団の特異な文化（教員文化[12]）も教育社会学の研究テーマです。

○言葉は一つだけですか

日本語は一つではありません。といっても方言のことではありません。たとえばパソコンなどについてくる分厚いマニュアルを全部読んで「なるほどよくわかった」と思ったことはありますか。テレビで専門家同士が話しているのを聞いて「何をいってるのかさっぱりわからない」と思ったことはありませんか。ここでいっているのはそういう感じに似たことです。

イギリスのバーンスティン（Bernstein, B.）は言語は二つのコード（言葉とその使われ方を決めているルールのようなもの）から成り立っていると言っています[13]。この二つは「精密コード」と「制限コード」と呼ばれます。精密コードの場合, 論理的・客観的で誰もが納得できる表現になり, 制限コードの場合はこれとは逆に, 話し手の独自の考えを主観的に表現するので, 他の人が理解するには生活習慣や言語文化などを共有していることが必要になります。専門家だけにわかる専門用語を連想してもらえばわかりやすいかもしれません。バーンスティンは中産階級の子どもはどちらのコードも習得するが, 労働者階級の子どもは制限コードだけを習得しやすいといいます。学校では精密コードを基礎とした, 労働者階級の子どもたちには理解しにくい言葉が使われているために, 彼らの

学業成績が伸びないというのです。つまり学校教育はもともと労働者階級の子どもたちにとっては差別的なものだということになるでしょう。

◯求められる学力って何ですか

いわゆる「詰め込み教育」からの脱却を目指して「ゆとり教育」の名の下に「完全学校五日制」「総合的な学習の時間」が導入されました（2002年4月から）。同時に教育内容が削減され，学力が低下するのではないかという不安が広がりました。OECDの生徒の**学習到達度調査**（**PISA**）[14]と国際教育到達度評価学会（IEA）の2003年**国際数学・理科教育動向調査**（TIMSS）[15]はこの不安が的中したことを示すようなものでした。その後，教育界やマスコミでは「学力論争」[16]が盛んに行われ，2017年・2018年に改訂された学習指導要領では「主体的・対話的で深い学び」の名の下に新たな学力観が打ち出されています。そこでは，知識を獲得するだけではなく，むしろそれをどのように活用するかが重視されています。このように，その時々に「学力」のあり方が問われ，学校教育の内容や方法が改訂されています。学力とはそもそもどういうものなのか，学力が低下しているといわれるが本当にそうなのか，など検討しなければならないことはたくさんあります。客観的な調査データを用いて実証的にこの問題を解明[17]するのは，まさに教育社会学の仕事でしょう。

◯校則って拘束，必要ですか

「校則ってやだな」と思ったことはありませんか。髪型や服装，学校外の生活まで細かく決められて窮屈な思いをした人も多いでしょう。しかし机と椅子の位置関係や角度，座り方など，身体や姿勢を規律することで精神活動も規律するということが行われていた歴史があります。チャイムが鳴ったら静かに座って先生を待つという一見当たり前のことが，実は教師の権力の象徴なのです。[18]

◯男と女は学校で作られる

かつての学校ではクラスの委員長は男子で副委員長は女子，出席簿は男子の次が女子，男子は「◯◯くん」，女子は「◯◯さん」と呼ぶというのが当たり前でした。今ではそんなことはないと思いますが，それでも学校や教育に限らず社会のなかにはまだまだジェンダー・フリーとはいえない「◯◯らしさ」という見えない壁があります。教科書の記述にも，教師の言動にもそういうことは反映されてしまいます。[19]時間割のような目に見えるカリキュラムだけではなく，目に見えないカリキュラム（hidden curriculum）[20]を明らかにしていくのも教育社会学の重要な研究対象です。

◯これだけですか

もちろんそうではありません。ここにあげたのは教育社会学の研究領域・対象のごく一部です。あとはみなさん自身がどんどん勉強していってください。

（藤本典裕）

▷15 **国際数学・理科教育動向調査**
初等中等教育段階における児童・生徒の算数・数学及び理科の教育到達度を国際的な尺度によって測定し，児童・生徒の学習環境条件等の諸要因との関係を分析するもの。日本では小学校4年生と中学校2年生が対象。

▷16 苅谷剛彦・志水宏吉編，2004，『学力の社会学』岩波書店．

▷17 佐貫浩，2019，『学力・人格と教育実践──変革的な主体性をはぐくむ』大月書店．

▷18 フーコー，M.，田村訳，1977，『監獄の誕生』新潮社．アリエス，P.，杉山光信・杉山恵美子訳，1980，『〈子供〉の誕生』みすず書房．アリエス，P.，中内敏夫・森田伸子編訳，1983，『「教育」の誕生』新評論．

▷19 サドカー，M.・サドカー，D.，川合あさ子訳，1996，『「女の子」は学校でつくられる』時事通信社．

▷20 アップル，M.W.，浅沼茂・松下晴彦訳，1992，『教育と権力』日本エディタースクール出版部．アップル，M.W.，門倉正美ほか訳，1986，『学校幻想とカリキュラム』日本エディタースクール出版部．

3　政治をめぐる社会学

1　自由・平等・参加は実現されたか

　1789年のフランス革命は，それまで王権神授説によって神聖不可侵なものとされていた伝統的権力構造（アンシャン・レジーム）が転覆される歴史的契機となりました。むろん，市民革命は，当時の時代的潮流と無関係に展開したのではありません。これは，「**世界の脱呪術化**」の進行，国民主権の実現と権力独占の撤廃を求める啓蒙思想の浸透，自由・平等・参加といった近代的諸権利を求める人々の意識の高まりの帰結といってよいでしょう。このような流れのなかで，市民が主人公になっていくと同時に，国家は，全体的な利益に志向した政治を行うことが期待されるようになりました。

　しかし，現実はどうでしょうか。すべての人が平等かつ自由に政治的意思決定に参加するという近代市民社会の理念は，今日に至るまで実現されておりません。また，一部の特殊利害と結びつきながら，社会全体の利害に反するような政策がとられることも少なくありません。このような非民主的な政治体制を可能にする構造を明らかにすることは，政治社会学にとって重要な課題の一つとなります。

　しかし，国家システムや支配集団だけが政治を握っているとするならば，これは事実に反します。実際には，マイノリティ集団を含む人々の能動性が，社会変動や民主化をもたらす原動力になることがあります。また，安定的な統治を目指すという動機から，国家システムが介入政策を展開し，問題解決を図ることもあります。それは民主化と人間解放の歴史が示してきた通りです。

　以上のように，政治社会学は，排他的・抑圧的な支配構造の矛盾を明らかにするとともに，包括的な利害を反映した政治の実現可能性やその条件をも問います。その際，政治社会学は，基本的なアプローチとして，国家システム―社会の間に働く双方向的な権力関係に着目する視点を一貫して採用してきました。また，グローバル化という今日の時代的文脈への視座も，政治社会学にとって重要になります。以下，政治社会学の視点と問題意識をより鮮明にしてみましょう。

2　国家システムと特権集団の特殊利害の親和性

　民主主義の建て前上，近代国家システムは全体的な利害を代表することが期

▷1　世界の脱呪術化
ヴェーバーは，近代合理主義の拡張と世俗化の進行を「世界の脱呪術化」と呼んだ。なお，ニーチェは「神は死んだ」，マルクスは「宗教はアヘンである」として，宗教に対する批判的見解を示している。

▷2　Faulks, K., 2000, *Political Sociology*, New York University Press.

待されています。特に20世紀になると，自由・平等・参加といった理念のみならず，現実に普通選挙など民主的諸制度が世界中に浸透していきます。しかし，いみじくも，シュタマー（Stammer, O.）は「古典民主主義モデルに従って，単純に下から上へと政治的意志形成がなされると仮定するのは今日では幻想である」と述べています[3]。それどころか，一部の特権集団と癒着した国政が展開されることは，19世紀にマルクス（Marx, K.）が指摘した通りです[4]。

　この点に関連して，有力な視点を提示しているのが，ミルズ（Mills, C. W.）の「パワーエリート論」です。彼によれば，経済・政治・軍事の領域におけるエリートはそれぞれ利害を共有しており，それに従って国政も展開される傾向にあります。つまり，国民の代表たる政策決定者は中立に政治的意思決定を下すことが理念的には要請されるにもかかわらず，国民全体の意思を反映するどころか，社会全体に不利益をもたらすような国政を展開することすらあります[5]。場合によっては，暴力装置の発動や言論統制などによって，人々に絶対的服従を強制することもあります。以上のような排他的・抑圧的な権力構造の結果として，人々は無力感を抱き，政治的無関心の態度をとるようになります。

3　イデオロギーによる大衆動員

　また，国家システムや権力者は，より強力な支配体制を構築・維持するために，人々の心をコントロールする戦略を積極的に展開することも少なくありません。たとえば，マスメディアなどによる情報操作や情緒的なプロパガンダ（政治宣伝）などを通じて，人々の理性的な認識能力を麻痺させる戦略があります。そして，外国に対する敵意感情・危機意識や国内のマイノリティ集団への差別意識を煽りながら，ナショナリズムを昂揚させ，イデオロギー（支配体制を正当化する思想体系）を社会全体に浸透させようとします。こうすることによって，国家システムや権力者は国政の背後にあるさまざまな利害関係を隠蔽しながら，「全体的利害の代弁者」として，人々に服従を要求します。

　ここで問題となるのは，理性的な判断力を喪失した大衆と支配集団側の偏狭な特殊利害を代弁する国家システムの間に形成される相互関係性です。極端な例になりますが，**ナチズム**[6]や**マッカーシズム**[7]といった全体主義体制を可能にしたのは，人々に対する権力者や国家システムによる上からの権力行使だけではありません。それを支持する人々の存在も全体主義体制を成立させる重要な要素になります。むろん，情報化時代に生きる私たちは，以上の議論に対して傍観者的態度で臨むわけにはいきません[8]。私たちも大衆操作の標的になりうることを常に自覚し，世に溢れる情報を冷静に読み取る姿勢が必要です。

4　人々の能動性と抵抗可能性

　しかし，このようなプロパガンダにもかかわらず，すべての人がその支配体

▷ 3　Stammer, O., 1965, *Politische Soziologie und Demokratieforschung*, Duncker & Humblot.

▷ 4　マルクス，K.・エンゲルス，F.，古在由重訳，1956，『ドイツ・イデオロギー』岩波書店.

▷ 5　ミルズ，C. W.，鵜飼信成・綿貫譲治訳，1958，『パワーエリート』東京大学出版会.

▷ 6　**ナチズム**
ヒトラーが率いるナチ党は，「民主的」な選挙でドイツ民族の優越性と反ユダヤ主義を訴えながら1932年に第一党になると，1933年には政権を樹立した。1945年の敗戦まで，数多くのユダヤ人が虐殺された。

▷ 7　**マッカーシズム**
冷戦対立が深まる1950年代初頭，マッカーシー上院議員を中心に展開された反共運動を意味する。実際には，共産主義と関係のない公民権運動や平和運動の参加者も「非米的」として「赤狩り」の対象となった。

▷ 8　フロム，E.，日高六郎訳，1965，『自由からの逃走』東京創元社.

制やイデオロギーを受け入れているわけではありません。むしろ，その体制において排除・抑圧されるならば，その現状に疑問を抱き，それを変えたいと考えるのが人間というものでしょう。

　たとえば，1950〜60年代，アメリカでキング牧師を中心に展開した公民権運動をみてみましょう。当時のアフリカ系アメリカ人は，人種隔離政策，労働搾取，投票権剥奪，リンチなど，過酷な人種差別を耐え忍んできましたが，1955年のバスボイコット運動を皮切りに人種差別撤廃を訴える運動が南部地域で一気に広がりました。このとき，白人人種主義者は，公民権運動参加者に対して放火・暴行・殺害など容赦ない攻撃をし，警察もそれを黙認していました（積極的に黒人弾圧に加わることもありました！）が，そのような究極的状況にもかかわらず，黒人は，文字通り生命を賭けて，人種平等の実現を訴え続けました。

　確かに，暴力と恐怖によって表面的には支配体制の安定性を維持できるかもしれません。しかし，力によって人々の正当な主張を沈黙させるならば，彼／彼女らの間に支配体制に対する正当性信念を醸成することはできません。むしろ，「法と秩序」の確保どころか，かえって反発・抵抗・混乱を招くリスクすらあります。支配集団や国家システムは，被支配集団に対して絶対的に優位な立場にあるわけではありません。支配とは，支配体制やその統治手段（法律や行政など）に対する被支配集団の正当性信念と自発的服従に依存しています[9]。逆説的ですが，国家システムは，安定的な統治を図るためには，被支配集団の声を無視できないという現実があります。つまり，被支配集団は，権力者や国家システムを前にして必ずしも無力ではないのです。

5　国家システムによる介入政策

　ただし，ここで強調したいのは，国家システムはすべての国民の声を聞くべきだという規範的問題ではなく（これも重要なことですが），統治戦略上，現実問題として国家システムはそうせざるをえないという事実です。確かに，国家システムは，政治的意思決定の際に，国民の声を軽視することがあります。しかし，安定的な統治を目指すならば，これは妥当ではありません。解決されるべき矛盾や対立を不問にすることによって，問題解決を先送りにするに過ぎないからです。問題が肥大化し，国家分裂を引き起こす可能性さえあります。

　他方，社会の矛盾を直に経験する被支配集団の声——**デュボイス**[10]（Du Bois, W. E. B.）は，これを「排除される者の知恵」と呼びます——に耳を傾け，能動的かつ敏感に反応できる国家システムは，問題の所在を早期に発見し，その解決を図ることができます。こうして，社会的・政治的・経済的秩序の構築・維持に成功するならば，国家システムは支配の正当性を人々に承認させ，自発的服従を引き出すことが期待できます。自由主義国家であろうと社会主義国家であろうと，統治戦略上，民主的な市民生活の基盤たる自由・平等・参加を保障

▷9　ウェーバー，M., 清水幾太郎訳，1972，『社会学の根本概念』岩波文庫．

▷10　W. E. B. デュボイス（1868〜1963）
人種平等や世界平和の実現を世界に訴えたアメリカの黒人社会学者である。特にアメリカの人種問題や軍国主義を批判したために「非米的」とされ，「赤狩り」の標的になった。Du Bois, W. E. B., 1920, *Dark Water*, Dover.

しつつ，矛盾や対立の解決を図ることが避けられなくなります。ここに，マイノリティ集団を含む多様な声が国政に反映される可能性を読み取ることができます。

以上の意味で，国家権力と民主主義は切り離せない関係にあります。敢えていうならば，国家システムによる介入政策が行われないところに，現代的な民主主義の実現は期待できません。実際，ほとんどの社会運動は，国家権力を否定するのではなく，国家システムに圧力をかけながら，問題解決への介入を促すという戦略をとっています。問題解決を図るうえで国家権力を無視した社会運動はありえないと考えてよいでしょう。

6 コスモポリタン・デモクラシーの可能性

最後に，今日，政治社会学を学ぶ際に重要となるグローバルな視点に言及しましょう。

今日，私たちの生活は世界的な出来事の影響に絶えずさらされています。たとえば，戦争，核危機，テロ，環境問題，伝染病などは，国境を超えて，私たち人類全体の生命を脅かしうる世界的リスクとなっています。他方，このような国境を超えたリスクは，世界中の人々の危機意識とともに連帯意識を高めるという側面があります。また，差別・虐待・虐殺などの人権侵害は，当事者を超えた憤慨を引き起こし，世界的な連帯意識を醸成することもあります。[11]

▷11 ギデンズ, A., 松尾精文・立松隆介訳, 2002,『左派右派を超えて』而立書房.

確かに，理想主義的に聞こえるかもしれません。しかし，文字通りの「運命共同体」という今日的現実への認識が深まり，「地球市民」的な他者との連帯意識や共感が強まる状況にあって，自国政府，そして，外国政府や国際社会に対して民主主義の実現と危機的状況の回避を訴える世界的な運動が生まれることもあるのです。事実，第二次世界大戦以降，第三世界における独立運動，人種差別撤廃運動，女性解放運動，平和運動，環境運動などは，国境を超えて展開されていき，世界を突き動かす原動力となりました。

このような世界の流れにあって，国家は自国民の声だけに耳を傾ければ十分という時代は終わりました。もちろん，アメリカのような大国も同様です。テロ対策や環境問題など，一つの国では対処できない問題が山積する状況にあって，国際社会と協調することが翻って国益につながることは少なくありません。逆にいうならば，このような新たな構造が，国家の特殊利害を超えた，より普遍的・全体的な利害を実現する可能性を示しているのではないでしょうか。

以上，現代民主主義の実現可能性を概観してみました。楽観的に聞こえるかもしれませんが，今日の時代的傾向を考えると必ずしも理想主義ではありません。ギデンズはこれを「理想主義的現実主義」と呼びました。[12] 安易な悲観論や宿命論に陥ることなく，批判的な眼差しから現代民主主義の可能性を模索する政治社会学は挑戦的な研究領域であるといってよいでしょう。　（本田量久）

▷12 ギデンズ, A., 松尾精文・小幡正敏訳, 1993,『近代とはいかなる時代か？』而立書房.

4　組織をめぐる社会学

　組織社会学の射程

　組織の裏切り者の制裁にきわめて消極的だったヴィルギンスキーが，五人組の会合での雰囲気（小集団の圧力）に負けて最後に一言。「ぼくも共同の事業のために尽くします」。けれどもその組織それ自体がどんなものなのか，実のところ皆にはわかりません（組織の不透明性）。リプーチンが首謀者ピョートル・ヴェルホーヴェンスキーに訊きます。「われわれの五人組は世界で一つきりのものですか，それとも幾百の五人組があるというのはほんとうですか？」

　ドストエフスキーの『悪霊』（江川卓訳・新潮文庫）に描かれた，一見異常ともいえるこうした風景は，実は私たちの周りの至るところに見られます。周囲の人たちの意見におされて自分の反対意見を呑み込んでしまったこと，あるいは大きな組織の中にいて自らの無力感に苛まれてしまったこと，これらは組織社会を生きる現代人の多くが経験しているところにちがいありません。

　そして集団や組織のもつ絶大な影響力は，何もドストエフスキーやカフカが描くような不気味な世界を指し示すだけでなく，もっと明るく望ましい結果をもたらすこともあります。小さな趣味のサークルで一体感を覚えながら大きな成果をあげるといったこと，またきわめて専門的な仕事に従事しつつ大規模組織の一員として多大なる貢献感覚を味わうといったこと，これらもまた私たちにとってとても身近な経験といえるでしょう。

　組織社会学が探究の光を当てるのは，まさにこうした集団的・組織的経験の数々です。組織社会学の射程は非常に広く，それは組織の中の諸個人の行為から，諸々の組織を包含する制度にまで至ります。また扱う組織の種類も，会社だけでなく官庁・学校・病院などさまざまです。組織社会学は一般社会学をベースとし，経営学や（組織）心理学と連携を取りながら，こうした広大な領域における多様な集団・組織現象に取り組んできました。以下では，社会学的集団・組織研究の展開プロセスを振り返ることを通じて，組織社会学という分野を概観することにしましょう。

2　官僚制論からの出発

　組織社会学の出発点を標し，今なお組織構造の探究に大きな示唆を与え続けているのが，ヴェーバー（Weber, M.）の官僚制論[1]です。巨大な機械のような組

▷ 1　ヴェーバー, M., 阿閉吉男・脇圭平訳, 1987,『官僚制』恒星社厚生閣など。

織，その歯車としての人間，ルールや手続きへの過剰なこだわり，人々の意思とは独立に淡々と生み出される成果……，こうしたイメージを組織という言葉に関して真っ先に抱くなら，それこそヴェーバーが描出した近代組織像にほかなりません。ヴェーバーは行政組織だけでなくおよそあらゆる近代組織を貫く官僚制原理の特徴として，明確な上下関係，文書主義，規則の重視，専門性などを挙げています。一般的なルールに則って非人格的に職務遂行がなされるならば，諸個人の場当たり的な感情や行動の発現は抑制され，より精確で信頼性の高い結果がもたらされることになるでしょう。

統計数理研究所が国民性調査のために設けた質問項目に，ドライ課長を好むか人情課長を好むかというものがあります。前者は，部下に規則以上のものを求めない一方で，仕事以外では面倒見が悪いという課長像，対する後者は，部下に規則以上の働きを要請するものの，仕事以外でも面倒見がいいという課長像です。ヴェーバー的な視角からするならば，前者のドライ課長こそが近代組織に適合した人物像ということになるでしょう。決まった仕事以上のことで多様な思惑が渦巻けば，協働のメカニズムは乱されるおそれがあるのです。

しかしながら，現実の組織は実は非人格的なルールのみで構成されてはおらず，また人々も単なる機械の歯車に留まっているわけではありません。もちろん近代組織における規則の重視は，効率性の点でも道徳性の点でも効力を発揮する場面が多々ありますが，その一方で日本人の8割もの人々が人情課長を好んでいるという事実を見落とすわけにはいかないでしょう（図XII-4-1）。

3 人間関係論・官僚制逆機能論による修正

現実の組織の作動様式をつぶさに見据えたとき，ヴェーバー的な組織観はある種の修正を迫られることになります。まず，組織心理学・経営学分野における人間関係論は，組織はフォーマルな作業環境だけで成り立っているのではなく，むしろインフォーマルな人々のつながりが大きくものをいっていると主張しました。**ホーソン実験**という一連の研究で見出されたのは，研究者や同僚の注目が生産性の向上をもたらしうるということ，工場の作業現場にはインフォーマル

▷ 2 ホーソン実験
ウェスタン・エレクトリック社ホーソン工場（シカゴ郊外にある大工場）で1924年から33年にかけて行われた一連の調査・実験。

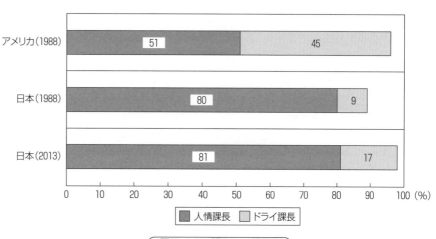

図XII-4-1 望ましい課長像

出所：1988年の日米データ＝統計数理研究所，1998，『国民性七か国比較』出光書店，pp. 468-469。
2013年の日本データ＝統計数理研究所「日本人の国民性調査」のホームページ。

な集団が形成されているということ，そしてその集団には独特の道徳律が働いているということなどです。友達関係や仲間集団が重要だというのは，私たちが学校でも職場でも日常的によく知っていることですが，人間関係論はこれを再確認した上で，そうしたインフォーマルな関係・集団のあり方がフォーマルな協働成果にも大きな影響を及ぼすということを発見したわけです。人情課長への支持が高いのは，こうした人間関係論的な組織観が人々の間にそれなりに浸透しているからにちがいありません。

　こうして組織にはフォーマルな官僚制構造のほかにインフォーマルな人間関係がうごめいていて，それがことのほか大きな役割を果たすということが確認されましたが，これとは別に，フォーマルな官僚制構造それ自体，通常思われているほど合理的ではないということに焦点を当てたのが，官僚制逆機能論と呼ばれる組織社会学の研究潮流です。一般的なルールを遵守するという態度は，それ自体決して悪いことではなく，通常は公平性や効率性をもたらすものと考えられます。けれども規則へのこだわりが過剰なものになると——たとえばドライ課長がルールばかりをひたすら強調し過ぎてしまえば——，本来的な組織目標が見失われ，関与する人々（たとえば顧客）へのきめ細やかな対応ができなくなってしまいます（図XII-4-2）。お役人的な態度の弊害といわれているものは，その典型でしょう。官僚制逆機能論は人間関係論と同様，フォーマルな組織構造のみを神聖視することの問題点を洗い出すことになりました。

④　組織文化論・組織アイデンティティ論・新制度派組織論の展開

　人間関係論・官僚制逆機能論ともにすでに数十年前に提唱された議論ですが，ここからは1980年代あたりからにわかに台頭するようになった研究潮流について見てみましょう。

　まず組織文化論ですが，これは人間関係論と同じように，組織においては官僚制構造だけが重要ではないということを強く主張します。が，人間関係論が注目したのが主として職場における小さな人間関係の連鎖であったのに対して，組織文化論はより広く，集団や組織それ自体が有している価値・規範・雰囲気や，それらへの諸個人のトータルな関わりに探究の焦点を合わせました。もしフォーマルな官僚制構造だけが重要なのだとしたら，人々は校風や社風などにはまったく興味を寄せないでしょう。ところが集団や組織がもっている独特の価値（観）は，諸個人によってそれなりに強く認識され，また重視されています。だいぶ前になりますが，筆者の関わったある就労者意識調査によると，職場において共通の価値観が「ある」とした人は5割を超え，共通の価値観が「必要」と答えた人は7割にも上りました（表XII-4-1）。

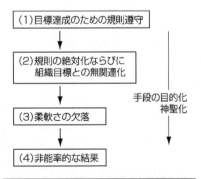

図XII-4-2　官僚制逆機能の展開プロセス

(1)目標達成のための規則遵守

(2)規則の絶対化ならびに組織目標との無関連化

(3)柔軟さの欠落

(4)非能率的な結果

手段の目的化 神聖化

出所：マートン，R.K.，森東吾ほか訳，1961，『社会理論と社会構造』みすず書房，p.184における議論をもとに作図。

人はいつも組織を機械のようなものと見たり，あるいは自分をその歯車と感じたりしているわけではありません。むしろ一体感に満ちた活き活きとした場として組織を捉えることも少なくないでしょう。そしてそうなると，当の組織は他の組織とは異なった独自の輝きを放つ存在とみなされるようになってきます。新しい研究潮流・組織アイデンティティ論は，まさにこうした現象に着目しました。同じようなフォーマルな構造があり，似たような仲間集団が見られ，場合によっては他と変わらぬ価値を謳っている組織でも，個々の組織はそれぞれ独自の様相を呈し，一個のアイデンティティを有するものとして感得されることがあります。そしてそうした各々の組織の独自性は，組織の目標達成や諸個人の組織生活に多大な影響を及ぼすでしょう。外から見たかぎり同じようなレヴェルに思える学校でも，また同一業種の似たような形の会社でも，実際どこに入学するか，どちらに入社するかによって，その後の生き方には大きな違いが出てきます。個々の組織がどのような文化やアイデンティティをもっているかを探るのは，何も研究の世界においてだけでなく，日常生活を送るにあたっても，きわめて有益な作業となるにちがいありません。

　ただ，それぞれの組織は独自性をもちつつも，社会的環境から隔絶したところに孤立しているわけではもちろんありません。新制度派組織論は一般社会学と強い連携を保ちながら，複数の組織がより広い制度的な環境の中に埋め込まれている状況について，深い探究を行ってきました。たとえば，公立であれ私立であれ個々の学校組織は，単に効率性原理に従っているのではなく，教育制度からの制約を強く受けながら，社会的な承認ないし正当性を確保しようと尽力しています。また各メーカーは業界全体の様子を常にモニターし，同業他社との差異化に努めながらも，場合によっては他社の戦術をそのまま模倣するようなことも少なくありません。図XII-4-3に示されているように，各々の組織は制度的環境に取り囲まれているのです。

　さて，以上概観してきたように，組織社会学はこれまでさまざまなかたちで視角を広げ，また洞察を深めてきました。そしてその探究は，組織社会を生きる私たちの日常生活と切っても切り離すことはできません。『悪霊』に描かれたような陰惨な組織を作ってしまうのか，あるいはその反対にどれほど素敵な組織を構想することができるのか……，それは組織論の研究者のみならず生活者一人ひとりの日々の営みにかかっています。　　　　　　　　　　（山田真茂留）

表XII-4-1　職場における共通の価値観

共通の価値観	あり	54.5%
	必要	70.4%

注：就労者を対象とした1993年実施の調査。
出所：生命保険文化センター，1994，『就労意識に関する調査』p. 80，p. 82。

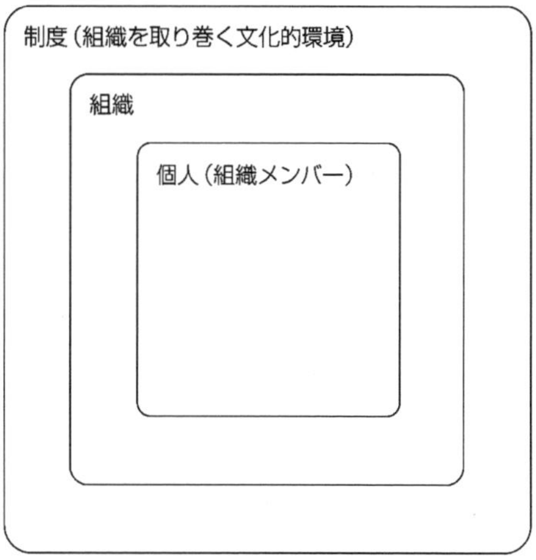

制度（組織を取り巻く文化的環境）
組織
個人（組織メンバー）

図XII-4-3　制度，組織，個人の３層構造

出所：佐藤郁哉・山田真茂留，2004，『制度と文化──組織を動かす見えない力』日本経済新聞社，各章の図を簡略化して表示。

5 犯罪をめぐる社会学

犯罪を理解するのに，社会学の観点から研究しなければいけないわけではありません。犯罪へのアプローチには，社会学のほかに，心理学や精神医学，最近では，脳科学，遺伝子工学，進化生物学などがあります。ほかのアプローチに比べ，社会学は，社会の影響力（たとえば，社会化）を過大に見積もり，その結果，人種や民族集団や男女や個々人の間に見られる違いを，生まれつきの違いではなく，経験や環境の違いのせいであるとする傾向があります。

一例として，死刑に対する態度を説明しましょう。社会学的な説明は，死刑に対する態度は，環境，とりわけ，他者との相互作用によって形成されるというものです。一方，行動遺伝学的な説明は，死刑に対する態度は，遺伝的な要因，つまり，生まれもった性質によって決定されているというものです。どちらの予測のほうがより当てはまるかは，死刑に対する態度に関する，一卵性双生児と二卵性双生児の類似度を分析することで調べることができます。アルフォード（Alford, J. R.）[1]らは，分析の結果，死刑に対する態度について，遺伝の影響（遺伝率）は0.32で，双生児が似ている程度（0.56）の半分以上を説明することを見出しました。つまり，遺伝による影響は，十分に大きいわけです。

この例でもそうですが，犯罪を理解するために，社会学が常に最善のアプローチであるとは限りません[2]。犯罪を理解するには，社会学が一番などと思わずに，自分の考えを柔軟にしておくことが大切です。前置きはこのくらいにして「犯罪社会学」の世界へみなさんを招待しましょう。

1 犯罪を測る

どのような人が犯罪をするのでしょうか。この疑問に答えるにはまず「犯罪」を測らなくてはいけません。これっぽっちも悪いことはしていませんという人はいないので，犯罪の個人差は「するかしないか」の違いではなくて，どのくらいするかの違いです。行った犯罪の回数を，犯罪の種類ごとに質問して全部足すという方法もありますが，万引き1回と強盗1回を，そのまま足してよいとは思えません。

これと似たシチュエーションなのが，学力テストです。易しい問題と難しい問題に同じ配点がされていることがありますが，難しい問題が解けた人の方がたくさん点をもらえるべきです。そこで，学力テスト得点の分析に登場したのが，項目反応理論という統計手法です。まず，試験をやってみます。すると，

▷1 Alford, J. R., Funk, C. L. and Hibbing, J. R. 2005, "Are Political Orientations Genetically Transmitted?" *American Political Science Review* 99: pp. 153-167.

▷2 ピンカー, S., 山下篤子訳, 2004, 『人間の本性を考える』（上・中・下）NHK ブックス.

問題ごとの正答率から，問題の難しさがわかります。こうやってわかった難しさから，問題ごとの配点を決めるという統計手法です。犯罪についても，それぞれの罪種ごとに犯罪を何回やりましたかと聞いてみて，何回やったかということを，テストの正解不正解とみなせば，その犯罪をする難しさ（＝配点），つまり，その犯罪の悪質性が求められます。

　オズグット（Osgood, D. W.）[3]らのチームが行った研究からは，その犯罪を1回以上する難しさでは「放火」，2回以上する難しさと3回以上する難しさでは「対教師暴力」，5回以上する難しさでは「車の乗りまわし」が最も難しいことがわかりました。5回以上する難しさを，罪種別に並べたのが図Ⅻ-5-1です。アメリカでは，こんな順番で犯罪が悪質なようです。

（回）

| 乗り回す | 無断で車を | 先生を殴る | 本気で喧嘩する | 壊して荒らす職場のものを | 放火 | 痛めつける他人をひどく | 強盗 | 車の部品を盗む | 集団で喧嘩する | 壊して荒らす学校のものを | 不法侵入 | 50ドル以上の窃盗 | 50ドル未満の窃盗 | 万引き |

図Ⅻ-5-1　その犯罪を5回以上するのに必要な犯罪性の高さ

（その高さであれば，50％の人が5回以上行う）
出所：Osgood, D. W. and McMorris, B. J., 2002, "Analyzing Multipleitem Measures of Crime and Deviance I: Item Response Theory Scaling," *Journal of Quantitative Criminology* 18: 267-96.

2　犯罪行動を分析する

　犯罪者が一生犯罪をし続けるのなら，ずっと刑務所に入れておかなければなりません。一生犯罪をし続けるかどうかを知るためには，犯罪者の人生を追跡して，その変化を追う必要があります。グリュック夫妻は1924年から1932年の間に生まれた500人の非行少年を1940年から1965年にかけて追跡しましたが，ラウブ（Laub, J. H.）とサンプソン（Sampson, R. J.）[4]はこれを引き継ぎ，そのうち，52人について70歳までのデータを集めました。

　このデータから，人は一生犯罪をし続けるわけではないことがわかりました。財産犯は10代，暴力犯は20代，アルコール・薬物犯は30歳くらいがピークです。「ちっちゃな頃から悪ガキ」の非行少年であっても足を洗うわけです。それでは，何が犯罪から足を洗うきっかけとなっているのでしょうか。

　この問いに答えるために，ラウブとサンプソンが用いたのが，一般階層モデルという統計手法です。この手法を用いることで，一人ひとりの人生の中でどういう出来事が立直りのきっかけとなったかという問い（個人内変化）と，そもそもどういう人が立直りやすいのか（個人間差）という問いに同時に答えることができるからです。分析の結果は表Ⅻ-5-1の通りです。

　数字が四角で囲ってあれば「影響がある」ということです。プラスの数字であれば犯罪を増やす方向，マイナスの数字であれば犯罪を減らす方向です。個人内変化を見ると，個人にとって，結婚が人生の転機になっていること，また，個人間差をみると，結婚ができ仕事に就けた人ほど立ち直っていることがわかります。犯罪者の結婚や就労を支援できる社会を作ることは可能でしょうか。

▷3　Osgood, D. W. and McMorris, B. J., 2002, "Analyzing Multiple-item Measures of Crime and Deviance I: Item Response Theory Scaling," *Journal of Quantitative Criminology* 18: pp. 267-296.

▷4　Laub, J. H. and Sampson, R. J., 2003, *Shared Beginnings, Divergent Lives: Delinquent Boys to Age 70*, Harvard University Press.

表Ⅻ-5-1　17歳から70歳まで非行少年を追跡した分析			
	全犯罪	暴力・財産犯罪	アルコール・薬物犯罪
切片	−8.745	−9.870	−8.383
個人内変化			
年齢	−0.808	−.0506	−.1345
年齢の2乗	−.0013	.0012	−.0014
結婚	−.3889	−.2386	−.5137
アルコール・薬物		.0352	
個人間差			
結婚	−1.327	−3.421	−4.231
公的でない非行	−0.141	−0141	−.0611
知能指数	0.101	.0401	.0281
児童時の危険因子	.4363	.7634	.8212
失業	2.752		
兵役	−0.576		
アルコール/薬物		−.6880	

出所：Laub, J. H. and Sampson, R. J., 2003, *Shared Beginnings, Divergent Lives: Delinquent Boys to Age 70*, Harvard University Press.

3　犯罪者に対する社会の反応を実験する

　犯罪の前歴があることは，仕事に就くことにどのくらい影響があるのでしょうか。ペイジャー（Pager, D.）は，この問いに答えるために，巧妙な実験を行っています。まず，年齢も外見も印象のよく似た男性二人をペアにします。黒人のペアと白人のペアの二組です。それぞれのペアは，毎週，同じ仕事に応募します。応募の際，二人のうち一人だけに犯罪歴がある以外は，二人の履歴書の内容を同じにしておき，ペアのどちらに犯罪歴があるかを，毎週入れ替えて，応募し続けるという実験です。その結果は，図Ⅻ-5-2のようになりました。

　犯罪歴のない黒人は，犯罪歴のない白人よりも，採用や電話連絡をもらえませんでした。まして，犯罪歴のある黒人は，5％しか採用や電話連絡をもらえていません。犯罪者というラベルは，本人の人生を変えてしまうのです。外国人犯罪が話題になっている日本はどんな社会になるべきでしょうか。

4　刑罰が政治に与える影響を検討する

　アメリカのほとんどの州では，拘禁，保護観察，仮釈放などの刑事処分を受けている犯罪者の投票権を剥奪しています。さらに，10の州では，これらの刑事処分を終了した後も投票権を剥奪していますが，こんな制度をもっているのは，民主国家の中でアメリカだけです。その一方，アメリカでは1970年代以降，刑務所人口が7倍になるなど，刑事処分を受ける人の数が急増しました。その結果，有権者中，犯罪者欠格事由のため投票権をもたない人の率が，1974年から2000年にかけて，1％から

▷5　Pager, D., 2003, "The Mark of a Criminal Record," *Journal of American Sociology* 108: pp. 937-975.

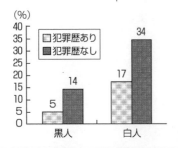

図Ⅻ-5-2　採用ないし電話連絡のあった率

凡例：犯罪歴あり／犯罪歴なし
黒人：5, 14
白人：17, 34

出所：Pager, D., 2003, "The Mark of a Criminal Record," *Journal of American Sociology* 108: pp. 937-975.

2.3%へと増加しました（図XII-5-3参照）。

　ユーゲン（Uggen, C.）とマンザ（Manza, J.）[6]は犯罪者に対する投票権の剥奪が選挙結果にもたらした影響を検討し，ブッシュが僅差でフロリダ州を押さえて勝利した2000年の大統領選挙は，もし犯罪者が投票権をもっていたら，ゴアが勝利していただろうと推定しています。ユーゲンとマンザは，同様の分析を上院選挙について行い，民主党は，1992年以降現在まで上院で多数ではないものの，もし犯罪者が投票権をもっていたら，一貫して支配してきただろうと推定しています。アメリカは，犯罪者を政治から排除することにより，歴史を変えてしまったのです。

　なぜ，こんな法律ができたのでしょうか。犯罪者の投票権を剥奪する立法のほとんどは，奴隷制廃止前後の1840年代から1880年代に成立していますが，ベーレンス（Behrens, A.）[7]らは，1850年から2002年までのデータを用いて，非白人受刑者の比率の高さが，こうした立法を促したことを見出しています。そして，この時期，たとえばアラバマ州の非白人受刑者人口は，2％（1850年）から74％（1870年）に激増しています。つまり，犯罪者の投票権剥奪は，「黒人は犯罪者である」というレトリックを現実化することで，人種差別を温存するために行われたのです。

　このように，刑罰は，政治の道具ですらあるのです。犯罪社会学は，「善悪」が，社会から切り離されて存在している絶対的な価値ではないことを教えてくれます。犯罪社会学を学ぶみなさんには，一人ひとりが社会の一員として，どんな社会を作り上げたいのかを考えていただきたいと思っています。

（津富　宏）

▷6　Uggen, C. and Manza, J., 2002, "Democratic Contraction? Political Consequences of Felon Disenfranchisement in the United States," *American Sociological Review* 67: pp. 777-803.

▷7　Behrens, A., Uggen, C. and Manza, J., 2003, "Ballot Manipulation and the 'Menace of Negro Domination': Racial Threat and Felon Disenfranchisement in the United States, 1850-2002", *American Journal of Sociology* 109: pp. 559-605.

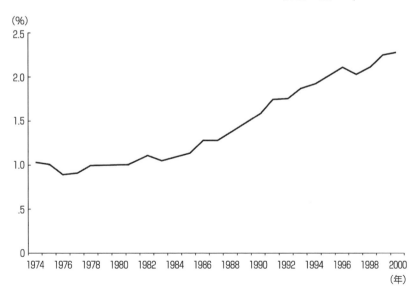

図XII-5-3　米国有権者中の投票権が剥奪された犯罪者の比率

出所：Uggen, C. and Manza, J., 2002, "Democratic Contraction?Political Consequences of Felon Disenfranchisement in the United States," *American Sociological Review,* 67: p. 782.

宗教をめぐる社会学

▶1　正月に初詣に出かける人は，約6割と考えられる。竹内郁郎・宇都宮京子編，2010，『呪術意識と現代社会——東京二十三区民調査の社会学的分析』青弓社，p. 48。

▶2　あなたはお守りをゴミ箱に捨てられますか。この問いを考えると，自分の中に潜むある特殊な感覚に気づくかもしれない。

▶3　西方教会（カトリックやプロテスタント）のクリスマスは12月25日だが，これは古代ローマ人や古代ゲルマン人の冬至の祭と混淆した形態である。そもそも初期のキリスト教徒にとって，キリストの「誕生日」は重要ではなかった。3世紀末まで，キリストの誕生の日付は，各自がそれぞれ自由気ままに考えてたのである。しかし4世紀初頭，ローマ帝国では，一方で①キリストの受肉という「神学的」問題としてその誕生が重視されるようになる。他方で②当時「社会的」に普及していたミトラス教の主祭日は，12月25日（冬至＝新たに太陽が勝利する日）だった。そこに，③太陽崇拝とキリスト崇拝を統合して帝国を宗教的に統一しようというローマ皇帝の「政治的」思惑が重なり，12月25日をキリストの誕生日として祝うようになったのである。クルマン，O.，土岐健治・湯川郁子訳，1996，『クリスマスの起源』

1　宗教と社会のかかわり

　人間の行為や社会現象は，宗教とどのようにかかわっているのでしょう。これが，宗教社会学の基本的な問いです。

　「自分は無宗教だ」という自己認識から，宗教に無関心な人がいます。しかし，主観的無宗教論を，そのまま受けとるわけにはいきません。実際には，事柄の宗教性に無自覚なまま宗教的な行為をしている場合が多いのです。

　たとえば，初詣（行き先は神社仏閣！）などはいい例でしょう。また大学受験のさいに，合格祈願のお守りをもっていた人も多いのではないでしょうか。建設現場ではしばしば地鎮祭をみかけますし，安全祈願として毎冬ボイラーの使い始めに「火入れ式」を行っている大学もあります。神社で七五三を祝い，教会で神に誓う形式の結婚式を挙げ，クリスマスを祝い，葬儀は仏式でとり行う，といった事例には事欠きません。

　このように，さまざまな宗教が融合した形態をシンクレティズム（混淆宗教）といいます。しかし，日本社会の宗教的特質をシンクレティズムというだけでは，不十分でしょう。ヨーロッパでも土着のゲルマン宗教にキリスト教がとけ込んでいる例（クリスマス！）など，シンクレティズムは世界中でみられる現象であり，日本だけの固有の現象ではないからです。

　そこで，日本社会ではどのような宗教的要素がどのように結びついているのか，という個別の問いが重要となります。そして同時に，世界中で宗教的な現象がみられるとすれば，そもそも〈社会〉が〈宗教〉と結びつくのはなぜなのでしょう。宗教社会学の基本的な発想を知るために，ここでは二つ目の問いに注目してみましょう。

2　社会的行為として考える

　上にあげた初詣やお守りの例は，行為者の主観にとっては，内面的な信仰を伴わない習俗的行為かもしれません。しかし，第三者の目には，現世や自然を超えた〈何らかの存在〉の想定なしには成り立たないそれらの行為は，宗教的行為として映ります。行為が内面的か否かまたは意識的か否かという，行為者の主観にとらわれず，個人の意図を超えて作用する社会的影響に注意しましょう。宗教には，社会的儀礼によって維持されている側面があるからです。

宗教というと，純粋に内面の問題と思うかもしれませんが，それは他者とかかわる社会的な行為でもあります。極端にいえば，人里離れて山奥にこもった修行でも，人里を「避ける」という他者を意識した社会的行為とみなせます。宗教はいにしえより，病気や貧困，生の苦しさなど，多くの人にとって，生きる苦難を乗り越えるための支柱であり続けています。仮に自分自身は宗教と無縁の生活を送っていると思ったとしても，宗教に強い関心をもつ他者とかかわる可能性を閉ざすことはできない，と考えるのが妥当でしょう。

宗教にひたすら埋没するのではなく，宗教をむやみに忌避するのでもなく，また自らを問題の外におくのでもなく，〈宗教〉と自分もその成員である〈社会〉とのかかわりを考えることで，社会の新たな一面が見えてきます。[94]

❸ 宗教社会学の逆説

現代社会学の基礎を築いたデュルケム，ジンメル，ヴェーバーの３巨匠は，いずれも宗教社会学の業績を残しています。これは単なる偶然ではありません。そもそも社会学は，宗教社会学とともに始まったとすらいえるのです。

歴史的には，かつて伝統的な規範や文化を担ってきたのは宗教的観念や組織であり，人々の生活スタイルやものの考え方は，宗教的な枠組みに大きく支配されていたと考えられています。その後，産業化や都市化がすすむにつれて生活様式も変化し，人々の意識はそれまでの宗教的伝統とは異なるものになってきました。通常はこのように，近代社会は宗教的世界から切り離された，世俗化した社会と考えられています。しかしその見方は妥当なものでしょうか。[95]

３人の巨匠が活躍した19世紀末から20世紀初頭のヨーロッパは，伝統的な宗教（彼らの場合，とくにキリスト教）が表舞台から退いた時代です。思考の拠点は，神から人間へ，あるいは社会へと移りました。社会学も社会現象を神ではなく，人間や社会の観点で理解しようとします。しかし同時に，社会学的思考は一つの逆説を発見しました。

その逆説とは，宗教的世界観から脱した近代的学問である社会学が，非宗教的とされる近代社会に，宗教性を見出したことです。社会学的には，近代社会も宗教性をおびた社会として映ったのです。以下，巨匠たちの研究を例に考えてみましょう。

❹ 宗教社会学の基礎視角：考えるヒント

❍ 宗教の社会的機能

デュルケムは，宗教の社会的機能に着目した社会学者です。たとえば『自殺論』では，カトリックと比較してプロテスタントの自殺率が高い背景を，聖書を各自が解釈する個人主義的傾向が，社会統合を弱めているためと考えました。[96]人々を結びつける宗教の力について，それを神のものとするのではなく，社会

教文館参照。この宗教的，社会的，政治的な事情の絡み合いは，ひるがえって，現代の「習慣」がどのように形成されたかを考える参考にもなるだろう。たとえば，▷1で触れた「初詣」について考えてみよう。また，「習俗」と「宗教」の関連についても考えてみよう。それは「政教分離」を考えるときのポイントでもある。

▷4　マンガ，アニメ，ゲーム，映画，小説などで，知らず知らず宗教的事柄に馴染んでいる人も多いだろう。たとえば，アマテラス，スサノヲ，シヴァ，ヴィシュヌ，ヴァルキューレについて調べてみよう。また，さまざまな作品で「魔女」がどう描かれているかを比較してみよう。

▷5　世俗化については，後に触れるように，さまざまな議論がある。〈社会〉と〈宗教〉のかかわりを考える重要なポイントなので，注意しよう。確かに私たちの日常生活は，世俗化しているように見えるかもしれない。しかし先に触れたように，現代社会の生活もどこかで宗教的事柄と結びついている。とすれば，実際には宗教と密接にかかわっているにもかかわらず，自分は宗教と無関係だと思ったり，宗教を軽蔑したりしてしまう現代人の社会意識こそ，探究する価値のある興味深いテーマといえるだろう。信仰をもつ人だけでなく無信仰の人も，宗教社会学の対象となるのである。

▷6　これは「自己本位的自殺」の一つの例である。生活の中に宗教が深く浸透しているイスラム圏で自殺が少ない理由なども，考えてみるといいだろう。

統合の機能として考える，社会学的な視点です。

また『宗教生活の原初形態』では，宗教を独自の観点で定義しました。その特徴は，①聖と俗の区別，②信仰と儀礼の二面性，③共同性への着目です。特に，外的な儀礼にも注目したことは，現実の宗教が人々の信仰心だけでなく，儀礼的行為によって制度的に維持されていることに目を向けさせてくれます。しかもデュルケムは，儀礼を，聖に対する分離（タブー）と接触に区別し，聖への接触の定期的反復に着目しました。普段はばらばらに生活している個人が一箇所に集まる，非日常的な「集合的沸騰」を定期的にくりかえすことで，社会が再生産されると考えたのです。社会は，定期的な共同体再生の儀礼を必要とする。これが，宗教が社会に必要とされる理由です。

○宗教の心理的発生

デュルケムが宗教の社会的機能を問題にしたとするなら，ジンメルは宗教の心理的発生を問題にしたといえます。社会学の一分野として，はじめて宗教社会学を唱えたジンメルの，「宗教が宗教性をつくりだすのではなく，宗教性が宗教をつくりだす」という刺激的な指摘は，宗教というものがまずあって，それが宗教性をつくるのだ，という素朴な理解をひっくり返してくれました。

社会と宗教の共通性は，たとえば，信頼や信仰と訳される言葉（Glauben）を媒介にするとみえてきます。人が神を信じるとき，その信仰は，子どもが親を信じるように，たとえ信頼できないと疑われる場合であっても，その疑いを超えて信じるものです。そのような信頼が，人と人の具体的な相互関係から抽象的に離脱したとき，そこに宗教が生じるとジンメルは考えました。

同様に，『貨幣の哲学』では，宗教と貨幣の類似性に注目しています。私たちは，貨幣の材質をいちいち本物かどうか確認して使用するわけではありません。また，手にした貨幣は，ふたたび商品購入のために使用可能であるという，理論的には絶対とはいえないことを信じてもいます。理論を超えたこのような信頼は，宗教の信仰と同一だとジンメルは考えたのです。

○宗教的作用の意図せざる結果

比較宗教社会学を展開したヴェーバーは，宗教の根底に，ある人物にそなわった非日常的な資質としてのカリスマをおきました。カリスマは個人の資質に基づいているもので，魅力がなくなれば一気に消滅するものです。逆にいえば，制度的な法や伝統による正当化を必要としません。そのためカリスマに依拠して形成された共同体は，伝統的で法制度を整えた現存の社会を否定し，新たな理念で社会を根本的に変革しようとする力を潜在的にもっています。

このようにヴェーバーは，社会が宗教にあたえる影響だけではなく，宗教が社会に影響をあたえる側面を考えました。その代表例が，『プロテスタンティズムの倫理と資本主義の精神』です。

時間や規則を厳守し，「時は金なり」の教訓通りに律儀に働く近代人に特有

▷7　お祭りの熱狂が典型である。この概念を使って，スポーツの応援を分析してみるのも面白いだろう。XⅢ-2 も参照。

▷8　ジンメル，G.，居安正訳，1998，『社会文化論 宗教社会学』青木書店，p.243。

▷9　この宗教性とは，キリスト教や仏教など現にある「宗教」を超えて存在する，人間に先天的な「生の形式」を意味する。この形式に，特定の経験が内容として加わって現実の宗教となる，とジンメルは考える。

▷10　ジンメルの宗教社会学については，阿閉吉男，1981，『ジンメルとウェーバー』御茶の水書房なども参照。Ⅰ-10 も参照。

▷11　同書の結論は以下の通り。「近代資本主義の精神の，いやそれのみでなく，近代文化の本質的構成要素の一つというべき，天職理念を土台とした合理的生活態度は——この論考はこのことを証明しようとしてきたのだが——キリスト教的禁欲の精神から生まれ出たのだった。」ヴェーバー，M.，大塚久雄訳，1989，『プロテスタンティズムの倫理と資本主義の精神』岩波文庫，p.363。主題が（資本主義ではなく）生活態度の形成であることを確認しておこう。XⅢ-2 も参照。

の（考えてみると窮屈な）生き方は，キリスト教の倫理，とくに**予定説**に強く影響されて成立したと，ヴェーバーは考えました。予定説が強調され，自分が救済されているか不安になった信徒たちは，救済の証しを求めて，日常生活のなかで禁欲的な生活を送るようになりました。普段から禁欲的な生活を送る生き方は，一発大もうけをねらうのではなく，持続的に勤勉な態度で職業に励む労働者や企業家を必要とする近代資本主義と，親密に結びついたのです。

生身の人間は，ときに経済的・政治的な利害を度外視して，理念や信念で動くことがあります。営利を嫌う宗教的行為が，「意図せざる結果」として近代の資本主義と結合した側面を，ヴェーバーは指摘したのです。

❺　近代社会の鏡としての宗教：「世俗化論」を超えて

ここまで検討してきた，近代社会に宗教性を見出した3人の巨匠たちの洞察は，近代社会それ自身の特質に由来していたともいえます。宗教を社会の外部へと追いやる近代社会の斥力が，かえって宗教を際立たせ，宗教と歴史的・文化的にふかく絡み合った社会のダイナミックな特質を明らかにするのです。その意味で，宗教は社会が自己を映しだす鏡だといえるでしょう。

この，社会の宗教に対する斥力を直接問題にしたのが，20世紀後半の世俗化論でした。世俗化とは，宗教は時代とともに社会への影響力を失っていくという考え方です。

これには，肯定と否定，さまざまな見解が出されてきました。

たとえば，社会は時代の「進歩」とともに非宗教化していくという宗教衰退論。宗教は公的な場からは退くが，私事化して見えないかたちで生き残るという「見えない宗教」論。80年代以後の新宗教の勃興を背景にした宗教復興論。逆に，私事化を脱して集合的アイデンティティを求める，共同化・脱私事化の傾向も指摘されています（公共宗教論）。さらに，かつて世俗化論に大きな影響を与えたピーター・バーガー（Berger, P.）が自説を修正して「脱世俗化」を論じるなど，世俗化論は一般理論としては妥当性を疑われているのが現状です。

こうした世俗化論の問題の認識は，「近代ヨーロッパ」のreligionに由来する「宗教」という概念を「反省」する視点が生まれてきたこととも関係します。何をもって宗教とするかで，世俗化についての考えも変わってくるからです。既存教団のイメージが付着してしまう「宗教」という言葉ではうまく把握できない個人化した宗教現象には，代わりに「スピリチュアリティ」という言葉をあてる試みも定着してきました。宗教か非宗教かの明確な二分法は，すでに揺らいでいるのです。

宗教と社会は，依存しあい，反発しあいながら，今なお不可分であるといえます。その「世俗化論」後のあらたな依存と反発の分析が現代世界のマクロな分析ともなる──これが宗教社会学の潜勢力なのです。　　　　　　（荒川敏彦）

▷12　**予定説**
救われるかどうかは，あらかじめ神によって定められているとする教説。アウグスティヌス（A. D. 354-430）以来の，キリスト教の伝統的思想の一つで，宗教改革期にカルヴァンが強調した。

▷13　これを世俗内禁欲という。修道院など特別な場での禁欲（世俗外禁欲）と比較してみよう。

▷14　その日の気分で，勤勉になったり，怠惰になったりする生き方と比較してみよう。

▷15　世俗化論については，ドベラーレ，K.，石井研士訳，1992，『宗教のダイナミックス』ヨルダン社や山中弘「世俗化論争と教会」竹沢尚一郎編『宗教とモダニティ』世界思想社が議論を整理してくれている。

▷16　英語では privatisation。

▷17　ルックマン，T.，赤池憲昭・ヤン・スィンゲドウ訳，1976，『見えない宗教──現代宗教社会学入門』ヨルダン社.

▷18　Berger, Peter, ed., 1999, *The Desecularization of the World*, Eerdmans.

▷19　島薗進・鶴岡賀雄編，2004，『〈宗教〉再考』ぺりかん社. またこれは，オリエンタリズム論とも関連している。

▷20　伊藤雅之・樫尾直樹・弓山達也，2004，『スピリチュアリティの社会学』世界思想社.

▷21　藤原聖子編，2018，『世俗化後のグローバル宗教事情』岩波書店。

7　医療をめぐる社会学

20世紀にかけて出現した西洋近代医学とこれに基づいた近代医療は，人類の偉大な進歩の証，善なるものとして存在しています。そして，これらをとりまとめる医療政策は，私たちが享受できる権利，福祉として日常生活の中に当たり前に溶け込んでいます。それでは，社会学は医療と人の関係についてどのように考えるのでしょうか。

1　キリスト教の神と自然科学としての医学

医療とは，身体と病，健康に対する思想と技術と表すことができるでしょう。日本の漢方など東洋医学による医療もありますが，今日，西洋医学が医療の中心となっています。それでは，この西洋医学はどのようにして誕生したのでしょうか。

○キリスト教から世俗化する社会へ

中世の時代，西洋で信仰されていたキリスト教では神こそが絶対的存在で，病気は人間の罪であり，神に祈ることが求められていました。病気になっても全能の神の創造した人体の仕組みを知ろうとする解剖は厳しく制限され，四体液説など，伝統的なギリシャ医学が中心でした。

やがて，封建制は崩れ，近代的市民社会が誕生すると，医療観も脱宗教化，世俗化し，変化したと考えられてきました。では，私たちが，唯一無二の方法として正しいと思う科学とは，どのようなものなのでしょうか。

○自然科学的に「知る」「わかる」の意味するところ

そもそも，私たちは，何を以って「知る」ことができたと言えるのでしょうか。そのように考えた時，科学が明らかにしてくれると考えることが少なくありません。つまり，科学的知識は自明のこと，所与のこととしてすでに「外部に」存在していて，それを人間が発見すると捉えているふしがあります。しかし，それは本当なのでしょうか。

いわゆる自然科学をはじめとする科学的思考は，従来の宗教一色の体系から解放される中で興ってきたことは間違いではありません。しかし，一方で，ガリレオ・ガリレイが，「科学とは，宇宙というわれわれの眼前に常に開かれた偉大な書物を読むこと」と述べたように，科学によって真理を追究しようとした者の多くはキリスト教信者でした。

それでは，近代科学は，どのように真理の確証を得ているのでしょうか。実

▷1　1376年，ルイ・ダンジュー公の勅令によって，毎年一体の解剖が認められた。四体液説は，体液バランスが崩れると病気になると考える医療。佐藤典子，2007，『看護職の社会学』専修大学出版局，pp.79-83.

▷2　剃刀でひげを剃り，瀉血も施していた床屋は，床屋外科とも呼ばれ，やがて，医療的処置を専門とする外科となった。英語で外科を表すsurgeryが，ギリシャ語の「手を使う仕事」に由来するように，実際に患者に触れる外科の地位は低かった。佐藤典子，2007，『看護職の社会学』専修大学出版局，pp.83-84.

▷3　症状に合わせて血液を抜き，体調を整える治療法。今日，ドイツなどの先進国でも医療用ヒルを使って行われることがある。

▷4　パーソンズ，T.，佐藤勉訳，1974，『社会体系論』青木書店，p.434.

▷5　積み重ねられた臨床経験により，修道院が医療の中心的な場となり，「病院学派」が誕生した。心身の異常は，病院で疾病とされれば，治療の対象になった。フーコーは，人々がこうして医療に信頼を寄せることで，医療とそれを施す医師に多くの権力が集まることを指摘した。フーコー，M.，神谷美恵子訳，1969，『臨床医学の誕生』みすず

は，その手続きこそが，絶対的な神を信じ，一神教らしく唯一の真理を求める，宗教的な問いの証明と同じとも言えるでしょう。その方法は，同じ病気でも個々によって異なる症状を客観的に確認可能なものを，たとえば，今日，血液検査で病気の原因を探るように数字に置き換えます。実験が，誰が行っても同じ再現可能性を保証するように，医学・医療は，多様な一人ひとりの人間を個別に診るのではなく，神の絶対的真理を見出すがごとく人間の身体を診て，一つの答えを追究するようになりました。これが，自然科学的な医療観なのです。

　一方，多様な身体，文化，価値観の存在は，多くの矛盾が発生する要因ともなっています。つまり，科学的実験は，人間個人の経験を捨象し，匿名化します。また，この過程で個々人の苦悩は医療行為自体から切り離されました。その結果，人間の多様性を科学では明らかにできず，「病を診て人を診ない」状況が生まれました。

❷　医療の歴史と医療化

　ここまで，西洋近代医学の成り立ちを述べてきました。近代化する中で，宗教性が薄れ，科学至上主義が生まれますが，その科学は，一神教的な唯一の答えを追求した結果であり，答えが一つであることが自明となりました。医療社会学では，その自然科学的医療観の良し悪しではなく，人々の心身の異常の捉え方とそれによる社会の変化を考えます。

　西洋では18世紀頃まで医療とは正規の医師として内科医が行う診察とその指示のもとに床屋や床屋外科が行う瀉血[2]などを示していました。やがて麻酔や防腐術が編み出され，その処置が評価されるようになると床屋たちは外科医と呼ばれ，従来の内科医と統合され一つの医師資格となります。そして，看取りは，修道女の奉仕から看護という女性の職業となり，前時代の聖職者に代わって，治療を行う医師こそが，医療においてもっとも権限があると考えられるようになりました。これを専門職化と言います。社会学者のパーソンズは，人々が病気になったとき，病人は病人の役割[4]を演じることが期待され，専門家である医師に治療を委ねることが望まれていると述べました。

　また，病院のルーツである修道院は，瀕死の病人や孤児，行き倒れの旅人，浮浪者，犯罪者などの収容所でしたが，パリを中心として修道院で治療を行うようになると，医師の治療が病気を治すと認識され，医療の中心となりました。これを病院化[5]と呼びます。そして，医師の治療こそが価値のあるものと考えられ，医療は大衆化していきます。

　これら一連の現象を，イリッチは医療化と呼び「現代の医療が生活のあらゆる局面に拡大し，それを自発的に受けいれる」ことと定義し，医療（特に医師）が権力をもち，私たちの生活に強い影響を与えていると指摘します[6]。実際，病自体も医療化[7]し，かつての宗教的な罪の罰から今日では，ある指針によって作

書房.

▷6　イリッチ，I，金子嗣郎訳，1979，『脱病院化社会』晶文社.

▷7　ある「心身の異常」を「病気」，「疾患」と診断し，治療などの対象とすること。例えば，同性愛は，宗教的罪とみなされていたが，19世紀後半には，医療の対象となった。佐藤典子，2007，『看護職の社会学』専修大学出版局，p.105.

▷8　発達障害当事者の研究については，綾屋紗月編著，2018，『ソーシャル・マジョリティ研究——コミュニケーション学の共同創造』金子書房を参照のこと。

▷9　イリッチ，I，金子嗣郎訳，1979，『脱病院化社会』晶文社，p.11. 医療の目的達成は，自己否定的な営みであり，病を生産し続ける必要がある。たとえば，高血圧などの慢性疾患で治癒は医療需要の喪失であり，慢性化により医療が継続可能となる。

▷10　フーコー，M.，渡辺守章訳，1986，『性の歴史Ⅰ——知への意志』新潮社，殺すのではなく，生かさせる権力。

▷11　本来は，規律，規則，学科などの意。個人の身体を統制するだけでなく，当該社会に合致するような訓育も含意している。フーコー，M.，田村俶訳，1977，『監獄の誕生』新潮社.

▷12　パノプティコン
Panopticon：Pan が「すべての」，opticon はギリシャ語源で「目」を示し，「すべてを見る目」と言える。

▷13　ドゥルーズによれば

られた基準を外れることで，病気として規定されます。たとえば，今日では，性同一性障害，摂食障害，強迫神経症，発達障害などが，名付けられること，説明されることで新たな医療の対象となりました。また，イリイチは，「医療機構そのものが健康に対する主要な脅威になりつつある」とし，医療がもとで新たな問題が生じる，医原病（イアトロジェネシス[19]）についても述べました。

③ 「死なせられる→生きさせる」権力へ：見えない権力としての医療

　ここでは，前項で見てきたような医療を善とする医療化の結果，すでに存在する，「正常」と「異常」のスラッシュを自明視して，それを内面化することで何が起こるのか，また，その影響について考えます。

　近代以前，権力に反すれば「死」を意味し，支配者が気に入らなければ死なせることが可能な，いわば，「君主型」の権力が支配していました。ところが，フーコーによれば，近代以降，個人を排除するか否かの政治から個人の身体を政治の対象とする「生-権力（bio-pouvoir）[10]」という新たな権力が登場したと論じます。それは，今日の福祉国家につながるような民の健康こそ第一とする，人口管理が可能な権力と「規律訓練（discipline）[11]」型の権力からなります。フーコーはこの例として，ジェレミー・ベンサムの考案した一望監視施設「パノプティコン[12]」を挙げ，不断の監視が規格化された従順な身体を大量生産することを指摘しました。そこでは，中央塔の監視者一名のみで，円形に配置された牢獄の収容者にこちらの姿を見せずに監視することができ，監視される方に，いつ監視されているかわからないと思わせることで，常に緊張を強いて，やがて，あたかも自分の意思で行動しているかのように監視者のまなざし（規範）を内面化します。この姿は，近代医療を自明のものとするように教えられ，自らの意思で医療を選択する現在の私たちの理想の姿と重なります。なぜなら，その規範の習得は，単に，具体的な正常・異常の内容を教えるだけではなく，自発的従属を促す，社会適合者養成も自動的に行うからです。それは，脅されてその支配に従わせるような権力ではなく，医師，医療機関に従うことが自明なので，あるべき健康のために進んで順守するのです。そして，「科学的で専門家である」医師が権威をもち，健康の「基準」が定められている今日，科学的基準は個別具体を捨象しているため，実際は自らに合っていないかもしれない健康基準でも，いわゆる「健康」でいるためには，医師に従い，健康であることを自らが確認し続けなければなりません。人々は，自らの身体を人質に取られた形で，自由な自己決定という幻想の下，健康を守ろうとしています。

　人々は医療に健康や生命を規定してもらう反面，自らの生を，病を，死をどう生きるかを決められなくなっていることにもはや気づいていません。健康でいるための権利が抑圧の一つとして機能していることを知りようがないからです。

フーコー自ら「規律訓練」型権力のピークは，20世紀初頭と考えていた。「管理社会」は，バロウズが提案した呼称だとしている。ドゥルーズ，G.，宮林寛訳，2007，『記号と事件――1972-1990年の対話』河出書房新社，pp. 356-366.

▷14　今日，アプリを購入し，登録すれば，そのサービスを受けることができるが，このシステムの外で生きることは難しい。

▷15　2018年の日本の高齢化率（人口における高齢者の割合）は，28.1%で世界最高を示し，平均寿命も男女ともに世界最高水準だが，後期高齢者（75歳以上）以降，健康を維持したまま年齢を重ねる，健康寿命は低く，長寿化は医療やケアのニーズを高めている。

▷16　障害のある生を損害とする子の賠償請求が認められ，医師側が有罪となった通称ペリュシュ事件については，本田まり，2003，「《wrongful life》訴訟における損害（1）――フランス法を中心として」『上智法学論集』46（4）：pp. 63-90．人工妊娠中絶についての考察は，ボルタンスキー，L.，小田切祐詞訳，2018，『胎児の条件』法政大学出版局がある。

▷17　1997年に施行された臓器移植法は，「臓器提供の場合に限り，脳死が人の死」と位置づけられるなど，医療が介入することによって人の死の時期が前倒しになる事態をもたらした。

▷18　たとえば，従来のCTやMRIでは，2000年代，16枚程度の撮影だったところ，今日，320枚の撮影が可能になった。当然，従来

次項では，現在，何が起きているかについて考えたいと思います。

④ これからの医療と医師–患者関係

1990年の論文で，ドゥルーズは，閉じられた監禁状態すなわち，「監視カメラ」による「規律–訓練」社会である学校や病院は，もはや危機に瀕し，延命をはかっており，チェックを行う「管理型（contrôle）」社会が出現したと述べました。「管理型」社会では，「自分だけ取り残されたくない」という欲望を背景に，誰もが「不断の管理と瞬時に成り立つコミュニケーション」に動かされて，あらゆるチェック項目に自らを差し出し（現代の電子決済やアプリの登録など），管理が蔓延します。というのも，その状況に「動機づけてもらう」ことを望んでいるからです。また，「管理の網の目」すなわちルールは状況に応じて変わり，コンピューターネットワークを基盤に，どこにいて何をしていても，個人のすべての情報が集められ，記録，蓄積され，流通するので，何一つ終えられない「果てしない引き延ばし」の結果，ユビキタスに管理され，「準安定状態」が続くと今日のインターネット社会を予想したかのように喝破しました。[14]

その予言通り，高度化された医療技術によって，21世紀には，超高齢社会を迎えました。また，障害の有無を出生前に見誤った医師を訴える「ロングフルバース」「ロングフルライフ」[16]は，患者の権利をどう捉えるかによって，生まれる価値のない生命と判断されることもあることを示し，生は医療化しました。一方で，20世紀の終わりには，複数の人の臓器維持を目的とした臓器移植のために，誰か一人の死が人工的に早められる（可能性のある）「脳死という新しい死」を発明[17]，死が医療化し，複数のレシピエントの生を「引き延ばし」ました。

では，AIとビックデータを利用した医療によって医師–患者関係はどのように変わるのでしょうか。たとえば，医師の専門性を機械や設備の中に埋め込み，専門性は広く適応され，習得しやすく，価格も手ごろになり，医師の専門性がコモディティ化するかもしれません[19]。しかし，医療の目的が達成されれば，それは，自らの存在意義を失うことになるので，「予防医療」分野を出現させて「引き延ばし」ます。病院内のシステムの変化，IoT，インターネット，ソーシャルメディアを使った大衆化[20]など，従来にはない医療における変化が生じる時，目に見えなかった権力の行方はさらにわかりにくくなり，何に対して，どう抵抗すればよいのか，もはや知ることができません。しかし，ドゥルーズは，「先輩が苦労して規律の目的性を暴いたのと同じように，とぐろを巻くヘビの輪は，モグラの巣穴よりもはるかに複雑にできている」[21]と述べ，それを明らかにするのは若者であるとしています。社会学は，すべてを覆う管理型社会の現状を，思考停止せずに明らかにしていく役割があると言えるでしょう。

（佐藤典子）

通り，人間が目視するには，負担が増加しており，今後は，ディープラーニングの活用が期待されている。

▷19 医療分野は，デジタル化による恩恵を受けやすいと言われているが，たとえば，「Apple Watch」などのウェアラブルディバイスやセンサーが発達すると，日常生活の中で医療情報を取得でき，高齢者の慢性病なども，在宅でのデータ送信により，低コストで管理できる。佐藤典子，2019，「看護師の過労と長時間勤務──サービス残業はなぜなされるのか」『日仏社会学年報』30：pp. 1-16. また，IBM 開発のワトソンの正診率が，一般の内科医よりも高いことから，医師の診断スキルが特殊技能でないと判断されれば，患者が人工知能や民間サービスを使って自己責任で診断し，医師の処方ではなく，薬局などの市販の OTC（Over The Counter の略，対面販売の意）薬を自分でのむようになり，医師の処方権は減少し，医師–患者関係も変化すると思われる。

▷20 遺伝子操作，ゲノム編集，クローン技術などだけでなく，メディカル・ロボティクス（医学的情報を工学の機械にフィードバックし，医学と工学の融合を目指す分野）など，「人の技能と心身機能を拡張する人間支援ロボットテクノロジー（RT）」は医療のあり方を根本的に変えてしまうだろう。

▷21 とぐろを巻くヘビの輪は「管理型」権力を，モグラの巣穴は「規律訓練型」権力を示す。ドゥルーズ，G.，宮林寛訳，2007，『記号と事件──1972-1990年の対話』河出書房新社.

8　差別問題をめぐる社会学

① 差別問題の社会学が生まれるまで

　差別問題は，今や日本で行われている社会学的な研究の中で，大きな割合を占めています。しかし，差別問題が社会学にとって研究の対象であることは，最初から自明だったわけではありません。

　1960年代まで，日本の社会学において，差別は研究対象とされてこなかったといっていいでしょう。理由はさまざまに考えられますが，大きな原因は，1960年代まで，マルクス主義的な考え方とそれに反発する考え方とが社会学（だけでなく，経済学や政治学など社会科学）を二分していたからだと考えられます。マルクス主義的な発想に立てば，属性による差別は社会主義革命が実現すればなくなると考えられていました。また，マルクス主義を否定する立場からすれば，近代社会が実現すれば出身や身分に基づく差別はなくなるはずだと考えられていました。つまり，どちらの立場をとったとしても，差別は問題として認識されていませんでした。調査や分析の際に重要な役割を果たしたのはイデオロギーであって，アイデンティティではなかったといえます。

　試みに，1940年代後半から60年代末まで，社会学文献情報データベースから，タイトルに「差別」の入っているものを検索してみましょう。1952年から65年までの間で，該当する論文・書籍は7つです。このうち1つはアメリカ南部の人種差別を対象にした論文で，それ以外は日本の部落差別を対象としています。差別問題が社会学の探求課題だという認識は，広く共有されてはいなかったのです。

▷1　石田雄，1994，『日本の社会科学と差別理論』明石書店，p. 22.

　1960年代末から70年代にかけて，この状況は大きく変化します。その原因は，差別撤廃運動がさまざまな領域で高揚してきたからだと説明されています。水俣病やイタイイタイ病，四日市ぜんそくといった深刻な公害問題によって，それまで日本社会を覆っていた経済成長第一主義に疑問が呈されました。他方，1960年代から高揚したベトナム戦争反対運動は，アメリカへの批判だけでなく，その同盟国である日本の国際的な立場や歴史にも問題意識を向けさせました。日本の加害者意識や，過去の戦争についての責任が論じられるようになったのです。韓国人兵士がベトナム戦争への参加を拒否して日本に亡命し強制的に収容されたことや，台湾人青年が出入国管理令の改正に反対して自殺したことから，ベトナム反戦運動は韓国・台湾という旧植民地と日本との関係を問い，日

本社会のエスニック・マイノリティとの関係を再構築する試みへと向かっていきます。

　1970年代から80年代は，日本社会に蔓延する差別が，被差別当事者によって強く訴えられた時期でもあります。イデオロギーからアイデンティティへと，社会問題の語られる文脈が変化したのです。在日コリアンを例に取ってみましょう。ルーツを明らかにしたために日立製作所への就職を断られ，裁判に発展した日立就職差別事件は1970年に提訴され，1974年に日立製作所の有罪が確定しました。この判決は，日本各地の企業が反差別の取り組みや人権講習を行うきっかけになりました。それまで入居できなかった公営住宅への入居運動や，公務員・専門職における国籍差別の撤廃運動が起こったのも1970年代後半でした。このような運動が求めたことのいくつかは，日本が国際人権規約を1979年に，難民条約を1982年に，それぞれ批准したことによって，不十分な点を残しつつも達成されていきます。

　反差別運動を展開したのは在日コリアンだけではありません。1970年10月には，女性解放を掲げる女性だけの隊列が，デモに初めて登場しました。1972年には「中絶禁止法に反対しピル解禁を要求する女性解放連合」が結成されました。このような女性解放運動，すなわちウーマンリブは，学生運動やベトナム反戦運動から生まれ，家族や性という私的領域における性差別と男性支配を，そして公的領域と私的領域という区分を作る論理をも問題化しました。1975年以後，ウーマンリブはさまざまな女性運動団体が作ってきた改良主義的な運動に，「より広義の，女性の権利の獲得と解放とを求める思想・運動としてのフェミニズムとして合流」していきました。

▷2　牟田和恵，2006，「フェミニズムの歴史からみる社会運動の可能性」『社会学評論』57(2)：p. 297.

　障害者もまた，差別反対の運動を展開しました。1970年に，2歳の障害児をもつ母親が子どもを殺害し，近隣の住民や同じように障害児をもつ親らを中心に，減刑を嘆願する運動が起こりました。これに対して，脳性麻痺者による運動団体「青い芝の会」は，福祉制度の不備は障害者の殺害を正当化しないことや，そこでいわれる「福祉」が障害者を施設に隔離・管理するものであることを主張します。1972年には，旧優生保護法を「胎児が重度心身障害を持つ可能性がある場合」に中絶を認めるものへ改正しようという動きに反対する運動を展開し，改正を阻止しました。こんにち当たり前のように目にする，駅のスロープやバスへの車椅子乗車は，青い芝の会をはじめとする運動団体や障害者個々人が身体を張って，それらにアクセスする権利を獲得してきた結果です。

② 差別問題の社会学の誕生

　日本の社会学において差別問題が独立した探求課題とされたのは，階級から差別へ，イデオロギーからアイデンティティへと，社会運動の中心的なロジックが変化した，この時期でした。日本社会学会大会で初めて差別問題部会が組

まれたのは1979年（第52回）の大会においてです。同年，『社会学評論』の文献目録に「差別問題」が分類されることになりました。それまで「社会意識」「社会病理」「社会福祉」「農山村・漁村」等々に分類されていた，「差別」をタイトルあるいはキーワードにする論文・著作の多くが，その後は「差別問題」として分類されることになります。そして1985年3月には「差別問題の解決・人間解放の達成をめざす」ことを規約に掲げる解放社会学会が発足しました。

　では，差別問題の社会学とは何を目的とし，どのような調査研究を行うものとされてきたのでしょうか。ごく単純化すれば，それは社会調査を通じて差別の実態を明らかにし，学術的な方法によって差別問題の解決に携わることだといえます。解放社会学会の創設にかかわった福岡安則は，「社会（科）学者を差別問題研究から遠ざける働きをする力」として「社会科学者たちの間に，学問的視座うんぬん以前の問題として，差別問題への接近を忌避する傾向」と，「反差別の運動体のイデオロギー的な党派性との絡みで，研究者としての主体性の保持が困難だと感じられる状況」[3]があったと述べています。解放社会学会のジャーナル『解放社会学研究』創刊号では，差別問題と社会学との関係への問いが消えてしまった理由として，「問いそのものが，抽象的・観念的でありすぎたこと」「問いを発する主体的力量が弱かったこと」や「いわゆる被差別大衆を切り捨てたところで論議されていたこと」を挙げ，「自分自身への〈問い〉」を発するために「差別の現実に学ぶ」ことを求めています。

　これらの指摘からわかるのは，差別問題の社会学の探求課題として広く認知されるよう試みてきた研究者たちは，「イデオロギー的な党派性」とは別のもので結びつき，「差別の現実」を明らかにすることで，差別問題に主体的に関わることが模索されていたことです。運動そのものに関与するというよりは，社会調査を通じて差別の実態を明らかにすることが，差別問題の社会学が企図したことだといえるでしょう。

　初期の『解放社会学研究』では，部落差別・女性差別・外国人差別（在日コリアンへの民族差別）・障害者差別，日雇い・貧困・都市下層社会が，差別問題研究の対象とされています。これらの研究を通じて「現代社会の構成原理の1つとしての差別の構造をトータルに理論化」[4]することが，差別問題の社会学の掲げた目標でした。差別問題もまた，現代社会の構造を明らかにする糸口として考えることが可能だとされていることがわかります。

3　差別問題の社会学の現在

　1990年代以降，差別問題の社会学的研究の対象は多様化・増加しています。1990年から2018年までに採択された科学研究費補助金のうち，課題・キーワードに「差別」を含む研究の対象は161件にのぼります。その中には，差別問題の社会学が成立していった時点から，調査の対象とされてきた集団（被差別部落，

▷3　福岡安則, 1996,「差別研究の現状と課題」井上俊・上野千鶴子・大澤真幸・見田宗介・吉見俊哉『岩波講座現代社会学15──差別と共生の社会学』岩波書店, p. 234.

▷4　江嶋修作, 1986,「解放の言葉　差別問題研究の原点」『解放社会学研究』(1)：pp. 4-5.

障害者，在日コリアン，公害病患者，寄せ場労働者）だけでなく，日本社会の中で新たにその現状が注目されるようになった人々（性的マイノリティ，移民／外国人労働者，原発事故避難者，遺伝性疾患患者，HIV/AIDS 患者，ユニークフェイスをもつ人々），差別や排除の歴史（アイヌ，沖縄，ハンセン病患者，慰安婦問題）が含まれています。ここで十分に取り上げることはできませんが，差別だけでなく貧困や社会的排除もまた，差別問題の社会学が取り上げてきた対象でした。それはバブル経済後の「失われた30年」において日本社会の貧困が問題として顕在化する中で，その重要性を再び高めています。

　差別問題の社会学は，差別の現状を明らかにしたり，差別する側の偏見や差別意識を分析したり，「差別問題の意識や心理ではなく社会関係・集団・組織・ネットワーク・制度の分析を行[5]」ったりしてきました。これに対して，「差別の是正・解体を求める集合的実践の視点を欠落させている」「社会政策的論議を欠落させている[6]」と，問題点を指摘する声もあります。もしかすると，これらは反差別運動を行う団体と意識的に距離を取り，権力批判につとめてきた帰結かもしれません。

　差別問題の社会学は，大きな物語のもとで抑圧されてきた個々人の苦しみに耳を傾けることで，階級闘争からアイデンティティの政治へと社会の重要な争点が移りかわるのに対応し，またその移り変わりを支えてきたといえるでしょう。日本が経済的に成長し，脱産業化へと進む中で，差別問題の社会学は，そのような大きな変化を差別という個々人の人権にかかわる問題から捉えようとしてきたのです。

　再び目を社会に転ずれば，今なお多様なマイノリティへのヘイトスピーチが蔓延しています。それにもかかわらず，いったん差別に直面するや，自己責任でそれを解決することが，公的な立場に立つ人々から期待されています。バブル崩壊後，経済成長を促す政策が採られない中で，「差別というものを認識し，言葉を通じて表明することの判断や説明責任を個人が負うことに[7]」させられているのです。そのような現在の日本社会において，差別問題の社会学はいかなる寄与ができるでしょうか。多様な個人の複雑な苦しみを切り捨てることなく，いかにして集合的な対策を生み出せるのか。近年，差別や社会的排除の実態を明らかにする実証研究が再び話題を集めているのは，この分野への期待と言えるかもしれません。

（朴　沙羅）

▷5　好井裕明, 2014,「分野別研究動向（差別）」『社会学評論』64(4)：pp. 711-726.

▷6　山本崇記, 2009,「差別の社会理論における課題——A. メンミと I. ヤングの検討を通して」『コア・エシックス』(5)：pp. 381-391.

▷7　川端浩平, 2016,「『当事者』は差別や排除を語るのか？」好井裕明編『差別と排除の社会学』有斐閣, pp. 46-65.

「社会という謎」の発見
社会学のはじまり

▷1　オズーフ，M.，立川孝一訳，1988，『革命祭典』岩波書店.

▷2　清水幾太郎，1978，『オーギュスト・コント──社会学とは何か』岩波新書.

▷3　▷2の文献参照.

▷4　Elias, N., 1984, "On the Sociogenesis of Sociology," *Amsterdam Sociologisch Tijdschrift*, 11(1): pp. 14-52.

▷5　コント，A.，霧生和夫訳，1980，「社会再組織に必要な科学的作業のプラン」清水幾太郎編『世界の名著46　コント・スペンサー』中央公論社.

▷6　もちろん，この謎に出会ったのはコントがはじめてではない．たとえば，宮廷医フランソワ・ケネー（Quenays, F. 1694～1774）は，革命前のフランスで，「経済」について個人の意志を超えた思い通りにならない法則を解明しなければ治世ができないと，『経済表』を作成した．社会学者ランドル・コリンズは，『ランドル・コリンズが語る社会学の歴史』（1985年）で，経済学，歴史学，心理学，人類学のあと「そして最後に社会学」が成立したと述べている．

▷7　これをコントは「三段階の法則」と呼び，社会

　「わかった！」と「わからない！」

　社会学という学問がどう始まり，どんな変化を見せて，現在に至ったか．

　これを主題にするこの文章を，ある素朴な問いから始めてみたいと思います．私たちが何かを問い，研究するのはなぜか？──それは，何かを「わかる」ため（この本は「よくわかる」と題されていますが）でしょう．しかし，考えてみれば，何かを「わかろう！」と思うことは，その何かが「わからない！」と感じているということです．「わからなさ」を発見することなしに学問は始まりません．そして，何をどう「わからない！」と感じるかが，その学問の方向や可能性を決める重要なポイントであるように思います．

　人間が何かを「わかる」ようにする力，これを仮に「理性」と呼んでおきましょう．「理性」によってある対象をわかろうとし，「わかった！」と思う．しかし，じつはその対象は「理性」の力を超えていて，「わからない！」ことがわかる．このくりかえしが学問の歴史であり，社会学も「社会」という対象について「わかった！」と「わからない！」の往復と緊張をくりかえしてきました．

　では，どのような「わからなさ」の発見から，社会学が始まったのでしょうか．それは，「理性」とそこからはみ出るものの間の往復運動が大きな振幅を見せる，「近代」という時代の始まりに遡らなければなりません．「社会学」という言葉を作ったオーギュスト・コント（Comte, A. 1798～1857）は，この往復と緊張に翻弄された人であり，「社会」という「わからなさ」を生きねばならなかった人だったのです．

2　「精神の無力」と「実証主義」：オーギュスト・コント

　「社会学」という言葉は，フランス革命から50年後の1839年，王党派のカトリック家庭出身のフランス人，オーギュスト・コントが著した『実証哲学講義』第4巻に現れたとされます．この言葉の誕生には，フランス革命という出来事が重要な役割を果たしました．

　○革命と「意図せざる結果」

　この革命は，「理性」に導かれたものでした．18世紀の啓蒙思想は「理性」への信頼によって「自由」で「平等」な社会を基礎づけようとし，それに導かれた革命後の社会は1793年に「理性の祭典」，翌年「最高存在の祭典」を行うなど，

XIII

これまでの「神」ではなく人間の「理性」を崇拝することを試みました。[1][2]

　しかし，この「理性」による社会の企ては失敗をくりかえします。内乱，テロ，革命後30年間で10もの憲法が変わる動揺，革命時代に75万人，ナポレオン時代に150万人の死者を出す戦争は，「王」が悪しき意志をもっていたから問題が生じていた，それを人民の「理性」と善き意志に代えれば解決できる，と考えていた人々を幻滅させました。これは，一つには，革命後「民主化」が進む[3]と，誰の意志も決定的な力をもたなくなり個々人の意志では説明できない「意図せざる結果」が生じることによります。[4]そして，コントが端的に述べるように，「全社会組織を，総合的，決定的な形態に一気に作り上げるなどという主張は，微力な人間精神とは絶対に両立しない夢のような幻想」だったのです。[5]

　個々人の意志を超え，善き意志による計画や法がかえって意図せざる結果を生む社会という「わからなさ」「謎」の発見。[6]これをまえに，どうすればよいか。コントは，人間の精神の発達に三段階あると考えます。[7]第一の「神学的段階」では，「わからなさ」を想像力（「神が原因だ！」）で埋めてきました。第二の「形而上学的段階」では，「理性」がこの想像力を批判しますが，啓蒙思想に代表されるこの段階の精神に「再組織」はできません（革命後の社会がそうでした）。それができるのは第三の「実証的＝科学的段階」です。「理性による法」をいきなり作るまえに，まずなすべきは人間の理性を超えた外にある「法則」を観察・発見することだ。「予見するために見る（Voir pour prevoir）」との標語で示される「実証主義（positivisme）」を，コントは主張します。[8]

○「社会学」と「人類教」

　しかし，「微力な人間精神」は観察によって一挙に法則を発見するということなどできません。人間はいつも「わからない」状態にいて，「すべては相対的である」。人間にできるのは，より捉えやすいものから順に「わからなさ」を少しずつ埋めていくことだけです。彼は，数学，天文学，物理学，化学，生物学の順に対象が複雑になっており，まだ複雑すぎて人間の精神には捉ええない「社会」の法則を観察する学を「社会学（sociologie）」と名づけます。[9]

　「精神の無力（la faiblesse de l'esprit）」という言葉を，コントは頻繁に用いたといわれます。革命後の社会で，理性の「無力」を自覚し社会を観察することを主張した彼が，「社会学」という言葉を作りました。ただ，晩年の彼は，ここから転向します。1847年に彼は「人類教」という宗教を宣言し，49年には自ら大司祭になります。『実証政治学体系』（1851～54年）で彼は，社会学を「人類についての科学」と位置づけますが，その先に「人類への宗教的愛」による連帯の重要さを説くのです。[10]社会という「わからなさ」のまえで「わかろう！」とし続ける社会学から，「宗教的愛」という理性を超えたもので「わからなさ」を埋める態度へ。コントの転向は，社会という「謎」[11]のまえで人間の精神がとりうる二つの態度の分水嶺を示唆しているように思います。

（奥村　隆）

の変化にも対応すると考える。つまり，①軍事的段階，②法律的段階，③産業的段階で，それぞれ軍人，法律家，産業家が社会の中心を占めるとされ，彼は産業家の立場から社会を構想しようとした。ダーウィンの進化論の影響を受けたイギリス人，ハーバート・スペンサー（Spencer, H. 1820～1903）もまた，「軍事型社会から産業型社会へ」の社会進化を論じている（『社会学原理』，1876～96年）。

▷8　コント，A.，霧生和夫訳，1980，「実証精神論」清水幾太郎編『世界の名著46　コント・スペンサー』中央公論社.

▷9　▷2の文献参照。

▷10　▷2の文献参照。

▷11　ドイツのカール・マルクス（Marx, K. 1818～83）は19世紀に「社会という謎」を問い，社会学に強い影響を与えた人物だが，その問いの焦点は「資本主義」にあった。なぜ工場で商品が豊かに生産される社会で，労働者が貧しくなるのか。それは，資本家の意志によるというより，競争に負けないため資本を蓄積して生産性の高い機械に投資しなければならず，労働者を厳しい条件で働かせねばならないからだ。この，個人の意志を超えた「資本主義」は，資本家と労働者の階級対立と，豊かな生産物を資本家も労働者も消費できないために生じる恐慌により崩壊する，と彼は論じた（『資本論』，1867, 1885, 1894年）。彼の思想とそれを受け継ぐ「社会主義」とどう対決するかは，その後の社会学にとって重要な課題であり続けた。

2 「理性」からはみ出る社会
ヴェーバーとデュルケム

1 二人の巨人

　社会という「謎」に出会うこと。この「わからなさ」の経験の違いによって，社会学は方向を異にするのではないか，と XIII-1 で述べました。そして，どうやら社会学が社会の「わからなさ」に向き合う試みをもっとも生産的に展開したのは，19世紀から20世紀への世紀転換期のことでした。この時期，社会学はマックス・ヴェーバー（Weber, M. 1864〜1920）とエミール・デュルケム（Durkheim, É. 1858〜1917）という，二人の巨人を得たのです。

　1871年に普仏戦争の勝利でようやく統一された後発国ドイツで市民層の政治家の息子として育ったヴェーバーは，いかにドイツが民主化・産業化した近代社会になりうるかを考えました。さらに彼は「合理化（Rationalisierung）」という概念で，なぜヨーロッパだけが民主主義や資本主義や科学技術をもちえたか，を問おうとします。他方，王も神も殺したフランス革命から100年ほどたった「近代」のフランスがどう社会としてまとまりうるか，そこで人々がいかに生きうるかを，デュルケムは問います。彼はユダヤ教の律法学者（ラビ）の息子でしたが，フランス初の社会学講座の教授として社会学の独自性を確立するよう試みました。そして，この二人は，「理性」による「わかった！」からはみ出る社会の「わからなさ」に，正反対の方向から出会うことになります。

2 「合理化」の起源と果て：マックス・ヴェーバー

　ヴェーバーは，その社会学の基本的な考え方を示した『社会学の根本概念』（1921年）で，社会学を「社会的行為を解釈によって理解する」という方法で「社会的行為の過程及び結果を因果的に説明」する学問とします。「社会」は謎だが，個人の「行為」は「わかる」，その理解から始めよう，というわけです。その行為もより「よくわかる」ものから始めようとします。まず「目的合理的行為」（ある目的のために手段として合理的な行為）という尺度でどこまでわかるかを考える。でもその目的は何のため，と考えると「信仰」や「倫理」などすぐには「わからない」ものに行き着く（「価値合理的行為」）。さらに，これまでそうだったから（「伝統的行為」），感情に流されたから（「感情的行為」）といった「わからなさ」を，彼は「合理性」から出発しながら，発見していきます。

　『プロテスタンティズムの倫理と資本主義の精神』（1904-05年初出）で彼は，

▷1　この時期ヨーロッパの社会学が成果を挙げた背景の一つに，キリスト教の衰退があると思われる。ニーチェがはじめて「神の死」を語ったのは，1882年（『悦ばしき知識』）だった。フランスの人類学者エマニュエル・トッドの『新ヨーロッパ大全』（1990年）によれば，1730〜1800年にパリ盆地などのカトリック，1880〜1930年にドイツなどのプロテスタントが宗教感情を失う。ここで，神が消えつつあるときどう社会を作るか，が課題となる。

▷2　ヴェーバー，M., 清水幾太郎訳，1972，『社会学の根本概念』岩波書店.

▷3　「鉄の檻」は，『支配の社会学』（1921-22年）で支配の三類型（合法的・伝統的・カリスマ的）のひとつとされる「合法的支配」に見られるだろう。法の正当性に基づく「官僚制」がときに永続的になり，非効率で不自由で実質的に不合理なものになる。このとき，ヴェーバーは，日常を超えた力をもった「カリスマ」が人々を魅了し変革が生まれる「カリスマ革命」が生じるのではないか，と考える。彼はここでも，「合理性」からはみ出るものを発見するのだ。

なぜ資本主義を可能にした「合理化」や「禁欲のエートス」が生まれたかを考えます。ところが彼は，その原因に，プロテスタントにとっての救いの教義である「予定説」を見出すのです。自分が神に救われるべく選ばれているかどうか確信したいから，隣人に役に立つよう努力し，仕事を合理化する。近代の資本主義や理性からは「わからない」この原動力なしには，合理化はこれほど進まなかったのではないか。また，合理化の結果，何のために働いているかわからない「意味の喪失」と動かしがたい組織のなかで生きねばならない「自由の喪失」が生じる，とヴェーバーは論じます。合理化の果ての，人間が「鉄の檻」に閉じ込められる「わけのわからない」事態を，彼は予言するのです。[4]

③ 儀式の共同体としての社会：エミール・デュルケム

ヴェーバーが個人の行為という「わかる」ものから「わからない」社会に至る方法をとるのに対し，デュルケムは社会そのものの論理をダイレクトに把握しようとします。「社会」は個人の外部に存在し，個人に強制力を及ぼすものだ。これを「物のように」扱わなければならない，と彼は論じるのです。[5]

『社会分業論』(1893年)や『社会学的方法の規準』(1895年)での，彼の「犯罪」の論じ方を見てみましょう。彼は，なぜある個人が犯罪を行うか，を論じません。そもそも何が「犯罪」かというと，それは「われわれが非難するから」，「共同意識を傷つけるから」犯罪とされるではないか。犯罪者を裁きにかけ罰することは，この社会で何がルールかを確認するとともに，われわれが一つだという意識を活性化する重要な儀式ではないか。[6]つまり，犯罪とは社会にとって必要で有用な「健康の一要因」ではないか，というのです。[7]

ここで彼が描く社会は「合理的」ではありません。罪人を罰する共同の儀式を行うことで，「集合的沸騰」による「連帯」を経験するというものです。『社会分業論』で彼は，まだ分業が進まず似たことをする人々の連帯（「機械的連帯」）では同じ「聖なるもの」を礼拝すればまとまるが，分業が進んだ「近代」の，違うことをする人々の連帯（「有機的連帯」）ではどうまとまりうるか，を考えます。[8]これが，彼の「社会という謎」への焦点となる問いでした。晩年の『宗教生活の原初形態』(1912年)でも彼は，オーストラリアのトーテミズムを事例に，聖なるものへの礼拝式により人々が連帯する姿を描きます。

ヴェーバーの社会学は，ヨーロッパ近代の「合理化」の起源と果てを突き詰めて考え，どちらにも理性をはみ出る「わからなさ」を発見しました。これに対し，いかに近代的で合理的に見える社会にも存在する不合理な連帯の仕組みを，常にデュルケムは透視します。出発点が「個人」か「社会」かという決定的な相違をもちながら，彼らはともに社会が孕む，「理性」からはみ出る「わからなさ」との緊張に向き合い，「社会という謎」への考察を深めたのです。[9]

(奥村　隆)

▷4　ヴェーバー, M., 大塚久雄訳, 1988, 『プロテスタンティズムの倫理と資本主義の精神』岩波書店.

▷5　デュルケム, É., 宮島喬訳, 1979, 『社会学的方法の規準』岩波書店.

▷6　デュルケム, É., 田原音和訳, 1971, 『社会分業論』青木書店.

▷7　▷5の文献参照.

▷8　1897年の『自殺論』でも，連帯への問題意識が貫かれている。デュルケムは，当時増加していた自殺を，連帯から切り離された孤独な人々が，生きる目的や自殺を防止する他者との絆を喪失した結果ではないか（「自己本位的自殺」），集団による規制の仕組みが働かなくなり欲望が無限に昂進して，成功しても欲求不満や疲労を，失敗したら挫折感や卑小感を覚える結果ではないか（「アノミー的自殺」），と考えた。

▷9　彼らと同時代に，「個人」からでも「社会」からでもない社会学を構想した社会学者がいた。ベルリン生まれのユダヤ人，ゲオルク・ジンメル(Simmel, G. 1858～1918)は「相互作用」つまり人々の「関係」から出発し，個人も社会もここから発生すると考えた。彼は1890年の『社会分化論』で，社会が分化すると人々が多くの集団に属することで個性をもった個人が発生すると論じ，1908年の『社会学』では，相互作用の「形式」を問う「形式社会学」の立場を主張して「闘争」や「秘密」など多様なテーマを論じた。

「アメリカ社会」はいかに可能か
シカゴ学派とパーソンズ

▷1　古矢旬，2002，『ア
メリカニズム──「普遍国
家」のナショナリズム』東
京大学出版会.

▷2　以上の対比は，ドイ
ツ生まれの政治哲学者ハン
ナ・アーレント（Arendt, H.
1906〜75）による。『革命
について』（1963年）で彼
女は，異なる意志の対話を
可能にする「憲法の作成」
を試みたアメリカ革命を高
く評価する。彼女は公的領
域での対話を「政治的なも
の」と呼び，その条件がフ
ランス革命よりアメリカ革
命にあったと見る。しかし，
「政治的なもの」が届かな
い「社会的なもの」におけ
るわからなさについては，
この評価は不十分なように
思われる。

▷3　当時シカゴ大学の哲
学科には，社会心理学者ジ
ョージ・ハーバート・ミー
ド（Mead, G. H. 1863〜
1931）が在籍していた。彼
は『精神・自我・社会』
（1934年に出版された講義
記録）で，「自己」を，成長
の過程で家族などの「重要
な他者」，さらに「一般化
された他者」の視点を取り
込んだ「客我（me）」と，
それを前提に行為する「主
我（I）」の相互作用過程と
捉えた。この考えも，当時
のシカゴで異質な他者とど
う向き合うかという課題を
まえに，コミュニケーショ
ンによる自己の変化を重視
する彼の関心に由来すると
もいえるだろう。

 アメリカという試み

　ここでアメリカに目を転じましょう。ヨーロッパが伝統社会からの近代化の
なか「わかった！」と「わからない！」の緊張を経験したのと，アメリカは異
なる条件にありました。先住民が暮らす大陸にピューリタンをはじめとするヨ
ーロッパ人が移住し，彼らを殺戮したり土地を略奪したりして「聖地」として
新しい社会を作ろうとしたのですから。ヨーロッパが神を殺した時代に，アメ
リカは神という「理念」による社会を試みたともいえるでしょう。[1]

　フランス革命とアメリカ独立革命（1776年）を対比してこうもいわれます。
フランス革命は，ルソーのいう「一般意志」のように一つの意志で人々を繋ご
うとした（コントが見たように，それは大きな困難を生みます）。他方，アメリカ
革命では，13の植民地が異なる意志と利害をもつことを前提に，多数の意志が
どう対話するかを人々は考え，その空間＝「公的領域」を作ろうとした，と。し
かし，この「公的領域」の試みはどこかで「わからなさ」に突き当たります。
この謎とアメリカ社会学の関係を，以下見ることにしましょう。

2　「都市」というわからなさ：シカゴ学派

　異なる人々がいかに一つの社会を作るか。この問題を「公的領域」での対話
は何割か解決するでしょう。しかし，解決できない課題もあります。先住民を
殺し，アフリカ大陸からの奴隷を搾取・差別したこと，多くの国からの移民間
の関係，これらは対話では届かない「わからなさ」として残ります。

　それが現れた場所が「都市」でした。中西部の新興都市シカゴは南北戦争終
結（1865年）以降の工業化により人口が爆発的に増え，西欧・東欧・アジアか
らの移民やアフリカ系の人々を集めていました。彼らの間の差別や偏見などの
関係は，1892年に創設されたシカゴ大学の社会学者の関心を惹いていきます。[3]

　たとえば，エスニック集団ごとの心理に関心をもっていたトマス（Thomas,
W. I. 1863〜1947）は，ポーランド移民がどうアメリカに同化するかを，膨大な
手紙や日記をもとに『ヨーロッパとアメリカにおけるポーランド農民』（1918〜
20年，F. W. ズナニエツキとの共著）で描きました。彼にシカゴ大学に招かれた
パーク（Park, R. E. 1864〜1944）は新聞記者経験を活かし，エスニック集団間の
競争・葛藤・応化・同化の過程をフィールドワークによって解明します。シカ

ゴ学派の最盛期とされる1920〜30年代に，その弟子たちはホームレスや非行少年，ゲットーの現実を参与観察や生活史によって描き，異質な人々がどの地域に暮らすかを地図に描く「人間生態学」を展開しました。[4]

「シカゴ学派」を，社会という謎に出会ったアメリカ最初の社会学と呼んでよいでしょう。ただ，都市の現実を実証的に描くこの社会学は，この謎をどうすればいいかを考える道具を十分備えていたとはおそらくいえません。それには，アメリカ社会学最大の巨人パーソンズの登場を待たねばならないのです。

❸ 「機能」による体系化：タルコット・パーソンズ

タルコット・パーソンズ（Parsons, T. 1902〜79）は，ピューリタンの牧師兼大学教授を父にもつWASP（白人・アングロサクソン・プロテスタント）の出身でした。彼はロンドンやハイデルベルクに留学し，ヴェーバーやデュルケムなどのヨーロッパ社会学をアメリカにもたらします。しかし，その問いの出発点は，いま述べたアメリカ社会の「謎」にありました。つまり，いかにして異なる意志や利害をもった人々が一つの社会を作りうるか，という謎です。[5]

彼が『社会的行為の構造』（1937年）で提起した，「万人の万人に対する闘争」からいかに社会秩序が成り立つかという「ホッブズ問題」は，この謎の表現とも読めるでしょう。彼はこの問題を，人間を利益を追求する存在とみなす「功利主義的行為理論」では解きえないと考えます。利益から見れば不合理な「究極的目的」「道徳的規範」（これがヴェーバーやデュルケムにとっての「わからなさ」でした）によって社会秩序は可能であり，人間を価値や理念をもつ存在とみなす「主意主義的行為理論」こそがこの解を見出しうるとするのです。[6]

1950年代から彼は，「行為」論から「社会システム」を論じる立場へ移行します。社会を相互連関する要素からなるシステムと考え，その「構造」の存続のために解決する必要がある「機能要件」をAGILの4つに図式化するのです。[7] たとえば，国民国家は経済（A），政治（G），コミュニティ（I），家族・教会・学校（L）が4機能要件を果たすことで維持される。また，これら下位システムもAGILを担うより下位のシステムに分化し，下位システム間で「境界相互交換」と呼ばれる相互依存が生じる。[8] 晩年の彼は，「文化システム」による価値理念（L）が他の機能要件を支えると考えます。[9] 社会はいかにして可能か，それは4つの機能が達成されるからだ，そしてもっとも重要なのは共通の価値と理念なのだ。異なる人々が作る社会を，彼はこう体系化するのです。

これはなんと「よくわかる社会学」でしょう。パーソンズ社会学はユークリッド幾何学やニュートン力学のように，どんな社会もこの図式により「わかった」ものにします。ヴェーバーやデュルケムに理性が届かない「わからなさ」と見えたものが，最重要な機能要件として体系に位置づけられ，この社会学は1950年代以降世界の社会学に大きな影響を与えていきます。　　（奥村　隆）

▷4　秋元律郎, 1989,『都市社会学の源流——シカゴ・ソシオロジーの復権』有斐閣. パーク, R. E., 町村敬志・好井裕明編訳, 1986,『実験室としての都市——パーク社会学論文選』御茶の水書房.

▷5　高城和義, 2002,『パーソンズ——医療社会学の構想』岩波書店.

▷6　パーソンズ, T., 稲上毅・厚東洋輔訳, 1976,『社会的行為の構造1——総論』木鐸社.

▷7　パーソンズがいう4つの機能要件は，次の通り。A＝システムが目標を実現するために外的条件に適応する機能（「適応（Adaptation）」）。G＝システムが目標を決定しそれを達成するためにシステムの資源を動員する機能（「目標達成（Goal Attainment）」）。I＝システムを構成するメンバー間の関係を調整する機能（「統合（Integration）」）。L＝メンバーの動機づけ・共通の価値パターンが維持されるようにし，緊張をコントロールする機能（「潜在的パターンの維持と緊張管理（Latent Pattern Maintenance and Tension Management）」）。

▷8　パーソンズ, T.・スメルサー, N., 富永健一訳, 1958,『経済と社会』（I）岩波書店.

▷9　▷5の文献参照。

4 「わからなさ」の再発見
パーソンズ以後のアメリカ

1 もう一つの「機能」概念：ロバート・マートン

　パーソンズの社会学は（彼の意図がどうだったにせよ），同時に多くの批判を浴び，それがその後の新しい社会学への跳躍台となりました。ここでは，パーソンズ自身の二人の教え子から投げかけられた批判を見てみましょう。

　一人はロバート・マートン（Merton, R. K. 1910〜2003）です。フィラデルフィアの貧困地区育ちでユダヤ系の彼は，大学院でパーソンズに出会い，「機能」概念を継承します。しかし1949年の『社会理論と社会構造』でこう述べます。「あらゆる種類の観察が即座にその予定された位置を見出しうるような社会学理論の全体的体系」は（つまり何でも「よくわかる」社会学は）「無用に帰した哲学の諸体系と同じく……成果を約束されることが少ない」[1]。網羅的で壮大な理論ではなく，調査に使える「中範囲の理論」が必要だと彼は主張します。

　彼は「機能」という概念そのものも，パーソンズとは別の方向で用います。パーソンズは，ある社会に共通の価値が存在することが「L」の機能を果たし，社会の維持の要件となると考えました。誰でも努力すれば成功できるという「アメリカン・ドリーム」があるからアメリカは一つの社会たりうる，というように。しかしマートンは，この夢を共有することでアメリカは犯罪が多い社会になっているのではないか，と指摘します。成功への欲望が昂進しているのに差別や偏見によって成功できない，このとき犯罪が増加する。彼は「潜在的逆機能」という概念を作り，これによってこうした「意図せざる結果」を発見することこそ「機能」という概念の使い道ではないか，と考えるのです[2]。

　社会学は社会を「わかった！」と説明する道具か，「わかった！」と思ったものが「わからない！」と発見する道具か。パーソンズとマートンの「機能」概念の違いは，この二つの態度の緊張を示しているようにも思います。

2 「いま・ここ」の社会秩序：エスノメソドロジーと意味学派

　ただし，この二人は「機能」によって社会の謎に接近する共通の地盤の上にありました。もう一人の教え子ハロルド・ガーフィンケル（Garfinkel, H. 1917〜2011）の批判は，これと大きく異なる社会への接近法を開いていきます。

○ガーフィンケルの批判

　彼も師と同様「社会秩序はいかにして可能か」という謎を問うていましたが，

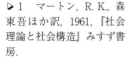

▷1　マートン, R. K., 森東吾ほか訳, 1961,『社会理論と社会構造』みすず書房.

▷2　マートンは，機能概念を「顕在的機能」（当事者により意図され認知された機能）と「潜在的機能」（意図されず認知されない機能），「順機能」（システムによい結果をもたらす機能）と「逆機能」（よくない結果をもたらす機能）に区別する。たとえば「潜在的順機能」は，デュルケムが考えた犯罪の社会統合機能を，「潜在的逆機能」は本文で述べたアメリカン・ドリームがもたらす結果を想起すればよいだろう。

その答えを不十分だと考えます。パーソンズによれば共通の価値・理念・ルールを人々が内面化し従うほど社会は秩序づくことになりますが，完全にルール通りにしていては社会は破綻してしまう。人々は「判断力喪失者」ではなく，ルールにはない判断をし続けているからこそ社会が存続可能なのでないか。「社会秩序の謎」を解くには，そのつど人々が行う判断や実践を解明せねばならない。ガーフィンケルは，人々が社会を「いま・ここ」で成し遂げる「当たり前」で「見えているが気づかれない（seen but unnoticed）」方法を記述する研究を提起し，「エスノメソドロジー（ethnomethodology）」と名づけます。

では，「当たり前」をどう記述すればよいのか。ガーフィンケルは，フッサールの現象学を社会学に持ち込んだシュッツ（Schutz, A. 1899〜1959）の考えを参照します。シュッツは人々の日常の態度を解明するのに，フッサールの「現象学的還元」をもとに，当たり前から身を引いて意識を反省する「判断停止」という方法をとりました。ガーフィンケルは，身を引くのではなく当たり前を壊す方法（「違背実験」）を考えつきます。会話の最中に言葉を厳密に定義するよう要求したらどうなるか。両親に対して下宿人のように振る舞ったらどうなるか。そのとき，定義が曖昧でも解釈をしながら会話を成り立たせ，家族を家族として成し遂げる当たり前の判断や実践が見えてくる，というのです。

○意味学派と生活世界

この，当たり前の日常に「社会という謎」を発見する態度は，パーソンズ批判を契機にアメリカの社会学に広がっていきます。バーガー（Berger, P. 1929〜2017）らは，シュッツの考え方をもとに，人々の日常的な現実の構成を解明する「現象学的社会学」を展開します。ブルーマー（Blumer, H. 1900〜87）の「シンボリック相互行為論」やゴフマン（Goffman, E. 1922〜82）の「ドラマトゥルギーの社会学」も，日常生活の相互作用や意味解釈を問いの焦点に据えます。「機能」より「意味」を重視する彼らは「意味学派」とも呼ばれますが，これには，1960〜70年代に生じた公民権運動・ベトナム反戦運動・学生運動など社会体制への異議申し立てのなか，人々が生きる「生活世界」がクローズアップされたことも背景となっているのでしょう。

パーソンズが社会秩序が「わかった！」と考えた価値も機能も，ガーフィンケルや意味学派には「まだわからない！」と思われました。彼らは「いま・ここ」に照準し，パーソンズの壮大な理論からこぼれ落ちた「わからなさ」を描きます。ただ，こうも思います。異なる人々がいかに社会を作るか，という「アメリカ社会の謎」に，彼らは答ええたのか。確かに異なる人々がそれぞれに生きる現実に接近はしたが，異なる人々の間にいかに社会が可能かという問いは背景に退いているのではないか。比喩的にいえば，「小さな社会」を見る社会学から「大きな社会」が消えていくようにも見えます。そしてこの「謎」に，社会学は再び出会わねばならないとも思うのです。　　　（奥村　隆）

▷3　サーサス, G.,「エスノメソドロジー——社会科学における新たな展開」，ガーフィンケル, H.,「日常活動の基盤——当り前を見る」，サーサス, G. ほか，北澤裕・西阪仰訳，1989，『日常性の解剖学——知と会話』マルジュ社.

▷4　ウクライナからのユダヤ系移民の子としてカナダで生まれたアーヴィング・ゴフマンの関心は，人々がともにいて相互作用を行う世界にあった。彼は，デュルケムのいう儀式を現代の日常で相互に「私」を礼拝する儀式として再発見し（『儀礼としての相互行為』1967年），人々が演技を行う俳優や観客のように振る舞うと捉える「ドラマトゥルギー」の視角（『行為と演技』1959年）から，独自の分析を行った。

▷5　もちろん，この時期に「大きな社会」を捉える社会学も存在する。イマニュエル・ウォーラーステイン（Wallerstein, I. 1930〜2019）の「世界システム論」はマルクスの影響を受けるとともに，第三世界の研究者（チリのフランクやエジプトのアミンなど）が提唱した「従属理論」を批判的に継承して，「先進国」と「発展途上国」を含む世界が「中核」「半周辺」「周辺」の三層からなる一つのシステムをなすことを歴史的に論じている。

5 神なき時代の社会学
ヨーロッパの現代へ

 再びヨーロッパへ

　最終節では，再びヨーロッパに戻りたいと思います。というのは，1970年代以降のヨーロッパの社会学は，現代が直面する新しい「わからなさ」と格闘してきたと考えるからです。ではそれはどんな「わからなさ」，「謎」なのか。

　70年代のフランスから始めましょう。1970年，ジャン・ボードリヤール（Baudrillard, J. 1929～2007）は『消費社会の神話と構造』で，現代は生産でなく消費を中心とすると論じ，その特徴は「超越性が終りを告げたという事実」だと述べます。人間世界を超越した神のような「わからなさ」はもう存在しない，あるのは「自分で並べた記号の内部」で他者との差異を表示する記号としての商品を消費することだけだ。その差異を資本主義が作ったことなど「わかって」いる，なのに差異を求めて人々は消費を続け，欲求不満や疲労を感じる。

　同じ年，ルイ・アルチュセール（Althusser, L. 1918～90）は論文「イデオロギーと国家のイデオロギー装置」で，さまざまな装置（学校，家族，メディアなど）からの「呼びかけ」に応答するとき，人は「主体」となり，同時に「主体的に服従する」存在になると論じました。これを受けて，ミシェル・フーコー（Foucault, M. 1926～84）は『監獄の誕生』（1975年）で刑罰の歴史をたどり，パノプティコンに代表される「まなざし」の装置によって人々が服従＝主体化する「政治権力の無限小」を描きます。学校でも軍隊でも工場でも，監視の装置の視線を人々は内面化し，「規律訓練（discipline）」されるようになるのではないか，この自分が自分を律する権力をフーコーは描き出すのです。

　たとえばヴェーバーは，神に選ばれているかを確信するため努力して資本主義を作った人々の姿を描きました。人々は「神」に見られていたのです。しかし以上の議論で人々を見るのは「差異」や「監視」の装置であり，それを人間が作ったことを人々は知っています。人間が作る社会の「外」には何もない。人間に「わからない」ものは磨滅し，「わかる」ものだけ存在する。近代化の果てに私たちはこうした世界に生きているのかもしれません。このとき，「社会」はいかにして可能なのでしょう。私たちはいかに生きられるのでしょうか。

 現代社会の「謎」へ：ルーマン・ギデンズ・ブルデュー

　現代ヨーロッパの社会学は，ヴェーバーやデュルケムが出会ったのとは違う，

▷1　世紀転換期以降のヨーロッパにとって問われるべき最大の「わからなさ」は，二つの世界大戦，およびナチスドイツによるユダヤ人虐殺（ホロコースト）だった。なぜ「理性」をもった人々が600万人のユダヤ人を殺害したのか。社会学者たちもこれを問い，特に「フランクフルト学派」と呼ばれる人々が考察を加えた。エーリッヒ・フロム（Fromm, E. 1900～80）の『自由からの逃走』（1940年），マックス・ホルクハイマー（Horkheimer, M. 1895～1973）とテオドール・アドルノ（Adorno, T. W. 1903～69）の『啓蒙の弁証法』（1947年），アドルノらの『権威主義的パーソナリティ』（1950年）などがその重要な著作である。

▷2　ボードリヤール, J., 今村仁司・塚原史訳, 1979, 『消費社会の神話と構造』紀伊國屋書店.

▷3　アルチュセール, L., 西川長夫ほか訳, 2005, 『再生産について──イデオロギーと国家のイデオロギー諸装置』平凡社.

▷4　フーコー, M., 田村俶訳, 1977, 『監獄の誕生──監視と処罰』新潮社.

こうした「謎」に向き合っているように思います。最後に，その試みを，いま大きな影響力をもつ3人の社会学者の考えから抜き出してみようと思います。

○根拠はどこにあるか

ドイツのニクラス・ルーマン（Luhmann, N. 1927〜98）は，パーソンズの社会システム論を「意味」の視点から描き直す試みから出発し，社会システムは「コミュニケーション」からなると論じます。社会の要素は個人でも行為でもなく，コミュニケーションが生じ（やってみたら偶然うまくいった），それに次のコミュニケーションが接続していく，ただそれだけだ。コミュニケーションの根拠も社会の根拠も（パーソンズならここに「共通の価値」を見出すでしょうが）ただそれが接続するという事実だけであり，これらは自分が根拠となって自分を支える「オートポイエティック（自己創造的）・システム」なのだ。私たちが生きる社会の「外」には何もない，ルーマンはこう考えるのです。

イギリスのアンソニー・ギデンズ（Giddens, A. 1938〜）も，個人対社会の図式を乗り越えようと「構造化理論（structuration theory）」を唱えますが，ここでは彼の「再帰性（reflexivity）」概念を見ましょう。「再帰性」とは行為する人がその行為や文脈を自分で反省することですが，ギデンズは近代が「再帰性が見境なく働く」時代だと考えます。伝統社会では，いままでそうだったからという根拠が行為を決定した。しかし近代ではなぜそれをするかを反省して自分で根拠を見つけねばならず，ある選択をする根拠は「自分がそうしたいと思った」という事実だけになる。これは「自分がしたい」ことができる自由とともに，「自分がしたい」以外には根拠がないという不安を帰結します。これが現代の「私」や「人間関係」を覆うのではないか，とギデンズは考えます。

○ハビトゥスと自由

私たちの社会には「外」がなく，根拠がどこにあるかという「わからなさ」を生きているのではないか。こうしたなか，フランスのピエール・ブルデュー（Bourdieu, P. 1930〜2002）は，「ハビトゥス（habitus）」という概念を彫琢します。人は社会構造に決定されるだけの存在でもないが，自由に行為を選べるわけでもない。すでに，「身体化された歴史」である「ハビトゥス」をもっているのです。たとえば階級ごとに身体に刻印された振る舞い方は異なり，それに基づく実践によって社会構造は再生産されるし，それに基づく別の実践で社会構造を変動させうる。ブルデューは現代社会に存在する「ハビトゥス」をたんねんに探っていきます。それによって彼は，無根拠と自由の往復でなく，不自由な根拠を自覚した上で自由を開く方法を探っているようにも思えます。

私たちは今，どんな「社会という謎」に出会っているのでしょう？──「わかった！」と「わからない！」の往復から始まったこの文章から，あなたがいま「社会」と向き合うための道具が一つでも見出せたでしょうか。それをどう使うかは，もちろんあなたにまかせられています。　　　　　　（奥村　隆）

▷5　ドイツのウルリッヒ・ベック（Beck, U. 1944〜2015）は，1986年の『リスク社会』で「近代化」を二つの段階に区別する。「単純な近代化」は伝統社会から産業社会への変化を指し，「伝統」がまだ存在しそれを近代化しようとする段階だが，これが成功すると「伝統」は消滅し，向き合うべき対象が「近代化自体」のみとなる。この第二の段階を彼は「再帰的近代化」と呼ぶ。ヴェーバーやデュルケムが生きた時代とここで論じる現代の違いは，このベックの区別と重なりを見せると考えられる。

▷6　ルーマン, N., 馬場靖雄訳, 2020,『社会システム』（上・下）勁草書房.

▷7　ギデンズ, A., 松尾精文・小幡正敏訳, 1993,『近代とはいかなる時代か？』而立書房.

▷8　ブルデュー, P., 石井洋二郎訳, 1990,『ディスタンクシオン』（Ⅰ・Ⅱ），藤原書店.

▷9　「社会が消えていく」という比喩をXIII-4で述べたが，社会が「わからない！」のではなく，「見えない！」「ない！」という実感が今の私たちのとっての「謎」かもしれない。ポーランド生まれでイギリスで活躍したジグムント・バウマン（Baumann, Z. 1925〜2017）は『リキッド・モダニティ』（2000年）で，いま個人的生活と集団的政治行動をつなぐ絆が溶かされかけており，すべての責任が個人に帰せられる「社会の液状化」が進行していると論じている。

研究者紹介 1

カール・マルクス (Karl Marx)

1818年　プロイセン，トリーアに生まれる。

1841年　イェーナ大学で哲学博士を取得。

1844年　パリで『独仏年誌』発刊に参加。この頃エンゲルスと出会う。

1847年　『共産党宣言』（エンゲルスとの共著）を発表。

1866年　『資本論』第 1 巻，出版。

1883年　ロンドンにて死去。

1　生産手段からの切り離し：本源的蓄積

　マルクスは，資本主義という新しい生産様式を，過去のそれと比較することによって，相対化しようとしました。マルクスによれば，資本主義という生産様式の特徴は，私有財産に基づく商品の生産です。

　これに対し，かつての社会では，農民は土地を自分だけのものとは考えません。彼らはその土地で食料や必需品を自給自足的に生産し，コモンズや入会地と呼ばれる共有地から，さまざまな生活の糧を得ていました。土地は弱者にとって共同体的なセーフティネットでもあったのです。

　しかし，資本主義はこの光景を変えます。土地所有の権利が法律によって定められると，曖昧な所有形態であるコモンズは消滅し，その土地は必ず「誰かのもの」となり，貴族など力のある者の所有になりました。力のある者たちは「自分の」土地を柵で囲い，農民たちを追い出します。これが囲い込み（エンクロージャー）です。農民は抵抗しますが，生産手段を奪われ，共同体は解体します。多くは都市に出て，「もたざるもの」，プロレタリアートとなります。他方，「自分のもの」として土地を手にした者は，土地を貸し出したり，それを元手に事業を起こすことができるようにな

ります。こうして資本蓄積のプロセスが始まり，資本家，ブルジョワが生まれました。

　マルクスによれば，資本主義は，囲い込みというこの暴力的なプロセスを通じて開始されます。そして資本主義成立段階の資本蓄積を本源的蓄積と呼びます。いったんこのプロセスが始まると，資本家は工場を建て，プロレタリアートを労働者として安く雇うことが可能となり，「通常の」資本蓄積が開始されます。

　こうして共同体のなかで生きていた農民は，土地を奪われ，賃労働者として働かざるをえなくなります。映画『平成狸合戦ぽんぽこ』（高畑勲監督，1994）のタヌキが山を追い出され，労働者（人間）として生きざるをえなくなったのも，この同じプロセスです。

2　商品としての労働力：抽象的労働

　生産手段（土地）を奪われた労働者にとって，労働力は商品となります。労働者は資本家に労働力を売って賃金を得るからです。資本家は，その労働力を原料や生産手段（機械）とともに利用し，商品を生産し売却します。このように，売却される商品の生産の一要素となった労働を抽象的労働といいます。資本家が商品化された労働力を利用して大きな利潤を得ても，労働者には契約以上の賃金は払われません。

　これに対し，具体的な目的に応じてなされる労働を具体的労働といいます。あなたがパン屋でバイトしているとして，パンを焼く，パンを売る，店を片付ける，これらは質的に異なる具体的労働です。しかし，私たちはこれらをまとめて時給のための「アルバイト」としても考えます。その労働は，具体性を捨象した「抽象的な労働」にすぎません。賃労働は常にこの二つの

側面に「分裂」しています。

ところで，自分で食べるためにパンを焼く労働は，賃労働ではないので具体的労働の側面しかありません。資本主義以前の伝統社会での労働は，売るための商品を生産する労働ではなく，自家消費という具体的な必要に応じてなされる労働です。

他方，資本主義における賃労働は，お金を稼ぐためのものであり，抽象的労働から逃れることはできません。生産手段をもたない人が労働力を売ることをやめれば，困窮や死に直面します。だから人は低賃金でも働くのです。『平成狸合戦』のタヌキもサラリーマンにならざるをえませんでした。他方，江戸時代の民衆は「宵越しの金をもたず」，必要以上の仕事をしないことを美徳にしていましたが，資本主義以前の社会では，抽象的労働から逃れる余地がたくさんあったのです。

3 来るべき社会の構想

マルクスは，資本主義を揺るぎなきものとは考えません。労働者はプロレタリア階級として資本家と敵対するようになり，彼らが主体となって，新しい生産様式に基づく共産主義（コミュニズム）を作り上げるというビジョンをもちました。コミュニズムは，20世紀に入ると官僚制的な党が支配するものに変質しましたが，19世紀においては，民衆の経験に基づく現実でした。そしてこれに基づいて，ヨーロッパじゅうで労働者による革命の騒乱が起きました[46]。『共産主義宣言』もそうした機運のなかで書かれたのです。

コミュニズムのスローガンは「各人はその能力に応じて，各人にはその必要に応じて！」[47]です。能力のある人もない人も，自分の能力に応じて働けばいい。しかし，人の「必要（ニーズ）」はその人の能力とは関係なく存在する，だから，各人のニーズに応じて分配はなされるべきだ。これがコミュニズムのイメージです。

じつはこの感覚は，日常に存在しています。職場で

「レンチを渡してくれ」と頼まれたら，「それでぼくはかわりに何をもらえるんだい」[48]とは言いません。人は「能力に応じて」できることをやりますが，対価を要求しません。道案内するときも同様ですし，災害時の助け合いやボランティアも同様です[49]。その援助行為は，商品としての労働ではないのです。

マルクスのコミュニズムのイメージは，当時，革命の発火点であった下町の酒場での民衆の議論にルーツをもちます。しかしさらにたどれば，それは相互扶助やコモンズという伝統的な社会の記憶を頼りに作られたのではないでしょうか。だからこそ，コミュニズムは今もリアリティをもっているのです。 （渋谷 望）

▷1 この方法をマルクスは史的唯物論と呼ぶ。これは歴史の発展において経済的なもの（「物質的なもの」），を重視する考え方であるが，文化やエートス（ヴェーバー）の役割を軽視しているという批判もある。
▷2 入会については，杉原弘恭，1991，「日本のコモンズ『入会』」宇沢弘文・茂木愛一郎編『社会的共通資本──コモンズと都市』東京大学出版会を参照。
▷3 女性はコモンズの維持に密接にかかわっていたため，女性の抵抗は特に大きかった。フェデリーチは，こうした女性の抵抗に対する弾圧が「魔女狩り」であったと指摘する。フェデリーチ，S.，小田原琳ほか訳，2017，『キャリバンと魔女』以文社を参照。
▷4 マルクス，K.，岡崎次郎訳，1972，『資本論』（3）大月書店の第24章参照。「原初的蓄積」と訳されることもある。なお，ミースは，この過程は同時に，男性賃労働者を支える女性の「主婦化」の過程であると指摘する。ミース，M.，奥田暁子訳，1997，『国際分業と女性──進行する主婦化』日本経済評論社参照。
▷5 マルクス，K.，岡崎次郎訳，1972，『資本論』（1）大月書店，第1章3節を参照。「抽象的人間労働」とも表現される。
▷6 特にヨーロッパの1848年の革命が有名。こうした革命は，しばしば「サボり」のエートスをもった労働者の，居酒屋での議論やカーニバルから出発した。喜安朗，2008，『パリの聖月曜日』岩波書店を参照。
▷7 マルクス，K.，望月清司訳，1975，『ゴータ綱領批判』岩波書店参照.
▷8 グレーバー，D.，高祖岩三郎訳，2009，『資本主義後の世界のために』以文社参照。
▷9 ソルニット，R.，高月園子訳，2010，『災害ユートピア』亜紀書房参照。

エミール・デュルケム (Émile Durkheim)

1858年 フランスのエピナルに生まれる。
1882年 リセの哲学教授に就任。
1893年 博士論文『社会分業論』出版。
1902年 パリ大学文学部教育科学講師に就任。
1913年 パリ大学文学部に史上初めて"社会学"を冠する講義「教育科学と社会学」が創設され、担当。
1917年 死去。

1 アノミー

　フランスでは、1789年の革命とそれに続く社会的大動乱の中で、ヨーロッパ中世を形造った封建的社会秩序——いわゆるアンシャン・レジーム——が徹底的かつ急速に解体されました。そして新しい社会秩序としていわゆる「市民社会」が、産業革命の成果を背景に資本主義的産業社会として形造られていきます。フランス資本主義が帝国主義段階に突入していく第三共和制期（1871〜1940）の前半を生きたデュルケムは、資本主義的産業化の進展による「市民社会」の発展は、しかしそれを推し進める功利主義という思想的基盤のレベルで原理的な危機を内在させていると捉え、激しくこれを攻撃しました。功利主義とは、人間の快という感情的・心理的状態を善とみなして道徳的にこれを是認し、その追求を正当化する倫理思想です。それはある意味で究極的な人間肯定の思想で、資本主義社会の成立期を支えた世俗的個人主義思想でした。デュルケムは、そのように各自の個別的欲望の満足を肯定する功利主義の考え方を社会的に全面展開すれば、旧来の社会的秩序が完全に解体されることによって「万人の万人に対する戦争状態」（ホッブズ）が生じ、社会的秩序によって担保されてきた人々の公共的安寧が破壊

されつくしてしまうと考えました。このように、功利主義を思想的駆動力とする資本主義的産業化のインパクトにより社会的秩序が消失してしまった状態を、デュルケムはアノミー（anomie：a＝無＋nomos＝秩序・規制）と命名しました。そしてアノミーは、資本主義的産業化が功利主義によって推進され正当化され続ける限り不可避の現象であると指摘し、社会と人間に対するその危機的な帰結——『社会分業論』(1893)では近代社会の骨格を成すべき社会的分業が異常な形態（無規制的分業）となること、『自殺論』(1897)では功利的な欲望の無限の肥大化によって生の意味喪失が起ること——について論じ、警鐘を鳴らしました。要するにデュルケムの眼には、資本主義的産業社会としての「市民社会」は、個人的および公共的いずれの福祉も確実に担保することのできる安定した社会的秩序とは映らなかったわけです。

2 道 徳

　資本主義的産業社会の危機を功利主義という思想的次元で受け止めたデュルケムは、その破壊力のもう一つの問題点にも批判を加えます。それは功利主義が、人々を恒常的に結びつけ連帯させるはずの社会的諸制度（婚姻制度や契約制度）に個別的利益の追求に役立つ限りで存在意義を認めるに過ぎず、任意にスクラップ＆ビルドすればよいと考える点でした。つまり、功利主義の道具的制度観では、諸制度の束としての安定的な社会的秩序を新たに創造し得ないと考えたわけです。この危機に対してデュルケムは、功利主義的価値を超える社会的価値を創造し、それを担保する諸制度を構築して、功利主義を妥当な範囲にとどめ、資本主義社

会としての「市民社会」を制御しようとします。この功利主義的価値を超えた社会的価値を理念的かつ制度的に現実化することこそ，デュルケムの言う「道徳」なのです。そしてデュルケムは，そのような社会的価値の源泉は利害を超えた共同態の力にあり，またそれを産み出す機能的な制度であることを立証するために，『社会分業論』の第二版序文（1902）で産業社会全体を包み込む同業組合の結成を提唱し，『宗教生活の原初形態』[43]（1912）や『道徳教育論』[44]（1925）で共同態による社会的価値の原型的な創造過程を解明しようとします。そして，社会的諸制度の体系を安定的に支える精神的態度を「道徳性」として抽出し，その育成を，誕生間もない初等教育の最大の任務として掲げます。他方，ドレフュス事件（1894）を契機に，近代社会にふさわしい新しい道徳的価値として人間の「人格」を提起します。こうして，資本主義的産業社会を包摂することのできる新たな社会的価値を創造し，そのような社会的価値を共有する人々が作る「社会」の中に「経済」を適切に位置付けようとしました。

3　実証主義社会学

　以上のようにデュルケムは，安定的な社会的秩序を自らは形成することができない点を資本主義的産業社会としての「市民社会」の本質的欠陥とみなし，その克服策として「道徳」の再建を主張しました。デュルケムの問題関心は，資本主義的産業社会としての「市民社会」が抱える危機的な問題点を，人間の社会生活一般を存立せしめる精神的・文化的空間としての「道徳」を再建することを通じて克服することにありました。そのような「道徳」空間の中でなければ，それ自体のうちに破壊力を抱えている資本主義的産業社会としての「市民社会」の発展もないだろうというわけです。そしてこうした思想的・理論的・実践的課題を，思弁に堕することなく経験的事実のレベルで達成しようとするのが，『社会学的方法の規準』[45]（1895）で示し

た実証主義の立場に立つ，デュルケム社会学の目標だったわけです。

　デュルケム社会学は学派を形成するほどにまで成長しますが，両大戦間期には実質的にその活動を終結させます。彼の発想は社会学よりはむしろ，社会生活の無意識的・普遍的なパターンの解明を目指す構造主義人類学や，新しい歴史学である「アナール学派」による「集合心性」の探求へと継承されていきます。また，その後の社会学の発展は，誇大的になりがちな総体的社会認識を目指すよりも，むしろ専門特化して個別分野での認識を深化させる方向へ向っていきました。しかし，「功利主義を思想的駆動力とする近代社会において社会秩序はいかにして可能か」という原理的問題を提起するのもやはり社会学です。社会秩序が存立するための基礎条件を精神的・文化的領域のいわば「道徳力」に見出そうとするデュルケム実証主義社会学の社会思想的な実践的問題意識は，社会主義という対抗的現実を実質的に失って，資本主義的産業社会のインパクトがあらためてその深度を深める現在，私たちが自身の進路を探るに際して，なお参照されてよいと思われます。

（景井　充）

▷1　デュルケム，É.，田原音和訳，1971，『社会分業論』青木書店.
▷2　デュルケム，É.，宮島喬訳，1985，『自殺論』中央公論社.
▷3　デュルケム，É.，古野清人訳，1975，『宗教生活の原初形態』岩波書店.
▷4　デュルケム，É.，麻生誠・山村健訳，1964，『道徳教育論』（1・2）明治図書出版.
▷5　デュルケム，É.，宮島喬訳，1978，『社会学的方法の規準』岩波書店.

ゲオルク・ジンメル (Georg Simmel)

1858年　ベルリンに生まれる。

1885年　ベルリン大学私講師となる。

1890年　『社会分化論』刊行。

1900年　『貨幣の哲学』刊行。

1908年　『社会学』刊行。ヴェーバーがハイデルベルク大学哲学
　　　　正教授に推薦するが成功せず。

1914年　シュトラスブルク大学哲学正教授となる。

1917年　『社会学の根本問題』刊行。

1918年　『生の直観』刊行。肝臓がんのため死去。

1　心的相互作用としての社会

　社会とは何だろうか。社会を研究対象とする学問に
とって，これは根本的な問いです。ジンメル，デュル
ケム，ヴェーバーらの社会学第二世代と呼ばれる人た
ちは，この問いにそれぞれ独特な解答を出しました。
ジンメルの解答は，社会とは心的相互作用である，と
いうものでした。人間が単数あるいは複数で存在した
としても，ただそれだけでは社会ではありません。そ
こには他者との相互作用がないからです。

　社会は相互作用です。しかし，それは目に見えるも
のとは限りません。たとえば一人の人間が，孤独を感
じたとしましょう。孤独は，相互作用があって，やが
てそれが消失したときに生まれます。このとき，その
人は一人で存在していたとしても相互作用の影響下に
ある。すなわち社会的な存在だと言えます。ジンメル
は，そのような目に見えない心的相互作用こそが社会
学の対象だとしました。

2　社会化の形式と内容

　ジンメルにとって社会とは，心と心が織りなす無数

の相互作用です。では，それはどのようにしたら把握
できるのでしょうか。ここで彼が重要だとするのは，
社会化の形式と内容の区別です。まず，社会化につい
て説明します。先に述べたように，彼は社会を相互作
用と見なしますから，それは動態的なものです。つま
り，社会とは常に社会化なのです。この社会化は，諸
個人のさまざまな動機によって生まれます。たとえば，
経済の世界では，自己利益を上げようとしてライバル
と競争したり，協調したりするのはよくあることです。
学校の世界でも，生徒同士が成績を上げようとして，
テストでどちらがいい点数をとるか競争したり，互い
に教えあうような協調をしたりします。前者は利益を
あげようという動機，後者は成績を上げようという動
機に基づく相互作用です。しかし，このように動機が
違っていても，競争したり協調したりする相互作用の
形式は同じです。ジンメルは，このように相互作用を
生み出す心理を「社会化の内容」，相互作用そのもの
を「社会化の形式」と区別して，このうち後者に注目
するのです。そして，すべての相互作用の中で「社会
化の形式」を抽象する学問として社会学を構想するの
です。これが，彼の主張する「形式社会学」の基本的
な考えです。

3　貨幣と近代社会

　彼が生きた時代は，近代初期でした。貨幣経済が急
速に発達して世の中が大きく変わった時代でした。彼
は『貨幣の哲学』のなかで，そうした時代における心
的相互作用について多様に論じています。

　彼は貨幣を基本的に交換手段とみなしています。し
かし，貨幣経済が発達すると手段の目的化と目的の手

段化が起きます。すなわち，貨幣を獲得すること自体が目的となって，守銭奴や吝嗇といった人間類型が生まれるとともに，売春や殺人賠償金のように，人間が貨幣価値で捉えられるようになるのです。

彼は，人間が代替不可能性をもつのは，あれでもありこれでもあるという多面的な人格関係があるからだといいます。ところが貨幣経済は，人と人との関係性を一面化しますから，個人の交換可能性は高まらざるを得ません。ここに生まれるのが，個人の全体性と全体の全体性の対立問題です。つまり，個人は自己を中心として社会関係を統御しようとしますが，全体は個人を部分として統御しようとします。彼はこの対立を「永遠の闘争」と呼びました。

そして，貨幣経済の発達は，私たちの生活全体に二つの影響をもたらします。貨幣は価値の蓄蔵機能をもちますから，ものの過剰と欠乏の急転を抑制することで，生活全体をシンメトリックで安定的なものにします。それと同時に，どんどん取引がしやすくなりますから，生活全体のリズムを早めて，人々の生活はより忙しく慌しいものへと変わっていきます。

ジンメルが指摘した貨幣経済の病理現象は，今日私たちが暮らしている時代にあっても，容易に指摘することができます。彼の分析は，近代社会にとって本質的なところを衝いていたということでしょう。

4　社交

ジンメルが大学に正規の職を得たのは56歳と，亡くなる4年前でした。その理由は，彼がユダヤ人であったからとか，不遜な性格が災いしたとか，思想上の相対主義が当時の大学から拒まれたからだとかさまざまに語られています。真相はさだかではありませんが，彼が世の中との折り合いに苦労したことは確かです。彼のような個性的な人間は，先に述べた「永遠の闘争」をするしかないのでしょうか。

彼の論述の中には，個性的な人たちの相互作用が生き生きと描かれているものがあります。それが『社会学の根本問題[2]』において「純粋社会学即ち形式社会学の一例」としてあげられている「第3章　社交」です。社交は，純粋に相互作用そのものを楽しむものです。社交に参加する個人は，互いに相手に敬意を払い，遠慮を働かせる一方で，特に男女間においては，相手に対する好意と拒否のコケットリーを駆使して，自らの魅力を際立たせるゲームを楽しみます。そこでは，個性的な個人と個人が自由に結びつきつつ，また解けつつ時が過ぎていきます。社会学において，「異質性にもとづく連帯」というとまずデュルケムの有機的連帯のことが思い浮かびますが，ジンメルの社交には，それとはまったく違った異質性に基づく連帯が描かれています。

（早川洋行）

▷1　ジンメル，G.，居安正訳，1999，『貨幣の哲学』［新訳版］，白水社.
▷2　ジンメル，G.，居安正訳，2004，『社会学の根本問題』世界思想社.

マックス・ヴェーバー (Max Weber)

1864年　エルフルトに生まれる。
1894年　フライブルク大学経済学担当教授となる。
1896年　ハイデルベルク大学教授に転任。国民経済学担当。
1904年　「社会科学および社会政策の認識の『客観性』」，「プロテスタンティズムの倫理と資本主義の『精神』」（前半）を発表。
1905年　「プロテスタンティズムの倫理と資本主義の『精神』」（後半）を発表。
1917年　「社会学，経済学における『価値自由』の意味」を発表。
1920年　『宗教社会学論集』第1巻刊行。肺炎を病み急逝。

1　プロテスタンティズムの倫理と資本主義の精神

　ヴェーバーの著作の中でもっとも有名なのは，『プロテスタンティズムの倫理と資本主義の精神』（1904-5年初版，1920年改訂版）です。発表直後から論争を巻き起こし，その影響力は現代にまでおよんでいます。

　後で触れるように，ヴェーバーは近代文化への関心から，その特徴を歴史的に捉えようとしました。プロテスタントたちは自らの救いを確証するために神に与えられた「職業（Beruf）」に邁進しました。ここに，「資本主義の精神」の本質的要素の一つである，職業理念に支えられた合理的生活態度が生み出されていきました。まさしくこれが近代文化の特徴の一つであり，それが生み出される歴史的経緯が描かれたものが『プロテスタンティズム倫理と資本主義の精神』です。

2　客観性＝価値自由

　社会科学が科学である以上，そこに示される認識に「客観性」が要求されるのは当然だといっていいでしょう。

　新カント派の影響を受けたヴェーバーは，『社会科学および社会政策の認識の「客観性」』において，人間は自らの価値理念（主観）から一面的にしか認識することはできないと考えました。つまり，そもそも人間の認識は主観から離れてはありえない，という前提に立っていたわけです。ならば，社会科学における認識も主観的でしかないのかというと，そうではありません。ヴェーバーは，主観的であるからこそかえって「客観性」を強く求めたのです。すなわち，彼は，価値理念や価値判断を自他ともに明確にし，それを自覚的にコントロールする態度こそが「客観的」な態度であると主張しました。簡単にいえば，「主観」を対象化する態度によって「客観性」が獲得されると考えたのです。

　のちにヴェーバーはこうした態度を「価値自由」と呼ぶようになりますが，こうした「客観的」で「価値自由」な態度をヴェーバーは生涯にわたって貫いていきました。

3　理念型

　「客観性」＝「価値自由」というヴェーバーの学問方法論と密接な関連にあるのが，「理念型」という概念です。

　理念型は，個別現象をある特定の観点から一面的に強調して得られる，一つの無矛盾的な思想像です。ですから，それは現実そのものでも，平均的なものでもなく，そのままのかたちでは存在しないユートピアです。その意味では，理念型は非現実的なものといえるでしょう。しかし，非現実的だからといって，それは

あるべき理想や目的というわけでは決してありません。

　人間の認識は一面的でしかなく，無限に多様な要素から成り立つ混沌とした現実を，すべて一度に認識することは不可能です。理念型は，あえて一面的に構成することで，そうした現実を鋭く認識するための手段となるのです。すなわち，理念型は非現実的であるがゆえに，それを現実と照らし合わせればズレが生じます。どうズレているのかを認識するということは，とりもなおさず現実はどうなっているのかを認識するということになるわけです。

　このようにズレを探り出して現実を認識する仕方を，ヴェーバーは索出的と表現しています。ですから，この理念型は，あらかじめ設定した型の中に現実を押し込めることで理解できたと考える類型とは，方法的にまったく違うものです。理念型は，くりかえし構成しては現実とのズレを探り出し，より鋭く現実を認識していくという，いわば動的な学問方法論の基礎となるものなのです。

4　「近代ヨーロッパ文化世界」への問い

　ヴェーバーは以上のような方法論に基づき，『プロテスタンティズムの倫理と資本主義の精神』を皮切りに，「世界宗教の経済倫理」と呼ばれる一連の論文を次々に発表し，『宗教社会学論集』という壮大な比較宗教社会学を構想しました。

　では，ヴェーバーは，どういう問題意識からこうした比較宗教社会学へと進んでいったのでしょうか。それはひとことでいえば，自らが生を受けた「近代ヨーロッパ文化世界」とはいかなるものなのか，これを問うということです。

　「近代ヨーロッパ文化世界」では，あらゆる領域において徹底的な合理化が進みました。その一つのあらわれが近代資本主義です。そのシステムはきわめて合理的でありながら，かえって合理的であるがゆえに，普遍的な隷属の装置となって人々を資本主義システム

のなかでがんじがらめにしています。

　このように，運命として抗いがたく目の前に屹立する「近代ヨーロッパ文化世界」は，いったいいかなる歴史的社会的条件の連鎖によって生み出されたのか。まずここを明らかにした上で，「近代ヨーロッパ文化世界」を内在的に批判していこうという試み，これがヴェーバーが『宗教社会学論集』，いや彼の著作全体にわたってやろうとしたことだといえるでしょう。

（三笘利幸）

▷1　ヴェーバー，M.，大塚久雄訳，1989，『プロテスタンティズムの倫理と資本主義の精神』岩波書店.
▷2　ヴェーバー，M.，富永祐治・立野保男訳，折原浩補訳，2003，『社会科学と社会政策にかかわる認識の「客観性」』［第七刷］岩波書店.

アルフレッド・シュッツ (Alfred Schutz)

1899年　ウィーンに誕生。

1917年　第一次世界大戦に出征。

1918年　ウィーン大学入学。

1921年　金融関係の職業に就く。以後，1956年まで，実業と研究の二重生活を続ける。

1932年　生前唯一の著書『社会的世界の意味構成』出版。

1939年　第二次世界大戦勃発にともないニューヨークへ移住。

1943年　ニュースクール・フォー・ソーシャルリサーチで講義を担当しはじめる。

1959年　死去。

1　多元的現実

あなたは，普通の生活のなかで，現実というものを，どんなふうに経験しているでしょうか。アルフレッド・シュッツが徹底してこだわったのが，この問題でした。

たとえば，学校で授業を受けた後，友達とおしゃべりしながら，コンサートに出かける，なんていうことを思い描いてみてください。これらの場には，それぞれ独特の参加の仕方があります。授業を受けるときのようにかたくなって友達とおしゃべりするのはおかしなことでしょうし，コンサートでは，友達とおしゃべりするみたいにはアーティストに話しかけたりできないわけです。つまり，私たちは，それぞれの場に，それぞれに独特の仕方で入りこんでいるわけで，このとき，私たちは，その場に特有の現実を経験しているのだと，シュッツは考えました。

そうすると，私たちは，日常生活のなかで，とてもたくさんの現実を渡り歩いていることになります（授業，おしゃべり，コンサート，さらにはアルバイト，デート，サークルなどなど）。こうしてシュッツは，私たちの日常生活は，多様な現実を含んでいると考え，このことを「多元的現実」(multiple realities) と呼んだのです。[91]

さて，シュッツは，こうした現実をつくりあげているのは，物理的なモノというよりも，「意味」だといいます。たとえば，同じ教室でまだ先生が黒板の前にいるのに，「今日はここまで」と先生がいった瞬間から，友達とのおしゃべりがはじまります。このとき，授業からおしゃべりの場へと現実が切り変わっているわけですが，物理的なモノの配置はほとんど変わっていません。シュッツは，変わっているのは，私たちがその場に与えている意味だというのです。さっきまで授業だとみなしていた場を，こんどはおしゃべりの場とみなす。このように，そこにいる人たちの，その場に対する意味付与が変更されることが，現実を切り替えることになるわけです。こうして，シュッツは，それぞれの現実は，各々固有の「意味領域」だと述べるのです。

2　至高の現実

このように，シュッツにとって，現実とは，ただ，はじめからそこにあるのではなくて，私たちの意味付与という作業によって，はじめて成立するものでした。それでは，この現実をつくりあげる作業にとって，もっとも重要なことは何でしょうか。

たとえば，「授業」という現実が成立するためには，教員と学生が一つの場を共有してお互いにやりとりをしていることが必要ですし，「コンサート」という現実は，アーティストが唄うのを観客が聴くという

やりとりによってはじめて成立します。そうだとすれば，現実を成立させるためにもっとも重要なのは，私が，他者たちとともに在って，コミュニケーションをしていることだということになりそうです。シュッツは，これが，あらゆる現実のうちでもっとも根本的な現実だと考えて，それを「至高の現実」（paramount reality）と呼んだのでした。[*2]

3　科　学

　さて，シュッツの多元的現実という考え方は，科学（science）というものの位置づけにもかかわってきます。シュッツによれば，科学というものもまた，私たちが現実を経験する，一つの意味領域なのです。科学とは，確かに，おしゃべりやコンサートで得られる現実の経験とは異なっているでしょうが，しかし，一つの現実の経験の仕方にはちがいないというわけです。

　シュッツは，こうした科学のなかでも，人間の生活をあつかう社会科学（社会学もこの一部です）は，特に現実の「二次的構成」という作業に従事していると考えます。[*3]社会学をはじめとする社会科学は，人々の間ですでに多様なかたちで成立している（一次的に構成されている）現実をもとにしながら，それについて，科学という立場から，さらにもうひとつの限定された現実を構成してみる作業（二次的構成）なのです。だから，社会科学のなかで構成される現実の向こう側に，いつもすでにはじめから，人々がつくりあげている多様な現実の世界があるのです。シュッツは，このことを忘れてはならないと，指摘しているわけなのです。

　このようなシュッツの現実についての考え方は，普通の人の日常的な経験について研究することの重要性を社会学に教えてくれました。そして，科学もまたそうした経験の一部であるという考え方を社会学に導入する起点ともなったのでした。現実とは何か。この問いについて考えるとき，いまだに，シュッツの研究は，社会学のなかで最初に読まれるべき大きな成果

だといえるでしょう。（矢田部圭介）

▷1　シュッツ，A.，西原和久ほか訳，1985，「多元的現実について」『アルフレッド・シュッツ著作集』（第2巻）マルジュ社.

▷2　シュッツ，A.，西原和久ほか訳，1985，「シンボル・現実・社会」『アルフレッド・シュッツ著作集』（第2巻）マルジュ社.

▷3　シュッツ，A.，西原和久ほか訳，1983，「人間行為の常識的解釈と科学的解釈」『アルフレッド・シュッツ著作集』（第1巻）マルジュ社.

（参考文献）

　森元孝，2001，『アルフレッド・シュッツ』東信堂.

タルコット・パーソンズ (Talcott Parsons)

1902年　アメリカ，コロラド州に生まれる。

1925-26年　ハイデルベルク大学留学。

1931年　ハーバード大学社会学部講師。

1946年　ハーバード大学社会関係学部教授就任。

1973年　ハーバード大学退職。

1979年　ミュンヘンにて死去。

1　社会秩序問題

　パーソンズの社会学理論の中心となっているテーマは，人間の行為と社会秩序との関係です。人間はそれぞれ自由に行為しています。しかし自由に行為していただけでは社会の秩序は生まれません。なぜならば，人間は自分の欲望を満たすために，相手を騙したり，力で脅したりすることもありうるからです。そのような欺瞞や脅しが広まらないような仕組みが社会には必要になります。そこでパーソンズが重視したのが，社会に共有された価値（望ましさの観念）や規範（社会のルール）の存在でした。価値や規範は，決して各人が自由な交渉を通じて決めていくものではありません。価値や規範は人間の心の中（内面）にあり，各人は実際の社会生活の中で，それを認識や判断の基準として絶えず参照していくのです。このような価値や規範を，人は大人に成長する過程で，家族・親族や近隣社会，学校や友人関係を通じて内面へと取り込んでいきます（これを社会化と呼びます）。もちろん人間の行為は価値や規範に完全に従うものではありませんが，それを最低限守ることで社会生活を営み，それに違反した場合，他人からの何らかの制裁を受けることになります（これを社会的コントロールと呼びます）。このようにして，人間は自由な行為者として社会に参加しつつも，内面

にある価値や規範に従って自分たちの行為を相互にコントロールすることで社会秩序を維持しているのです。

　しかしこのようなパーソンズの社会秩序についての議論は，共有された価値や規範が人間の行為を拘束することを強調した「規範偏重」的なものであり，そこには個人の自律的な行為の余地が否定されているという批判を浴びることにもなりました。

2　アソシエーション

　パーソンズ理論のもう一つの中心的テーマは，近代独自の社会秩序形態の究明でした。一般に社会学において近代社会を理解する方法として，次の二つのモデルがよく知られていました。第一は，各個人が自分の利得を追求しつつ交換や契約を行えば，そこに自然と秩序が成り立つという市場社会モデルです。古典派経済学は一般にこのモデルを前提にしています。もう一つは，権力を介した上下関係が強固に組織化された官僚制のモデルです。M. ヴェーバーがこのモデルを近代社会の秩序の特徴として重視していました。

　これらのモデルに対してパーソンズが打ち出しているのが「アソシエーション」と呼ばれる社会秩序の形態です。それは，人と人が相互の立場や自由を尊重しつつ信任・信託の関係によって結ばれる社会関係のことを意味しています。近代社会，特に20世紀後半の社会は次第にアソシエーションの比重が高まっているとパーソンズは考えていました。アソシエーションは社会のさまざまな領域で進展していくものですが，彼が特に重視していたのが次の二つの制度群です。

○専門職

　専門職とは，医者，弁護士，大学教員などの専門的

な知識や技能を用いた職業のことです。パーソンズは、高等教育の普及の結果、専門職が社会においてもつ役割が高まっていると捉えました。その結果、専門的能力の程度によって階層化された社会制度が発生します。これをパーソンズは、「合議制アソシエーション」という言葉で捉えました。

専門家とそのクライアント（たとえば医者と患者、教員と学生の関係）の間の関係を見てみましょう。クライアントがお金を払って専門家の専門知識を買っているという面から見れば、この関係は市場社会に近いものです。しかしパーソンズは、専門家とクライアントとの間には、単なるビジネス・ライクな関係以上の、「私心」のない信任・信託の関係があると捉えました。そこには、専門家がクライアントの立場を誠実に尊重し、クライアントも自分にとって重要な問題の解決を専門家に信託するという役割関係がなりたっています。[4]医者と患者の間のインフォームド・コンセントやプライバシー保護といったルールは、両者の間のアソシエーション的な関係性を示すものです。

また同等の専門的能力をもった専門家の間では、互いの知識や能力を尊重し、対等な立場での合議しあうような関係が成立しています。それは上司と部下との命令・服従の関係からなる官僚制とは大きく異なった、アソシエーション的な組織の形態です。

○シティズンシップ

シティズンシップとは、国民社会の成員に平等に認められている法的成員資格のことです。国民社会は、シティズンシップが制度化されることで、身分や血統にとらわれず、相手が誰であれ互いに「自由」や「権利」を尊重しあう、アソシエーション的な関係によって統合されるとパーソンズは考えました。近代国民社会は、このシティズンシップの適用範囲が、上層階層から下層階層へと、また人種的・エスニック的多数派集団から少数派集団へと拡大されることによって、より平等で包摂的な社会へと発展していきます。こうし

て多様な立場や属性をもつ人々を、対等な資格によって統合する現代の国民社会は、同時に多元主義的な性格ももつようになるというのがパーソンズの考え方でした。[5]

このようなパーソンズの近代社会秩序の理解が、戦後アメリカ社会をモデルにしているのは明らかです。そのためアメリカ中心的であるという批判もなされてきました。しかし彼の議論が、社会学者によって提示された強力な近代社会像の一つを提示していることは間違いありません。[6]　　　　　　　　　（佐藤成基）

▷1　パーソンズ, T., 稲上毅ほか訳, 1976-1989,『社会的行為の構造』（全5冊）木鐸社を参照せよ。

▷2　パーソンズ, T., 佐藤勉訳, 1974,『社会体系論』青木書店, Ⅱ, Ⅵ, Ⅶ章を参照せよ。

▷3　パーソンズ, T., 井門冨二夫訳, 1977,『近代社会の体系』至誠堂を参照せよ。

▷4　パーソンズ, T., 佐藤勉訳, 1974,『社会体系論』青木書店, Ⅹ章を参照せよ。また研究書として高城和義, 2002,『パーソンズ──医療社会学の構想』岩波書店がある。

▷5　パーソンズ, T., 田野崎昭夫ほか訳, 1992,「人種・民族概念の変化の本質とその諸趨勢に関する若干の理論的考察」『社会体系と行為理論の展開』誠心書房, 第13章を参照せよ。

▷6　そのような視点からパーソンズを評価したものとして, ロバートソン, R.・ターナー, B., 中久郎訳, 1995,『近代性の理論──パーソンズの射程』恒星社厚生閣がある。

ニクラス・ルーマン (Niklas Luhmann)

1927年　ドイツ，リューネブルクに生まれる。
1949年　フライブルク大学法学部を卒業。
1954年　行政官僚としてのキャリア開始。
1960年　官僚としてハーバード大学に留学。
1966年　ミュンスター大学で博士号と教授資格を取得。
1969年　ビーレフェルト大学社会学部教授就任。
1993年　ビーレフェルト大学退職。
1998年　死去。

1　社会システムという対象

　ルーマンの代名詞となっているのは，独自の社会システム理論です。社会システム理論は，文字通り，社会システムを対象とする理論を意味します。しかし，ルーマンは，たとえば彼と論争したユルゲン・ハーバーマス（Habermas, J.）とは異なり，「行政システム」や「資本制システム」など一般に「システム」という言葉で表現されるような一部の社会現象だけを対象としたのではありません。そうではなく，あらゆる社会現象をシステムとして統一的に認識すること，そのためにあらゆる社会現象に適用可能なシステム概念を彫琢することをルーマンは目指しました。

　ルーマンによれば，社会システムは，意味を（再）生産し，またそれによって存続するという点で，人間の意識と共通点をもっています。しかし，意識システムと社会システムでは意味の担い手となる構成要素が異なります。前者では個々人の内側で意味の生産や加工が行われるのに対し，後者ではコミュニケーションによってそれが行われます。私たちは，言語やマナーといったものから，貨幣や法律，国家制度に至るまで，コミュニケーションを通じて，その意味を体験し，ま

た，コミュニケーションを通じて，その意味を（再）生産しています。それらは個々の人間がそれぞれに意識したところで，別の何かに変わるわけではありません。またコミュニケーションにおいては自分が意図したことのすべてがそのまま相手に伝わるとはかぎりません。誤解を解くには再びコミュニケーションが必要になります。このようにコミュニケーションは，個々人の意識とは異なる水準で作動しており，コミュニケーションが担う意味は，コミュニケーションによってのみ変化します。このことをルーマンは，人間は社会システムの環境であり，コミュニケーションだけがコミュニケーションできる，とまとめています。

　それぞれの社会システムは，自身を構成するコミュニケーションが次のコミュニケーションを生み出すことで存続しているとルーマンは捉えます。このように構成要素が構成要素を生産するシステムをオートポイエティック・システムと呼び，構成要素である作動が閉じている点にその特徴があります。たとえば法システムは，社会現象の法的な側面を捉えるコミュニケーションが次の法的コミュニケーションへと接続し続けることで存続しています。ルーマンの社会システム理論は，社会システムのこうした特徴を精緻に表現するために構築されました。

2　全体社会の理論というプロジェクト

　ルーマンは，社会システム理論を用いてさまざまな社会現象を分析しましたが，そのなかでも格別の重要性をもっている対象が「包括的な社会システム」と定義される全体社会です。全体社会は，すべてのコミュニケーションを含み，それゆえ全体社会の外部にはい

かなるコミュニケーションも存在しません。グローバル化が進展した現在では，全体社会は世界社会となっているとルーマンは捉えます。

ルーマンの全体社会の理論のエッセンスを理解するためには，機能的コミュニケーションという考え方が手がかりになります。人が他者と何らかの社会を営もうとするときに，しばしば必要になるコミュニケーションがあり，これを機能的コミュニケーションと呼びます。たとえば週末に友人と遊ぶ場面を考えてみましょう。この関係が首尾よく成立するためには待ち合わせ時間に大きく遅れないなどのルールが事前に共有されていることが望ましいですし，何をして遊ぶかについての共同の意思決定も必要でしょう。また一緒に外食をしたなら，支払いの仕方についてのコミュニケーションも必要になります（各自が注文した分だけ支払うこともあれば，誕生日などでは祝う側が全額負担することもあるでしょう）。

全体社会の場合も同様で，「Aをしたら罰せられる」など人々の期待を安定化させるためのコミュニケーションが必要です。ルーマンはこれを法と呼びます。同様に，成員に対して拘束力をもつ意思決定のためのコミュニケーションは政治，財の配分に関わるコミュニケーションは経済，何が真理であるかを確定するコミュニケーションは科学と呼ばれます。

ルーマンによれば，こうした全体社会の水準にある機能的コミュニケーションは，近代以前では，王の決定が真理とみなされると同時に人々を拘束するなど十分に分化していなかったり，社会的に期待できることや意思決定への参加の可否が身分によって規定されたりしていました。このような身分に基づくコミュニケーションが機能的コミュニケーションよりも上位にある社会は，階層分化社会と呼ばれます。

これに対して，近代社会は，身分による制約から機能的コミュニケーションが解放された社会であると捉えられます。このとき各機能システムは，自律的になります。たとえばある出来事が合法であるか否かの判定は，法的コミュニケーションによってのみ行われるようになり，政治や科学によって直接的に左右されることはなくなります。それらが法に影響を与えるためには，それらが法的コミュニケーションへと変換されることが前提とされるようになるのです。そうした社会では，法的な手続きなしに，金銭や政治権力などを用いて，法に直接介入することは，腐敗であると批判されます。

このように機能システムが身分から解放されることで自律的に作動するようになった社会は，機能分化社会と呼ばれます。こうした想定に基づき，ルーマンは，経済システムや科学システムや法システムといったさまざまな機能システムだけでなく，全体社会システムそれ自体の作動メカニズムの理論的かつ歴史的な解明に取り組みました。こうしたルーマンの社会の理論は，私たちが生きる現代社会の来歴に対する一つの有力な解釈を提供してくれます。　　　　（小山　裕）

▷1　ルーマンの社会システム理論の詳細は，ルーマン，N., 馬場靖雄訳，2020,『社会システム』（上・下）勁草書房や長岡克行，2006,『ルーマン』勁草書房を参照。
▷2　ルーマン，N., 馬場靖雄・赤堀三郎・菅原謙・高橋徹訳，2009,『社会の社会』（1・2）法政大学出版局.

ユルゲン・ハーバーマス (Jürgen Habermas)

1929年　ドイツ，デュッセルドルフに生まれる。

1954年　ボン大学で博士号を取得。

1956年　フランクフルト社会研究所の助手になる。

1961年　マールブルク大学で教授資格を取得。

1964年　フランクフルト大学教授に就任。

1971年　シュタルンベルクのマックス・プランク研究所所長に就任。

1981年　フランクフルト大学教授に復帰。

1994年　フランクフルト大学退職。

1　批判的社会理論の思考法

　ハーバーマスはフランクフルト学派の第二世代に位置づけられます。フランクフルト学派とは，1923年に創設されたフランクフルト社会研究所を中心に活動する研究者を指します。マックス・ホルクハイマー（Horkheimer, M.）やテオドール・アドルノ（Adorno, T.）らがその第一世代にあたり，第三世代にはアクセル・ホネット（Honneth, A.）らがいます。

　フランクフルト学派の理論は，批判理論や批判的社会理論と呼ばれています。しかし，その特徴を社会批判という動機だけに見出すのは不十分です。それだけであれば，他の社会学理論も行っているからです。批判理論の特徴は，社会を自然と同じように客観的に把握できると想定している理論との対決姿勢にあります。私たちは，社会が必ずしも自分たちの思い通りになるものではないことを知っています。また自分たちの生活が社会に振り回されていると感じることも少なくないでしょう。こうした経験は，社会には客観的な法則やメカニズムが存在するという想定に説得力を与えます。他方で，私たちは，自らの理性を用いて社会を作

り続ける主体でもあります。社会は人間の理性の結晶でもあるのです。社会のこうした二重性を自覚することで，既存の社会理論が「客観的である」と無批判に想定している社会のメカニズムの背後に人間の理性を見出し，社会理論全体の批判的再構成を試みるのが批判的社会理論の特徴です。これはカール・マルクス（Marx, K.）が彼以前の経済学に対して行った批判の方法を継承したものです。

　それゆえ人間の批判的理性をどのように概念化するかという問いと，それに基づきどの社会理論を批判するかという問いへの応答の仕方が個々の批判理論を特徴づけます。ハーバーマスは，人々が織りなすコミュニケーションに批判的理性の基礎を見出しました。そしてカール・シュミット（Schmitt, C.）やラインハルト・コゼレック（Koselleck, R.）らの保守的な思想やタルコット・パーソンズ（Parsons, T.）とニクラス・ルーマン（Luhmann, N.）に代表される社会システム理論の知見を批判的に再構成することで，独自の社会理論を構築したのです。

2　コミュニケーションと市民的公共圏

　ハーバーマスのコミュニケーション理論は，解釈学や言語哲学といった哲学からマックス・ヴェーバー（Weber, M.）の社会的行為論や現象学的社会学まで多種多様な学説の批判的検討を通じて構築されました。彼によれば，コミュニケーションへの参加者は，発話に際して「発言内容が真であること」（真理性），「規範に照らして正当であること」（正当性），「自分の意図通りの発言であること」（誠実性）という三つの妥当性を要求しなければなりません。なかでも真理性は，あら

ゆる制約や強制から解放された理想的発話状況において，すべての理性的な主体がコミュニケーションを通じて合意に至ることが期待できるときに確信しうるものとなるとされます。

こうした理想的発話状況は，経験的な基盤をもたない理論上の仮想ですが，市民的公共圏という理念型と関連しています。市民的公共圏のモデルになったのは，初期近代におけるフランスのサロン，ドイツの読書サークル，イギリスのコーヒーハウスなどの私的空間で議論を楽しむ公衆です。そこに集った私人たちは，文芸批評に始まり，次第に政治権力の監査と批判へとその役割を拡大していったとされます。コゼレックは初期近代の結社において醸成された道徳的な批評＝批判に基づく道徳哲学に社会の危機の源泉を見出しましたが，ハーバーマスはそれを「権威ではなく，真理が法を作る」という理念のもと支配の解消を目指す活動であったと批判的に再解釈しました。

しかしながら，市民的公共圏は，近代社会の構造転換により，その基盤が崩壊したとハーバーマスは論じます。普通選挙権の確立や行政の活動範囲の拡大により，初期近代の公的領域と私的領域の区別が消滅した結果，市民的公共圏は，一方では妥協と多数派工作がうごめく社会圏へと，他方では議論ではなく消費を楽しむだけの親密圏へと分裂してしまったというのです。

3　システムと生活世界

ハーバーマスは，こうした時代診断を社会システム理論との対決を通じて精緻化させました。彼の見るところ，全体社会の把握を目指す社会システム理論は，現代社会学では稀有な試みです。だからこそハーバーマスは自身のコミュニケーション理論によって，それを批判的に再構成する必要があると考えました。

ハーバーマスは，システムを観察者の視点から社会を捉えたものと定義します。その典型例は，権力や貨幣をめぐる戦略がひしめく政治と経済です。システム理論は，そうした戦略的行為の把握には適しているものの，相互了解を不可欠の要素とするコミュニケーション的行為を捉えることができないと批判されます。

そこで導入されたのが文化，社会（連帯），人格の三つを要素とする生活世界の概念です。これはパーソンズの文化システム，社会システム，人格システムという枠組みを批判的に再構成したものです。コミュニケーション的行為は，文化の継承や人々の連帯，自分らしさの確立といった役割を担うことで生活世界を支えているとされます。これにより，システムは社会進化の中で生活世界から分化したものと捉え直されます。

しかし，現在では，システムが反対に生活世界を植民地化しているとハーバーマスは診断します。相互了解なしに，必要品を入手したり，他者を動かしたりすることを可能にする貨幣や権力といった媒体が生活の隅々にまで浸透することで，コミュニケーション的行為の役割が縮小した結果，文化や連帯や人格の再生産に深刻な問題が発生しているというのです。このように現代社会の病理現象を鋭く解明するハーバーマスの批判理論は，現在でもなお説得力をもっています。

（小山　裕）

▷1　ハーバーマス，J.，河上倫逸ほか訳，1985-1987，『コミュニケイション的行為の理論』（上・中・下）未來社.
▷2　ハーバーマス，J.，細谷貞雄・山田正行訳，1994，『公共性の構造転換』［第2版］未來社.
▷3　コゼレック，R.，村上隆夫訳，1989，『批判と危機』未來社.

ピエール・ブルデュー（Pierre Bourdieu）

1930年　8月1日，フランスのピレネー地方ダンガン村に誕生。

1954年　高等師範学校（ENS）を卒業，翌年アルジェリア戦争へ徴兵される。その後も，アルジェ大学文学部助手として現地に滞在（1958年〜1960年）。

1960年　フランスへ戻り，パリ大学文学部助手，リール大学文学部助教授を歴任。

1964年　社会科学高等研究院教授に就任。

1981年　コレージュ・ド・フランス社会学講座教授に就任（2001年には名誉教授に）。

2002年　1月23日，肺ガンのためパリの病院にて死去。

1　ハビトゥスと社会のメカニズム

お絵描きに夢中になる子どもを，ちょっと覗いてみましょう。緑の山，青い空，白い雲。そして太陽を描くために，赤いクレヨンを手に取りました。ところで，太陽の色は，本当に赤色なのでしょうか。英語圏に暮らす子どもは，同じようにためらいなく，黄色のクレヨンに手を伸ばします。それならば，正しい太陽の色は一体どちらなのでしょう。――人々は社会的に決められた知覚のカテゴリーを受け入れることで，現実を認識します。これをブルデューは，「見方（vision）」と「区分（division）」の原理，と表現しました。太陽の色を赤というグループへ「分ける」ことを学んではじめて，赤いものとして太陽を「見る」ようになる，というのです。日本では「真っ赤に燃える太陽」というように赤色に分類しますが，英語圏の国では「golden sunlight」と金色（黄色）に分類し，そのようなものとして認識することを学びます。つまり私たちは，太陽を見て色を判断しているのではなく，それぞれの社会に正しいとされる太陽の色を学習することで，その色

を太陽に見ているのです。

異郷の地アルジェリアで，民族学のフィールドワークから研究を始めたブルデューは，帰国後のフランス社会の内部にも，人々の間で「知覚，評価，行為の図式」，つまり，ものの見方，感じ方，行い方の性向（性質や傾向）に，前述したような違いがあることに気づきました。ブルデューは，この図式を「ハビトゥス」と呼び，人々が意識せずに行う日常の慣習行動（プラティック）の共通点や相違点が，人々の社会的な位置（生まれ育った環境や現在の社会的な地位など）の近さや遠さによって生じることを分析しました。さらに，個人的なものと考えられてきた趣味や意見，試験の成績さえも，各自の社会的な位置に由来することを，ハビトゥスに注目することで解き明かしました。

ハビトゥスは，自らの社会的な位置に応じて，日々の暮らしのなかで身につけていく性向です。異文化間の違いであれば，「太陽を何色のクレヨンで塗るかは国によって異なり，そこに優劣はない」と冷静に考えることもできますが，一国内の人々の違いには，なかなかそうはいきません。ハビトゥスによる行動の違いを，個人的な優劣と結びつけて判断しがちです。

たとえば，幼いころから博物館を訪れ，父親の読む経済新聞を覗いて説明をねだり，有名大学へ進学した兄姉の勉強する姿を見て育った上流階級の子どもは，学校の勉強にも違和感なく接して，成績を伸ばすでしょう。反対に，学校のテストが，SNSの流行動画や人気無料ゲームなど，庶民階級に馴染み深い文化から出題されることは，ごく稀です。庶民階級の子どもは，学校への違和感を拭えず，まるで異文化に適応するかのような努力が必要だと感じて，勉強への意欲をなく

し，進学の機会を失ってしまうかもしれません。

　フランス社会の文化・階級・教育の社会学的研究を通じてブルデューは，家庭環境で身につけた教養が学歴へと転じるように，世代を越えて伝達される「文化資本（文化的有利さの可能性）」によって階級構造が維持される過程を「文化的再生産」として描出しました。また，上流階級のハビトゥスが卓越的な（社会的に優位な）「文化資本」と見なされ，そのため庶民階級の人たちは社会的に成功しづらいこと，そのような社会の仕組みが存在することに気づかず（見誤り），個人の実力／力不足の結果として現行の階級構造を人々が受容する（認知する）ことを，誤認と承認による「象徴的支配」として解明しています。[3]

2　社会学的実践と社会参加

　社会のメカニズムについて研究したブルデューは，宿命論に陥ることなく，制約を知ることで自由を探究すること，そして社会に生きる人々を理解することに，社会学の可能性を見出します。

　おりしも，新自由主義的な政策により公的サービスが削減された1980年代〜90年代のフランスでは，生活が苦しくなる人々が増えました。そこでブルデューは，さまざまな境遇の人々の「声にならない声」を調査する手法を模索しました。こうして考案されたのが，回答者の社会的背景や調査関係（統計データや社会学的知見）を熟知した聞き手による，長期に及ぶ対話的な手法です。この調査手法を用いて，諸政策の矛盾や産業構造の再編などに翻弄される人々の苦悩や社会的断絶を描出した『世界の悲惨』[5]は，学術書でありながら国内外でベストセラーとなりました。対話的な手法は，意見を表明する術をもたず，沈黙を強いられてきた回答者が，日々抱く生きづらさ（不安や苦しさ，敵対や孤立，無力感や絶望など）を表現し説明することを促すものでしたが，同時に回答者が自らの生きづらさを社会学的に理解する手助けにもなりました。さらに，それ

ぞれの社会集団，多様な社会的位置に属する本書の読者もまた，回答者の言葉に自らを重ね，社会学的に自己を理解する手立てを得ることになりました。はからずも臨床的な効果ももったこの調査手法を，ブルデューは精神分析になぞらえて「社会分析」と名づけました。『世界の悲惨』は，各地でその読書会が開かれたり，本書を脚本とした舞台が上演されたり，また本書に着想を得た映画「サンドラの週末」（邦題，2015年に日本でも上映）が制作されるなど，広く社会に影響を与えています。

　知識人としての社会的役割に自覚的だったブルデューは，社会学的研究の成果をたずさえ，社会参加にも尽力しました。[6]　　　　　　　　　　（三浦直子）

▷1　ブルデュー，P.，石崎晴己訳，1991，『構造と実践』藤原書店.
▷2　ブルデュー，P.，今村仁司・港道隆訳，1988，『実践感覚』(1) みすず書房（分冊の後半は，今村仁司・塚原史・福井憲彦・港道隆訳，1990，『実践感覚』(2) みすず書房.）
▷3　ブルデュー，P.・パスロン，J.-C.，宮島喬訳，1991，『再生産』藤原書店.
▷4　ブルデュー，P.，石井洋二郎訳，1990，『ディスタンクシオン』（Ⅰ・Ⅱ）藤原書店.
▷5　ブルデュー，P.，荒井文雄・櫻本陽一監訳，2019-2020『世界の悲惨』（Ⅰ・Ⅱ・Ⅲ）藤原書店.
▷6　ブルデュー，P. 著，ブポー，F.・ディセポロ，Th. 編，櫻本陽一訳，2015，『介入』（Ⅰ・Ⅱ）藤原書店.

人名さくいん

あ行

アーレント，H. *178*
東浩紀 *103*
アドルノ，T. *182, 198*
阿部彩 *63*
阿部真大 *86*
網野善彦 *26*
アミン，S. *181*
新谷周平 *65*
アリエス，P. *73*
アルヴァックス，M. *38*
アンダーソン，B. *122*
今村夏子 *59*
イリッチ，I. *167*
ヴェーバー，M. *3, 5, 10, 11, 154,*
　　163-165, 176, 177, 179, 182,
　　185, 188, 194, 198
ウェルマン，B. *82*
ウォーラーステイン，I. *181*
エリオット，A. *37*
エリクソン，E. *37, 64*
オング，W. *95*

か行

ガーフィンケル，H. *24, 25, 180,*
　　181
カステル，M. *83*
苅谷剛彦 *60*
ギデンズ，A. *11, 17, 20, 23, 69,*
　　91, 139, 153, 183
グーテンベルク，J. *96*
クーリー，C.H. *32*
グブリアム，J.F. *17*
クライン，N. *91*
グリュック夫妻 *159*
グレイザー，N. *120*
ケネー，F. *174*
コゼレック，R. *198, 199*
ゴフマン，E. *13, 18, 19, 30, 181*
コリンズ，R. *174*
コント，A. *2, 10, 174, 178*

さ行

サイード，E. *126*
サックス，H. *25*

佐藤俊樹 *111, 112*
サンプソン，R.J. *159*
シブタニ，T. *13*
下田直春 *6, 7*
シュッツ，A. *11, 15, 181, 192,*
　　193
シュミット，C. *198*
ジンメル，G. *2, 10, 22, 23, 78,*
　　163, 164, 177, 188
ストラウス，A. *12, 13*
ズナニエツキ，F.W. *178*
スペンサー，H. *175*
ソシュール，F. *10, 11*

た行

ダーウィン，C. *175*
チャップリン，C. *88*
テーラー，F. *88*
デカルト，R. *32*
デュボイス，W.E.B. *152*
デュルケム，É. *2, 9, 19, 78, 146,*
　　163, 164, 176, 177, 179, 180,
　　182, 188
土井隆義 *56*
ドゥルーズ，G. *103, 167, 169*
トッド，E. *176*
トマス，W.I. *178*

な行

内藤朝雄 *58*
中井久夫 *59*
中西新太郎 *83*
ニーチェ，F. *176*
野口裕二 *17*

は行

バーガー，P. *165, 181*
パーク，R.E. *79, 81, 178*
バージェス，E.W. *81*
パーソンズ，T. *3, 8, 167,*
　　179-181, 183, 194, 198, 199
ハーバーマス，J. *104, 196, 198,*
　　199
バーンスティン，B. *148*
バウマン，Z. *82, 91, 93, 113, 183*

橋本健二 *111*
浜日出夫 *57*
原口剛 *85*
バルト，F. *121*
ピンク，D. *86*
フィッシャー，C.S. *79, 84*
フーコー，M. *50, 88, 97, 105, 168,*
　　182
ブース，C.J. *26*
フェデリーチ，S. *185*
フッサール，E. *11, 181*
フランク，A.G. *181*
ブルーマー，H. *13, 34, 181*
ブルデュー，P. *11, 114, 115, 183,*
　　200, 201
フロム，E. *182*
ペイジャー，D. *160*
ベッカー，H. *13*
ベック，U. *20, 21, 105, 131, 183*
ベンサム，J. *97, 105, 168*
ボードリヤール，J. *182*
ポスター，M. *105*
ホックシールド，A.R. *35, 92*
ホネット，A. *198*
ホルクハイマー，M. *182, 198*
ホルスタイン，J.A. *17*

ま行

マートン，R.K. *180*
マクルーハン，M. *94, 95, 104*
松谷満 *61*
マルクス，K. *108, 175, 181, 184,*
　　198
マンザ，J. *161*
マンハイム，K. *11*
ミース，M. *185*
ミード，G.H. *13, 29, 30, 33, 178*
ミルズ，C.W. *151*
モイニハン，D. *120*
森真一 *93*
森田洋司 *58, 59*

や
行
湯浅誠　87
ユーゲン，C.　161
吉見俊哉　84

ら
行
ラウブ，J.H.　159
ラザースフェルド，P.　27

リッケルト，H.　10
ルーマン，N.　20, 23, 183,
　196-198
ルソー，J.J.　178
レヴィ＝ストロース，C.　10
レッシグ，L.　103

ローチ，K.　89

わ
行
ワース，L.　78

事項さくいん

あ行

アーキテクチャ（建築）　103
アーキテクチャ分析　103
アーバニズム　78
アイデンティティ　18, 19, 56, 57,
　　64, 116, 117, 139, 157, 170
青い芝の会　171
アクティベーション　87
アソシエーション　194
アノミー　78
アノミー的自殺　177
アメリカ独立革命　178
アントレプレナー　86
アンペイド・ワーク　47
医原病　168
いじめ　58, 147
威信　106
逸脱　13, 52
一般化された他者　33
イデオロギー　11, 113, 117, 151,
　　152, 170, 182
意図せざる結果　165, 174, 175,
　　180
イノベーション　91
違背実験　181
異文化圏　11
異文化理解　14
意味　3
意味学派　181
意味のあるシンボル　34
意味領域　192, 193
移民　81, 124, 125
入会　184, 185
医療化　167-169
印刷技術　95-97
インセンティブ・ディバイド　60,
　　61
インターネット　64, 79, 82, 83,
　　98-100, 104, 105
インタビュー　4
インフォームド・コンセント
　　195
ウィキ　100

ウーマンリブ　53, 171
右傾化　61
エイジェンシー　53
エスニシティ　13, 31, 81, 117, 120,
　　121, 128
エスニック・アイデンティティ
　　121
エスニック・グループ　120, 121
エスノグラフィー　26, 27, 81
エスノセントリズム　126
エスノメソドロジー　13, 24, 181
M字型の労働力率曲線　46
エレクトロニクス（電子工学）技
　　術　98
演繹法　15
演劇　18
炎上　101
応化　81, 178
お客様社会　93
オリエンタリズム　126, 127, 165

か行

階級　11, 106-108, 115, 175, 183
階級意識　11
階級化　113
階級構造　108
階級再生産　115
階級社会　108, 111
階級闘争　108
外国人労働者　118, 123, 125
解釈図式　11
カイゼン　90
階層　106, 107, 109, 114, 115
階層分化　197
回避儀礼　19
会話分析　25
科学　166, 193
科学的管理法　88
鏡に映った自我　32
核家族　74, 85
学習到達度調査（PISA）　149
学歴　11, 107-109, 111, 114
隠れたカリキュラム　45

囲い込み（エンクロージャー）
　　184
家事労働　55
家族　54
家族主義　63
価値　156, 194
価値合理的行為　176
価値自由　5, 190
価値理念　190
葛藤　178
カップル主義　54
カテゴリー　31
家父長制　42, 70
構え　15
カリスマ　164, 176
カリスマ革命　176
カルチャー・ショック　15
環境管理型　103
環境社会学　142, 143, 145
環境的公正　142
環境問題　153
監視社会　104, 105
感情規則　92, 93
感情的行為　176
感情労働　35, 92, 93
完全学校五日制　149
カンバン方式　90
管理型社会　169
官僚制　154, 176, 194
官僚制逆機能論　156
記憶の社会学　41
機械的連帯　177
企業中心社会　89
技術決定論　102
規制緩和　113
機能　180, 181
技能実習制度　118, 128
機能的フレキシビリティ　90
機能分化　197
帰納法　15
機能要件　179
規範　50, 156, 194

客観性　190
旧植民地出身者　128
窮乏化　108, 109
教育を受ける権利　147
教員文化　148
共産主義（コミュニズム）　185
競争　81
共同体　95, 97
キリスト教　166
規律訓練　88, 97, 103, 168, 182
儀礼　18, 19, 164
　──的無関心　19
近代化　167
近代家族　55, 76, 118
近代資本主義　165
近代市民社会　150
近代社会　163, 165
金盾　105
勤勉　165
禁欲のエートス　177
具体的労働　184
クリスマス　162
グレート・ファイアウォール
　105
クローク型共同体　82, 83
グローバル・ヴィレッジ　104
グローバル・エリート　83
グローバル化　14, 123, 126, 136,
　150
グローバル・スタンダード　113
君主型の権力　168
ケア　93
ゲイ　51
　──・コミュニティ　53
経済グローバリゼーション　83,
　112
形式社会学　177, 188
形而上学的段階　10
形成作用　146
携帯電話（ケータイ）　98-100
計量社会学　5
ゲーム期　33
結婚　54
顕在的機能　180
現実（リアリティ）　192, 193
現象学　11, 181
現象学的社会学　11, 13, 181
原発　131-133
公害　143, 170

郊外　85
公教育　114
公共圏　65, 104, 198, 199
公共宗教論　165
公共性の構造転換　104
構造　10, 11, 179
構造化理論　11, 183
構造主義　10, 11
構想と実行の分離　88
校則　149
構築主義　67
公的領域　178
行動様式の体系　14
高度経済成長　110-112
高度情報化社会　98
公民権運動　152
項目反応理論　158
合理化　176, 177
功利主義　186, 187
功利主義的行為理論　179
国語　96
国際社会学　127
国際人権規約　171
国際数学・理科教育動向調査
　149
国籍　124, 128
国内避難民　124
国民国家　96, 114, 122, 123, 127
国連人権理事会　53
個人　95, 97
　──請負　86
個人化　37, 116, 165
個人主義　97, 163
　新しい──　37
個人的記憶　40
コスモポリタン　78
個性　56, 57
孤独　78, 79
孤独死　141
子どもの貧困　62, 116
コミュニケーション　94, 97, 183,
　193, 196-198
コミュニケーション的行為　199
コミュニティ　81, 82
コミュニティ・ユニオニズム
　134
コミュニティ・ユニオン　134
　──全国ネットワーク　135
コモディティ化　169

コモンズ　184
孤立　59, 79, 116, 117
孤立化　83
混淆宗教　162
コンピュータ　98, 100, 103

さ行
災害　140
再帰性　37, 183
財政危機　113
再分配　63, 108, 113
在留資格　125, 129
搾取　108
サッチャー主義　113
サブカルチャー　79, 84
差別　54, 170
サボり　185
産業社会　21
三種の神器　112
三段階の法則　174
参与観察　13
ジェンダー　13, 31, 43, 48, 51, 117
ジェンダー・ギャップ　49
ジェンダー・バイアス　45
ジェンダー・フリー　149
ジェントリフィケーション　84
シカゴ　80
シカゴ学派　13, 26, 81, 178, 179
自己　18, 28, 97
至高の現実　193
自己感情　33-35
自己決定　168
自己責任　113, 173
　──論　56
自己呈示　30
自己本位的自殺　177
自己理解　15
私事化　165
思想統制機能　147
実証主義　175, 187
実証的精神　10
実証的段階　10
質的調査　26
シティズンシップ　195
児童虐待　72
ジニ係数　111
支配　114, 150, 152
　──の三類型　176
　──の正統性　114, 115
自発的服従　152

渋谷　84, 85
資本家階級　106-108
資本主義　175-177, 182
資本主義の精神　190
市民社会　137, 186, 187
自明性　14
地元つながり文化　65
社会移動　110, 111
社会運動　83, 87, 131, 133, 153
　　新しい――　134
社会化　44, 66, 72, 146, 194
社会階層と社会移動全国調査
　　（SSM調査）　110, 111
社会科学　193
社会学第二世代　188
社会過程　81
社会構造　106, 107
社会システム　179, 183
社会システム理論　196, 199
社会主義　10, 175
社会地区分析　81
社会地図　81
社会秩序　179-181, 194
社会調査　26, 27, 80
社会的機能　163
社会的行為　3, 162, 163
社会的コントロール　194
社会的ジレンマ論　143, 145
社会的排除　109, 117, 118, 173
社会統制機能　147
社会分化　78
社会変動　150
社会保障　63
社交　189
ジャストインタイム　90
主意主義的行為理論　179
就学援助　62
宗教　124, 162
集合知　100
集合的記憶　38-40
集合的沸騰　164, 177
重国籍　129
終身雇用　113
従属理論　181
集団　154
受益圏・受苦圏論　143, 144
主体化＝従属化　97
出入国管理　128
出入国管理及び難民認定法　128

出版資本主義　96
主婦化　185
準拠集団　13
純粋な関係性　69
障害者　171
少子化　55
小集団　154
象徴的支配　201
消費　175, 182
消費者　91
消費社会　93
情報　94
情報化社会　98, 102, 104, 105
情報社会　102
情報操作　151
情報通信技術　99, 102
剰余価値　108
女子差別撤廃条約　42
自立　113
神学的段階　10
シンクレティズム　162
人権　53
人口調査　26
人種　120, 124
人種差別　152, 161
新自由主義　83, 89, 90, 113
新制度派組織論　157
深層演技　92, 93
心的相互作用　188
シンボリック相互行為論　12, 13,
　　181
シンボル　12, 13
親密圏　77, 199
信頼　22, 23, 164
人類教　175
数量的フレキシビリティ　90
スティグマ　19, 52, 116
ステレオタイプ　127
スピリチュアリティ　165
すべり台社会　87
スポーツ　164
スマートフォン　100
棲み分け　81
性　50
生活環境主義　143, 144
生活史　26, 27
生活世界　181, 199
生活保護　62
政教分離　163

制限コード　148
生－権力　168
政治権力　182
聖書　96
生殖　54
性＝人格論　53
生存権　89
性的指向　51
性的欲望　51
正当性　152
正当性信念　152
正統文化　115
性と生殖の健康と権利　53
聖と俗　164
青年期　64
性の自己決定　53
性別役割分業　70
精密コード　148
性役割　44
セーフティネット　86
世界システム論　181
世界の脱呪術化　150
世界保健機関　53
セクシュアリティ　31, 43, 50
世間並み　112
世俗化　163, 165, 166
世俗化論　165
世俗内禁欲　165
世代間移動　110
世代内移動　110
遷移地帯　81
専業主婦　60, 118
潜在的機能　180
潜在的逆機能　180
全体主義　151
選択縁　64, 82
専門職　194
専門職化　167
臓器移植　169
総合的な学習の時間　149
相互行為　7
相互作用　177, 181
想像の共同体　122
相対的貧困率　62, 116
総中流社会　111, 112
総力戦体制　89
ソーシャルブックマーク　100
ソーシャルメディア　101, 103
疎外　95, 103

ソサイエティ　81

組織　154

組織アイデンティティ論　157

組織社会学　154

組織文化論　156

た行

第一次集団　35

大衆化　167

大衆消費社会　112

大都市　80

第二次的接触　79

第二の近代　36

体面　18

多元的現実　192, 193

立直り　159

脱産業化　84, 112, 118

脱宗教化　166

タブレット端末　100

多文化社会　126, 127

多変量解析　27

多様な性　53

男女共同参画社会　43

男性中心主義　53

団地　85

地域共同体　104

小さな政府　113

知識エリート　111, 112

地平　11

中間支援組織　141

中間集団　21

中国人　118

中産階級　50, 55

抽象的労働　184

中動態　93

中範囲の理論　180

超高齢社会　169

詰め込み教育　149

ディープ・エコロジー　142

提示儀礼　19

定住　128

ディズニーランド　84

テイラリズム　88

鉄の檻　176, 177

デモ　130-133

テロ　153

電気メディア　95, 103, 104

電子情報化　98, 104

電子メディア　98, 99, 103, 105

伝統的行為　176

天皇制教学体制　147

同一価値労働同一賃金の原則　47

同化　81, 178

動機　3, 28, 29

東京ゴミ戦争　144

当事者　171

同性婚　54

闘争　81

投票権　160

投票権剝奪　161

独立変数と従属変数　27

都市　78, 79, 178

都市化　78

都市空間　79

都市再開発　84

都市社会学　78, 80

都市の死　84

都市のディズニーランド化　84, 85

都心　84

ドメスティック・バイオレンス　49, 77

ドラマ　18

ドラマトゥルギー　18, 181

な行

ナショナリズム　96, 122, 151

ナショナリティ　31

ナショナル・アイデンティティ　122, 123

ナチス　182

ナチズム　151

ナラティヴ・セラピー　17

難民　124, 125

難民条約　171

二次的構成　193

二次的な声の文化　95

二次分析　27

日系人　128

日本経営者団体連盟　113

日本的経営　56, 89, 113

ニュータウン　85

人間関係論　155

人間生態学　179

人間の拡張　94

認識論的客観主義　7

認識論的主観主義　7

ネイション　122

ネットワーク　91

年功序列　113

脳死　169

は行

パーソナル・コンピュータ（パソコン）　98, 100

パーソナル・ネットワーク　82

排外主義　129

排除　52

バイトテロ　101

場所の空間　83

場所への回帰　83

パッシング　19

話し言葉　94, 97

パノプティコン（一望監視施設）　97, 105, 168, 182

　　超——　104, 105

ハビトゥス　11, 88, 114, 183, 200, 201

パワーエリート　151

晩婚化　64

犯罪　177, 180

犯罪化　53

犯罪歴　160

判断力喪失者　181

被害構造論　142-144

東日本大震災　140

東日本大震災全国ネットワーク　141

ピグマリオン効果　148

非正規雇用　108, 113, 116-119

ビッグデータ　105

ひとり親世帯　62

非日常　164

批判理論　198, 199

病院化　167

表層演技　92, 93

病理化　52

貧困　62, 63, 116, 117, 119, 173

貧困線　116

貧困の犯罪化　113

貧困ビジネス　87

貧困率　62

フィリピン人　118

フェミニズム　42, 43, 55, 171

フォーディズム　88, 90

福祉国家　89, 108, 136, 168

不登校　147

プライバシー　97

部落差別　170

ブラジル人　118

ブラック企業　87
フランクフルト学派　182, 198
フランス革命　174, 178
フリーター　65
ブルーカラー　106-108, 110
プレイ期　33
フレキシビリティ　90
フローの空間　83
ブログ　100, 103
プロパガンダ　151
文化　157
文化資本　115, 148, 201
文化帝国主義　15
文化的再生産　201
分節化　14
ヘイトスピーチ　129
ベーシック・インカム　87
ヘテロ・セクシズム　55
ヘテロ・セクシュアル　51
ベトナム人　118
忘却　41
法的地位　128
ホーソン実験　155
ホーボー　88
母子世帯　62, 109
ポジティブ・アクション　49
保守化　61
ポスト近代　55
ポストフォーディズム　90, 91
ホッブズ問題　179
ホモ・セクシュアル　51
ホモ・ソーシャルな共同体　48
ボランティア　104, 138-140
ホロコースト　182
ホワイトカラー　107-111
本源的蓄積　184

ま行
マーケティングリサーチ　27
マイノリティ　54
マッカーシズム　151
まなざし　182
マルクス経済学　11

マルクス主義　11, 170
見えないカリキュラム　149
見えない権力　168
見えない宗教　165
看取り　167
ミドルクラス　109
身分　197
民営化　113
民主化　150, 175, 176
民主主義　104, 176
無償　147
6つの基礎科学　10
メディアはメッセージである　94
メリトクラシー　110, 114, 115
目的合理的行為　176
文字の文化　103
文字メディア　95, 103
物語論　16
モラトリアム　61, 64

や行
役割　3, 12, 13, 28, 31
役割取得　29, 33
やさしい関係　56
有機的連帯　78, 177, 189
ユーザー生成コンテンツ　100
友人　64
有名性　106
豊かさ　111, 112
ゆとり教育　149
ユニオン運動　134
抑圧　168
予定説　165
世論調査　27

ら行
ライフストーリー　16
ライフヒストリー　16, 17
ラベル　160
リキッド・モダニティ　91
離婚　5
リスク　20, 21, 105
リスク社会　20, 21, 105, 131, 139
理念型　190

リプロダクティブ・ヘルス／ライ
　ツ　49
流動性　37
量的調査　26, 27
ルーツ　129
冷戦　128
レーガン主義　113
レズビアン　51
連帯　177
労使協調主義　89
労働組合　108
労働市場　55
労働者階級　80, 107-109
労働者派遣法　113
労働力人口　46
労働力の再生産　45
労働力のフレキシブル化　56, 113
ロマンティック・ラヴ・イデオロ
　ギー　55

わ行
ワーク・ライフ・バランス　47
若者　132
われわれ感情　82

A–Z
AGIL　179
BAT　105
Facebook　64, 101
GAFA　105
Instagram　101
LINE　65, 101
NGO　136-138
NPO　104, 136, 137, 140
SNS　64, 100, 101
Twitter　101, 103
WASP　81
Web2.0　100
Wikipedia　100
WWW（World Wide Web）　99
YouTube　100

青山　薫 （あおやま・かおる／1962年生まれ）

神戸大学大学院国際文化学研究科教授
『「セックスワーカー」とは誰か──移住・人身取引・性労働の構造と経験』（単著・大月書店）
Thai Migrant Sex Workers from Modernisation to Globalisation（単著・Palgrave／Macmillan）
Ⅲ-5　Ⅲ-6　Ⅲ-7
愛や恋やセックスをふくめた「個人的なこと」は，社会と国家，そしてグローバル化した世界までつながっています。

浅野智彦 （あさの・ともひこ／1964年生まれ）

東京学芸大学教育学部教授
『「若者」とは誰のことか［増補新版］』（単著・筑摩書房）
『〈若者〉の溶解』（共編著・勁草書房）
Ⅰ-7　Ⅰ-8　Ⅱ-3
対象を常に無数の人々の関係の中においてみること。そういう思考の技法を学ぶことが社会学だと思います。

荒川敏彦 （あらかわ・としひこ／1972年生まれ）

千葉商科大学商経学部教授
『「働く喜び」の喪失──ヴェーバー『プロテスタンティズムの倫理と資本主義の精神』を読み直す』（単著・現代書館）
『呪術意識と現代社会──東京都二十三区民調査の社会学的分析』（共著・青弓社）
Ⅻ-6
近代性の権化たる「社会」概念と「宗教」概念。宗教社会学は，まさに近代を問う社会学なのです。

伊藤美登里 （いとう・みどり／1965年生まれ）

大妻女子大学人間関係学部教授
『共同の時間と自分の時間──生活史に見る時間意識の日独比較』（単著・文化書房博文社）
『ウルリッヒ・ベックの社会理論』（単著・勁草書房）
Ⅰ-9
社会学のものの見方・考え方を身につけましょう。世の中が違った風にも見えてきます。

＊宇都宮京子 （うつのみや・きょうこ）

東洋大学名誉教授
『マックス・ヴェーバー研究の現在──資本主義・民主主義・福祉国家』（共編著・創文社）
『呪術意識と現代社会──東京都二十三区民調査の社会学的分析』（共編著・青弓社）
Ⅰ-1　Ⅰ-2　Ⅰ-3　Ⅰ-4
この『よくわかる社会学』を通して，「社会学って面白いなあ」って思って頂けたら嬉しいです。

小川祐喜子 （おがわ・ゆきこ／1978年生まれ）

至誠館大学現代社会学部講師
『感情社会学の展開』（共著・北樹出版）
『社会がみえる社会学』（共編著・北樹出版）
Ⅱ-2
社会学は，今ある社会を自らが生きながら学べる学問です。そのため複雑で困難な学問ではありますが，学ぶことにより新たな扉を開いてくれるものだと感じています。

奥村　隆 （おくむら・たかし／1961年生まれ）

関西学院大学社会学部教授
『社会学の歴史Ⅰ──社会という謎の系譜』（単著・有斐閣）
『社会はどこにあるか──根源性の社会学』（単著・ミネルヴァ書房）
ⅩⅢ-1　ⅩⅢ-2　ⅩⅢ-3　ⅩⅢ-4　ⅩⅢ-5
社会学は，わかったふりをしないで「わからない！」「それはおかしい！」と言うための道具です。本文でも，このことが伝われば，と思います。

景井　充 （かげい・みつる／1964年生まれ）

立命館大学産業社会学部教授
『〈方法〉としての人間と文化』（共著・ミネルヴァ書房）
『危機に対峙する思考』（共著・梓出版社）
研究者紹介2
社会学の古典は，社会学的想像力を触発する発想の宝庫です。是非古典に取り組んでみて下さい。

片桐雅隆（かたぎり・まさたか／1948年生まれ）

千葉大学名誉教授

『自己の発見』（単著・世界思想社）

『不安定な自己の社会学』（単著・ミネルヴァ書房）

Ⅰ-5　Ⅱ-1

「自分」や「自己」の問題は，心理学だけが扱うのではありません。心理学に行こうかどうか迷っている人，是非社会学も考えて下さい。

小山　裕（こやま・ゆたか／1980年生まれ）

東洋大学社会学部准教授

『市民的自由主義の復権』（単著・勁草書房）

『子どもと貧困の戦後史』（共著・青弓社）

研究者紹介7　研究者紹介8

その社会の本質は周縁の人々への私たちの態度に表れます。コンパッションが社会学的思考を支える所以です。

佐々木　啓（ささき・ひろし／1978年生まれ）

東洋大学他非常勤講師

『社会がみえる社会学』（共著・北樹出版）

Ⅰ-11

社会学のテーマは，みなさんの身近なところにたくさんあります。みなさんもぜひそうしたものに触れてみてください。

佐藤成基（さとう・しげき／1963年生まれ）

法政大学社会学部教授

『パーソンズ・ルネッサンスへの招待』（共著・勁草書房）

研究者紹介6

社会学を通じて，社会を様々な角度からとらえて分析する方法を身につけて下さい。

佐藤典子（さとう・のりこ）

千葉経済大学経済学部准教授

『看護職の社会学』（単著・専修大学出版局）

『現代人の社会とこころ――家族・メディア教育・文化』（編著・弘文堂）

Ⅻ-7

私たちは，どのように現代医療を信頼し，当たり前のように自らの身体を委ねるようになったのでしょうか。医療社会学は日常性の中に潜んでいる「当たり前」が権力を生み出している状況を明らかにしていきます。

渋谷　望（しぶや・のぞむ／1966年生まれ）

日本女子大学人間社会学部教授

『魂の労働――ネオリベラリズムの権力論』（単著・青土社）

「ネオリベラリズムとアントレプレナー化する女性――ポストフェミニズム時代における連帯の困難」（単著・『経済社会とジェンダー』）

Ⅶ-1　Ⅶ-2　Ⅶ-3　Ⅶ-4

研究者紹介1

ニートが問題なのではなく，ミドルクラスが問題だというように，マジョリティを問う思考訓練をしてください。

周藤真也（すとう・しんや／1970年生まれ）

早稲田大学社会科学部教授

『社会学のつばさ』（共著・ミネルヴァ書房）

『文化社会学入門』（共著・ミネルヴァ書房）

Ⅷ-1　Ⅷ-2　Ⅷ-3　Ⅷ-4　Ⅷ-5

Ⅷ-6

社会学は，われわれの経験の水準から世界を捉える学問です。社会学を学んで，物事を深く考え，見通す力をぜひ養ってください。

杉原名穂子（すぎはら・なほこ／1964年生まれ）

新潟大学人文学部准教授

『公正な社会とは――ジェンダー，エスニシティ，教育の視点から』（共著・人文書院）

『子育て世代のソーシャル・キャピタル』（共著・有信堂高文社）

Ⅲ-1　Ⅲ-2　Ⅲ-3　Ⅲ-4

議論されなかった問題に取り組み，人間の自由と可能性を広げるのが，ジェンダー論の醍醐味だと思います。

高木竜輔（たかき・りょうすけ／1976年生まれ）

尚絅学院大学総合人間科学系社会部門准教授

『原発避難者の声を聞く』（共著・岩波書店）

『原発事故被災自治体の再生と苦悩』（共編著・第一法規）

Ⅺ-5

社会学を勉強することで，自分とは異なる立場の人々の存在や，彼ら／彼女らの考え方に触れることで，自分の考え方を相対的に捉え直してもらえればと思います。

執筆者紹介（氏名／よみがな／生年／現職／業績／執筆担当／社会学を学ぶ読者へのメッセージ）　　＊は編著者

中力えり （ちゅうりき・えり）

和光大学現代人間学部教授
『国際社会　第三巻　国民国家はどう変わるか』（共著・東京大学出版会）
『家事労働の国際社会学──ディーセント・ワークを求めて』（共著・人文書院）

X-1　X-2　X-3　X-4

この本をきっかけとして，自分が暮らす「社会」への関心を深めていってもらえればと思います。

津富　宏 （つとみ・ひろし／1959年生まれ）

静岡県立大学国際関係学部教授
『セカンドチャンス！』（共著・新科学出版社）
『犯罪者の立ち直りと犯罪者処遇のパラダイムシフト』（共著・現代人文社）

XII-5

犯罪社会学は，犯罪についての理解を通じて，人間そして社会を理解するすぐれた学問です。ぜひご一緒にやってみませんか。

＊西澤晃彦 （にしざわ・あきひこ／1963年生まれ）

神戸大学大学院国際文化学研究科教授
『貧者の領域』（単著・河出書房新社）
『人間にとって貧困とは何か』（単著・放送大学教育振興会）

I-12　IV-1　IV-2　IV-3　IV-4
IV-5　VI-1　VI-2　VI-3　VI-4
IX-1　IX-2　IX-3　IX-4

社会学は大人の顔を読ませるガキの思考から始まります。コントやヴェーバーやデュルケムからではなく。

西野理子 （にしの・みちこ／1963年生まれ）

東洋大学社会学部教授
『よくわかる家族社会学』（共編著・ミネルヴァ書房）
『日本の家族1999-2009』（共著・東京大学出版会）

V-1　V-2　V-3　V-4　V-5
V-6

家族は奥行きの深い対象です。とっても身近な存在であるゆえに，社会学的な見方が活きてくるとも思います。

仁平典宏 （にへい・のりひろ／1975年生まれ）

東京大学大学院教育学研究科教授
『「ボランティア」の誕生と終焉──〈贈与のパラドックス〉の知識社会学』（単著・名古屋大学出版会）
『平成史［完全版］』（共著・河出書房新社）

XI-3　XI-4

社会や他者を語る言葉が直進しづらくなっていく中で，どんな言葉を編んでいけばいいのか手探りの日々です。

朴　沙羅 （ぱく・さら／1984年生まれ）

Department of Cultures, Faculty of Arts, University of Helsinki, Lecturer.
『外国人をつくりだす』（単著・ナカニシヤ出版）
『最強の社会調査入門』（共編著・ナカニシヤ出版）

X-5　XII-8

自分自身を含めた，人々のふるまいを面白く思うところから，社会学的な考え方が生まれてくるように思います。

浜　日出夫 （はま・ひでお／1954年生まれ）

東京通信大学情報マネジメント学部教授
『ゲオルク・ジンメルと社会学』（共著・世界思想社）
『ジンメルの論点』（共著・ハーベスト社）

I-10

ジンメルはみんながあたりまえだと思っているところに驚きを見出しました。

早川洋行 （はやかわ・ひろゆき／1960年生まれ）

名古屋学院大学現代社会学部教授
『ジンメルの社会学理論』（単著・世界思想社）
『われわれの社会を社会学的に分析する』（単著・ミネルヴァ書房）

研究者紹介3

あなたが，他人と違う意見を言いたいときに，社会学，そしてこの本はとても役立つと思います。

執筆者紹介 〔氏名／よみがな／生年／現職／業績／執筆担当／社会学を学ぶ読者へのメッセージ〕　＊は編著者

原田利恵 （はらだ・りえ/1968年生まれ）

国立水俣病総合研究センター研究員
『都市の再生──北九州市を事例として』
（共著・（財）東京市政調査会）
『環境再生──川崎から公害地域の再生を考える』（共著・有斐閣）

XII-1

環境社会学を学ぶきっかけは水俣からでした。一度訪れてみて下さい。フットワークの軽さも重要ですね。

張江洋直 （はりえ・ひろなお/1953年生まれ）

元大正大学心理社会学部教授
『現象学的社会学は何を問うのか』（共編著・勁草書房）
『ソシオロジカル・スタディーズ』（共編著・世界思想社）

I-6

理論社会学は興味の尽きない領域です。当たり前にみえていた社会が少し謎めいて感じられた時が，理論的な課題を遂行する契機だといえるかもしれません。

樋口直人 （ひぐち・なおと/1969年生まれ）

早稲田大学人間科学学術院教授
『日本は「右傾化」したのか』（共編著・慶應義塾大学出版会）
『3・11後の社会運動』（共編著・筑摩書房）

XI-1

大学は，知識を詰めこんで固くなった頭をやわらかくするところです。社会学で柔軟な思考を身につけて下さい。

藤本典裕 （ふじもと・のりひろ/1959年生まれ）

東洋大学文学部教授
『学校から見える子どもの貧困』（共編著・大月書店）
『教職入門［新版改訂二版］』（編著・図書文化）

XII-2

社会学は一見つかみ所のない学問ですが，基礎的な理論や研究方法を身につけて自由な発想で学んで下さい。

本田量久 （ほんだ・かずひさ/1973年生まれ）

東海大学観光学部教授
『「アメリカ民主主義」を問う』（単著・唯学書房）
『公正な社会とは──教育，ジェンダー，エスニシティの視点から』（共編著・人文書院）

XII-3

社会学は，批判的な眼差しを養い，それまでとは異なった角度から世界を見る窓になるはずです。

三浦直子 （みうら・なおこ/1970年生まれ）

神奈川工科大学基礎・教養教育センター教授
『越境する家族社会学』（共著・学文社）
『〈社会のセキュリティ〉を生きる』（共著・学文社）

研究者紹介9

身近な日常生活の中に異文化を見出す社会学の視点は，多様性を理解し，新しい可能性を探る道を開いてくれます。

三笘利幸 （みとま・としゆき/1969年生まれ）

立命館大学産業社会学部教授
『「戦後日本」と切り結ぶ思想』（共著・青木書店・2005年）
『「価値自由」論の系譜──日本におけるマックス・ヴェーバー受容の一断面』（単著・中川書店）

研究者紹介4

何を読もうかと迷ったら，ぜひ古典を読んでください。古典には読む度に新しい発見があります。

文　貞實 （むん・じょんしる/1959年生まれ）

東洋大学社会学部教授
『温泉リゾート・スタディーズ』（共著・青弓社）
『コミュニティ・ユニオン──社会をつくる労働運動』（共著・松籟社）

XI-2

社会学をとおして自分の「必殺技」を習得し・磨いて，社会の荒野に出て行きましょう！

執筆者紹介（氏名／よみがな／生年／現職／業績／執筆担当／社会学を学ぶ読者へのメッセージ）　　＊は編著者

矢田部圭介 （やたべ・けいすけ/1970年生まれ）

武蔵大学社会学部教授
『現象学的社会学は何を問うのか』（共著・勁草書房）
『象徴的支配の社会学——ピエール・ブルデューの認識と実践』（共著・恒星社厚生閣）
研究者紹介5
社会学することの楽しさに（そして，少しだけその先の厳しさにも）気づいていただけるとうれしいです。

山田真茂留 （やまだ・まもる/1962年生まれ）

早稲田大学文化構想学部教授
『集団と組織の社会学』（単著・世界思想社）
『グローバル現代社会論』（編著・文眞堂）
XII-4
面白そうでいて，意外に難しいところもある社会学。でもその探究はひたすらスリリングです。

横山寿世理 （よこやま・すぜり/1975年生まれ）

聖学院大学人文学部准教授
『日仏社会学叢書　第2巻　フランス社会学理論への挑戦』（共著・恒星社厚生閣）
『情報社会とコミュニケーション』（共著・ミネルヴァ書房）
II-4
見えない社会の枠を見えるようにできるのが，社会学の魅力です。

やわらかアカデミズム・〈わかる〉シリーズ

よくわかる社会学［第3版］

2006年10月20日　初　版第1刷発行	〈検印省略〉
2008年 4 月30日　初　版第4刷発行	
2009年 1 月20日　第2版第1刷発行	定価はカバーに
2019年 3 月30日　第2版第14刷発行	表示しています
2020年 4 月30日　第3版第1刷発行	
2022年12月30日　第3版第5刷発行	

編著者　　宇都宮　京　子
　　　　　西　澤　晃　彦

発行者　　杉　田　啓　三

印刷者　　田　中　雅　博

発行所　株式会社　ミネルヴァ書房
〒607-8494　京都市山科区日ノ岡堤谷町 1
電話代表　（075）581-5191
振替口座　01020-0-8076

©宇都宮・西澤ほか，2020　　創栄図書印刷・新生製本

ISBN978-4-623-08971-0

Printed in Japan

やわらかアカデミズム・〈わかる〉シリーズ

よくわかる家族社会学	西野理子・米村千代編著	本	体	2400円
よくわかる都市社会学	中筋直哉・五十嵐泰正編著	本	体	2800円
よくわかる教育社会学	酒井朗・多賀太・中村高康編著	本	体	2600円
よくわかる環境社会学	鳥越皓之・帯谷博明編著	本	体	2800円
よくわかる国際社会学	樽本英樹著	本	体	2800円
よくわかる宗教社会学	櫻井義秀・三木英編著	本	体	2400円
よくわかる医療社会学	中川輝彦・黒田浩一郎編著	本	体	2500円
よくわかる産業社会学	上林千恵子編著	本	体	2600円
よくわかる福祉社会学	武川正吾・森川美絵・井口高志・菊地英明編著	本	体	2500円
よくわかる観光社会学	安村克己・堀野正人・遠藤英樹・寺岡伸悟編著	本	体	2600円
よくわかる社会学史	早川洋行編著	本	体	2800円
よくわかる現代家族	神原文子・杉井潤子・竹田美知編著	本	体	2500円
よくわかる宗教学	櫻井義秀・平藤喜久子編著	本	体	2400円
よくわかる障害学	小川喜道・杉野昭博編著	本	体	2400円
よくわかる社会心理学	山田一成・北村英哉・結城雅樹編著	本	体	2500円
よくわかる社会情報学	西垣通・伊藤守編著	本	体	2500円
よくわかるメディア・スタディーズ	伊藤守編著	本	体	2500円
よくわかるジェンダー・スタディーズ	木村涼子・伊田久美子・熊安貴美江編著	本	体	2600円
よくわかる質的社会調査　プロセス編	谷富夫・山本努編著	本	体	2500円
よくわかる質的社会調査　技法編	谷富夫・芦田徹郎編	本	体	2500円
よくわかる統計学 I 基礎編	金子治平・上藤一郎編	本	体	2600円
よくわかる統計学 II 経済統計編	御園謙吉・良永康平編	本	体	2600円
よくわかる学びの技法	田中共子編	本	体	2200円
よくわかる卒論の書き方	白井利明・高橋一郎著	本	体	2500円

── ミネルヴァ書房 ──

https://www.minervashobo.co.jp/